차별과 천대에 맞선 투쟁의

전략과 전술

국립중앙도서관 출판예정도서목록(CIP)

차별과 천대에 맞선 투쟁의 전략과 전술 / 지은이: 레온 트
로츠키, 토니 클리프, 알렉스 캘리니코스 외 ; 엮은이: 최일
봉. ― 서울 : 책갈피, 2018
    p. ;   cm

원저자명: Leon Trotsky, Tony Cliff, Alex Callinicos
ISBN 978-89-7966-133-0 03300 : ₩14000

사회 주의[社會主義]
노동자[勞動者]

340.24-KDC6
335-DDC23   CIP2018001568

차별과 천대에 맞선 투쟁의

전략과 전술

레온 트로츠키, 토니 클리프, 알렉스 캘리니코스 외 지음
최일봉 엮음

책갈피

차례

일러두기

1. 인명과 지명 등의 외래어는 최대한 외래어 표기법에 맞춰 표기했다.

2. 《 》부호는 책과 잡지를 나타내고 〈 〉부호는 신문, 주간지, 영화, 텔레비전 프로그램, 노래를
   나타낸다. 논문은 " "로 나타냈다.

3. 본문에서 [ ]는 엮은이가 독자의 이해를 돕거나 문맥을 매끄럽게 하려고 덧붙인 것이다. 지은이
   가 인용문에 덧붙인 것은 [― 지은이]로 표기했다.

4. 본문의 각주는 엮은이가 넣은 것이다. 영어판 편집자의 각주는 '― 영어판 편집자'라고 표기했다.

5. 원문에서 이탤릭체로 강조한 부분은 고딕체로 나타냈다.

엮은이 머리말

차별과 착취에 저항하는 사람들은 모두 저항이 성공하기를 바란다. 그렇지만 어떻게 하면 그렇게 될 수 있을까 하는 문제에 직면해서는 흔히 어려움에 봉착한다.

지금 공세적으로 나아가야 할 때인지 아니면 잘 지켜야 할 때인지, 제안된 두세 가지 투쟁 방법 중 하나를 채택해야 할 때 그 기준은 뭔지, 매우 온건한 지도부에 어떻게 대응해야 할지 등 구체적 상황에 대처할 가장 효과적인 전술은 뭘까?

이런 문제에 직면해 답답하고 애가 탈 뿐 아니라, 쌓아 놓은 운동과 조직을 망칠까 봐 조바심이 난 경험을 한 번쯤은 겪어 봤을 것이다. 그러나 이런 물음에 속 시원하게 답변해 주는 책은 그동안 없었다.

전략·전술에 관한 책을 검색해 봐도 대부분 노동자들을 착취하거나 자본가들 사이의 경쟁에서 이기는 방법을 알려 주는 경영의 전략과 전술에 관한 것이거나 아니면 전쟁을 위한 것이 대부분이다. 이 책은 이런 부류와는 전혀 다르다. 이 책은 궁극적으로는 차별과 천대 받는 사람들의 해방을 지향하면서도 현재 벌어지는 운동과 투쟁을 발전시키기 위해 필요한 전략과 전술이 무엇인지를 다룬다.

이 책에 실린 외국어 문서를 번역하는 일에 김종환·이수현·이재권·이정구·정종수·차승일(가나다 순)이 도움을 줬다. 그럼에도 이 책을 기획하고 엮은 본인이 모든 글을 최종적으로 꼼꼼히 봤기 때문에, 있을 수 있는 실수들은 모두 엮은이의 책임임을 밝혀 둔다.

2018년 1월 15일
최일붕

1부
전략과 전술의 개념

1장 전략과 전술의 기초 개념

최일붕

전략이라는 낱말이 들어간 책을 찾아보니 입시 전략, 경영 전략, 연애 전략 등에 관한 것이 있었다. 지금 우리가 다룰 전략은 정치 전략이고, 더구나 사회의 근본적 변혁을 목표로 하는 전략이다.

누구의 전략인가? 조직된 사회주의자들의 전략이다

그냥 운동 자체의 전략, 그러니까 대중운동이 내놓는 전략, 대중의 전략, 계급의 전략 같은 것은 없다. 자발적 운동, 자생성, 자발성

출처: 《마르크스21》 8호(2010년 겨울). 이 글은 2009년 7월 '맑시즘2009'의 한 워크숍에서 발표한 내용을 녹취한 것이다. 다만 필자는 시간 부족으로 공동전선에 대한 이야기를 미처 끝내지 못했는데, 그 부분은 이 책의 다른 글들에서 구체적으로 또는 일반적으로 다루고 있다.

만 갖고는 전략이라는 개념을 내놓을 수가 없다. 자발성이라는 개념은 전략과 대립하는 개념이다. 그래서 가장 일관된 자발성주의자들인 자율주의자들, 그중에서도 제일 일관되고 경직된 자율주의자들은 전략에 대해 날카로운 거부감을 보인다. 《제국》을 쓴 토니 네그리와 마이클 하트, 《권력으로 세상을 바꿀 수 있는가》를 쓴 존 홀러웨이 같은 사람들이 그런 사례다.

전략은 목적의식적인 것이다. 계획하는 것이고 설계하는 것이다. 뭔가에 **집중**하는 것이다. 이것저것 다 중요하다는 식의 생각이 아니다. 어떤 전투가 중요하다고 판단되면 그 전투에 힘을 쏟는 것이 바로 전략이다.

노동조합의 전략도 있을 수는 있다. 그러나 노동조합의 전략은 협소하기 이를 데 없다. 노동조합은 사용자들의 공세로부터 임금을 포함한 노동조건을 지키거나 노동력 판매 조건을 놓고 사용자들과 협상하는 구실을 하기 때문에, 노동조합의 전략은 **정치** 전략이 되지 못하는 매우 협소한 것이다. 전략이라고 할 만한 것이 못 된다.

그러므로 또는 그럼에도 노동조합에는 정치가 필요한데, 이럴 때 노동조합 간부들은 자신이 직접, 또는 자신과 연결돼 있는 개혁주의 정치인들(개혁주의 정당으로 조직된)을 통해 의회 내에서 개혁 입법 같은 것을 추진하는 방식을 취한다. 이것은 개혁주의 전략이다. 자본주의 체제 내의 제도들, 특히 의회 같은 데 개입해 그것을 개혁함으로써 노동자들의 노동·생활 조건을 개선하려는 것이 바로 개혁주의 전략이다.

여기서는 개혁주의 전략이 아니라 근본적 사회변혁 전략, 즉 사회주의적 전략을 다루려고 한다. 그 이론적 토대는 마르크스주의다.

사회주의적 전략의 출발점은 조직으로 뭉쳐야 한다는 것이다. 트로츠키는 자기 인생을 통틀어 계속 반복되는 일이라며 다음과 같은 예를 들었다. 노동자 다섯 명이 있었는데, 그중 한 명은 우익적이고 보수적인 노동자고, 다른 한 명은 여성 차별과 유대인 혐오와 인종차별과 종교 차별 등에 반대하는 투쟁적 노동자고, 나머지 세 명은 그 중간에서 왔다 갔다 하며 상황에 따라서 우파적 노동자를 지지하기도 하고 투쟁적 노동자를 지지하기도 하는 노동자였다. 이것이 바로 노동계급 의식의 불균등을 보여 주는 사례다. 그런데 불균등한 의식을 지닌 사람들이 하나의 조직 안에 있게 되면, 보통 때는 잘나가다가도 아주 첨예하고 민감한 문제가 생겼을 때는 분열해서 한 걸음도 나아가지 못하고 늪처럼 질척질척한 수렁에 빠지게 된다. 예컨대, 제2차세계대전 같은 커다란 문제가 닥쳤을 때 누구는 전쟁을 지지해야 한다고 하고, 누구는 전쟁에 반대해야 한다고 하고, 누구는 '우리가 분열하니까 전쟁 문제는 아예 얘기도 말자'고 한다. 이 때문에 트로츠키는 투쟁적 소수가 독립적이고 독자적인 조직으로 뭉쳐야 한다고 강조했다(물론 투쟁적 소수는 공동전선이나 노동조합 등을 통해 대중적 조직을 유지하고 거기서도 활동해야 하지만 말이다). 이것은 레닌 당 이론의 핵심이기도 하다. 바로 이것이 출발점이다. 이게 출발점이 되지 않으면 전략과 전술에 대한 얘기들은 모두 쓸모없는 것이 돼 버린다. 전략과 전술을 집행하려고 할 때 완전히 마비돼 버리고 말기 때문이다.

이데올로기의 중요성: 선동과 선전

전략과 전술의 둘째 관문은 이데올로기 문제다. 전략과 전술을 이데올로기, 즉 정치적 주장(선전·선동)과 따로 떼어 내서 얘기할 수 없다. 이데올로기는 대의명분을 제공하고 사기를 진작하는 효과를 낸다. 올리버 크롬웰은 17세기 중엽 청교도 혁명이라고도 불리는 영국 혁명에서 신형군을 별도로 조직했는데, 이 군대를 처음 조직할 때 대의명분을 대단히 중시했다. 즉, 봉건적 사상에 견주면 급진적인 청교도 정신을 중시하던 평민 출신들로 간부를 구성하고 그것을 바탕으로 사병을 모집해 신형군을 조직했는데, 이는 매우 성공적이었다.

셰익스피어는 다음과 같이 말했다. "자신의 싸움에 정당성을 부여하는 자는 세 배로 무장한 것이나 다름없다." 나폴레옹도 이데올로기의 중요성을 강조하며 다음과 같이 얘기했다. "물량을 1이라고 한다면, 정신은 3이다. 특히 전투력이 열세인 상태에서는 병사들의 사기가 중요한 구실을 한다." 부패한 정부가 강력한 군대를 거느릴 수 없는 이유가 바로 이것이다. 지휘부가 썩으면 사병들을 제대로 진두지휘할 수 없는 법이다.

전략과 전술의 의미

셋째로 전략과 전술의 의미에 대해 얘기해 보려 한다. 근본적 사회 변혁을 바라는 사회주의자들이 전략과 전술이라는 말을 채택했을 때, 그것은 군사적 용어를 빌려 쓴 것이었다. 엥겔스·레닌·트로츠키는 모두 클라우제비츠라는 군사 전략가를 무척 존중했다. 엥겔스는 1848~1849년 유럽 혁명 동안 시민군에 참가해 전투를 하고 다녀서 별명이 장군이었다. 트로츠키는 제1차세계대전 당시 몇 년 동안 발칸전쟁 종군기자로 전투들을 취재하면서 전투 경험을 쌓았다. 나중에 그는 러시아 10월혁명 때 무장봉기를 지도했고, 혁명이 성공한 뒤 국방부 장관이자 군 최고사령관이라 할 수 있는 적군 사령관을 지냈다. 트로츠키는 두꺼운 책 다섯 권 분량이나 되는 군사 저작을 쓰기도 했다. 어쨌든 전략과 전술에 아주 능한 이 사람들이 모두 클라우제비츠의 개념을 매우 존중했다. 클라우제비츠의 책은 칸트철학 관련 얘기가 많아서 읽기가 상당히 어려운데, 처음에는 축약본을 읽는 것도 좋겠다. '지만지 고전 천줄'이라는 문고판 시리즈 중에 《전쟁론》이 포함돼 있다.

우리는 전쟁과 전투를 쉽게 구별할 수 있다. 전략은 바로 전쟁과 관련 있는 것이다. 전쟁에 대한 이론, 즉 전쟁술, 이것이 바로 전략이다. 쉽게 말해서 전투를 어떻게 배치하고 어떤 전투가 더 중요한지 정하는 것이다. 제국주의자들의 처지에서 드는 사례이기는 하지만, 제2차세계대전에서 서부전선의 노르망디 전투가 가장 중요하고 동부전선의 스탈린그라드 전투가 결정적이었는데, 이처럼 전투들의 비중과 경중을 가려서 병력을 집중 배치하는 등 設計를 하는 것이 바로 전략이다. 또, 그에 관한 이론이 전략인 것이다. 그러므로 사회주의적 정치 전략을 정의하면 '계급 전쟁에서 승리하거나 유리한 상황에 놓으려는 최선의 방법에 관한 이론과 기예'라고 할 수 있다.

전술은 전투에 관한 병법이거나 전투에 관한 이론이다. 전술은 각각의 투쟁에 관한 우리의 병법으로, 쌍용차 투쟁에 대한 사회주의자의 전술, 미디어법 철회 투쟁에 대한 전술, 특정 집회에 대한 전술 등이 있을 수 있다. 운동의 갈래에 대해서도 전술을 얘기할 수 있는데, 학생운동에 대한 사회주의자의 전술, 노동조합운동에 대한 사회주의자의 전술, 민주노동당(과 기타 개혁주의 정치 운동)에 대한 사회주의자의 전술 등이 있을 수 있다. 또, 의회와 선거 문제도 우리 사회주의자들에게는 전술이다. 개혁주의자들은 의회를 가장 중요하게 여기므로 의회와 선거가 그들에게는 전략이고, 사실 이것이 전략의 거의 전부다. 중요한 특정인에 대해서도 전술을 얘기할 수 있다. 예를 들어 민주노동당 국회의원이나 주요 노동조합 위원장 등에 대한 우리의 전술이 있을 수 있다. 그러므로 사회주의적 정치 전술이란 '특정 투쟁이나 운동이나 운동 부문에서 원하는 것을 이루기 위해 사용하는 방법과 그에 관한 이론'이라고 정의할 수 있다.

정치적 목표들을 명확히 규정하고 주기적으로 재평가하라

넷째는 정치적 목표들을 명확히 규정하고 주기적으로 재평가해야 한다는 것이다. 예를 들어, 다함께[노동자연대의 당시 명칭]는 2003~2005년에 반전과 반신자유주의라는 두 축으로 움직였다. 그러다 선거 때가 되면 반보수·반한나라당, 비非중도(당시 열린우리당)의 입장을 취했다. 노동자 투쟁이 떠오르면 노동조합 투쟁, 정확히 말하면 조직

노동자들의 투쟁을 전략상의 역점 분야에 넣고, 그것이 별로 활성화되지 않을 때는 전략적 강조 분야에서 잠시 뺐다. 2008년 상황을 예로 들자면, 촛불 운동이 벌어질 당시 전략이든 전술이든 모두 촛불 운동에 집중됐다. 9월에 금융 공황이 터져 경제 위기가 세계를 엄습했을 때는 이데올로기 투쟁의 중요성을 강조하면서 조직 내에서 선전과 교육을 강조했다. 올[2009년] 초 다함께는 대의원 협의회에서 올해의 전략에 대해 얘기했는데, 반신자유주의 문제를 놓고서는 더 깊숙이 들어가 노동자 투쟁을 강조했고, 반전 문제를 놓고서는 한국이 파병군을 철수한 데다 국제 반전운동 자체도 폭발적으로 일어나지 않고 있었기 때문에 (당면한 시기에) 반전운동을 그리 강조하지는 않았다. 그 대신 학생운동을 강조했는데, 아직은 불발 상태로 있는 듯하다. 그래서 내년 초 대의원 협의회에서 이것을 평가해 보고, "지난해 우리는 학생운동이 주요하게 떠오를 것이라고 예상했는데 그리 되지 않았다. 우리가 잘못 예측했다" 하고 자기비판을 하면서 전략을 수정하든지, "그래도 한 해를 더 두고 보자" 하고 이어 가든지 해야 한다. 이런 식으로 우리는 전략과 전술에 대해서 계속 재평가해 봐야 한다.

우리는 민주노동당에 대한 전술도 계속 재평가하면서 명확하게 해야 했다. 분당 사태가 일어났을 때 우리는 민주노동당에 얼마나 힘을 실을 것인지 논의해 이제는 전보다 힘을 좀 많이 빼고, 그 안에 있되 적극적으로 활동하고 선전하기보다 가맹 상태만 유지하기로 했다. 이런 것을 명확히 하지 않으면 많은 것을 잊을 수 있고 여러 일에 치이다 보면 개념이 모호해질 수 있다.

'자본의 위기 전가에 맞서 싸우는 공동투쟁본부'(이하 공투본, 2009년 2월 결성)도 또 다른 예가 될 수 있다. 공투본은 PD 좌파들, 그러니까 노동자주의적 단체들의 기구다. 여기에 다함께도 참가하고 있고, 다함께 측 파견자가 그 기구의 주요 직책도 맡고 있다. 우리는 올해 대의원 협의회에서 그 기구를 무엇으로 자리 잡게 할지 논의해 다음과 같이 결정했다. "공투본이 노동조합 투쟁에서 전국적 위상으로 떠오를 전망은 별로 없다. 노동조합의 고위 상근 간부직을 NL 경향과 온건 PD 경향, 민주노총 용어로 말하면 국민파, 자주파, 중앙파가 차지하고 있어서 공투본 같은 급진적 좌파가 민주노총 전체의 전국적 노동조합 투쟁을 지도할 가능성은 거의 없다. 그러나 개별 노동자 투쟁이 벌어질 때는 상당히 종파적인 좌파일지라도 빼어난 리더로 떠오를 수 있다. 노동자 투쟁이라는 특별한 성격 덕분에 노동조합 지도자나 투사가 정치적으로는 종파적일지라도 이런 투쟁 속에서는 자신의 종파적 정치를 많이 희석하고, 그저 전투적 노동조합주의자로서 행동하는 경향이 있기 때문이다. 그러므로 다소 종파적 경향이 있는 조직들의 결집체이더라도 우리는 공투본에 참가한다." 이렇게 명확하게 결정을 했는데도 다함께 측 파견자는 공투본 활동에서 여러 혼란을 겪었다. 공투본의 다른 사람들이 이 기구를 민주노동당이나 진보신당과 경쟁하는 정치단체로 자리 잡게 하거나 몰아가려는 것에 그도 부지불식간에 녹아들었고, 공투본이 굉장한 단체나 되는 듯 착각하기도 했다. 그래서 우리는 잠시 멈춰 선 다음 우리가 처음에 공투본의 위상을 어떻게 매겼는지 되짚어 보며 다시 토론했다.

전략의 우위:
전투에서 패배하더라도 전쟁에서 이기는 게 중요

다섯째 사항은 전략이 전술보다 우위에 있다는 것이다. 전투에서 패배하더라도 전쟁에서 이기거나 유리한 처지에 있는 게 중요하다. 앞서 전쟁과 전투의 구분을 살펴봤는데, 이라크 상황을 두고 몇 년 전에 미군 고위 장성은 다음과 같이 말했다. "우리는 전투에서는 이기고 있지만, 전쟁에서는 지고 있다." 이것은 사실이었다. 우리도 당시에 바로 그렇게 평가했다.

베트남전쟁 당시에 유명한 설(뗏) 공세가 있었다. 1968년 1월에 베트남 민족해방전선이 미 대사관, 미 공군기지 사령관 사택, 베트남 대통령궁, 방송국 등 상징적 장소들을 공격하고 잠시 점거했다. 그리고 몇 시간 만에 쫓겨났다. 군사작전 자체는 실패였다. 전투에서는, 즉 전술 면에서는 패배한 것이다. 그러나 이 사건은 전 세계에 방영됐고, 전 세계 사람들이 베트남전쟁의 중요성과 문제들을 알게 되면서 반전운동에 기름을 부은 격이 됐다. 반전운동이 강력하게 일어나자 민족해방전선 전사들도 큰 힘을 얻었다. 결국 설 공세는 베트남에서 미국을 축출하는 데 커다란 구실을 했다. 전투, 즉 전술 차원에서는 졌지만, 전략 차원에서는 전진을 이룬 것이다. 이것은 우리가 전략적 관점을 지녀야 하는 이유를 보여 준다.

핵 폐기장 반대 운동을 예로 들어 볼 수도 있다. 부안에서는 핵 폐기장 반대 운동을 성공적으로 조직해서 핵 폐기장 건설 계획을 좌절시켰다. 그러자 정부는 "그러면 다른 곳에 추진하겠다"며 경주에 건설하기로 계획을 바꿨는데, 경주는 핵 폐기장 건설을 막는 데 실패해 결국 시설이 유치됐다. 우리의 적은 하나인데, 우리가 서로 나뉘어서 자신들의 전술 관점에만 매몰돼 있으면 이런 상황에 대처하기가 몹시 어려워진다. 그리고 전술 문제에 매몰되면 정치적 실용주의로 기울기 쉽다. 19세기 말부터 20세기 초까지 독일 사회민주당이 그랬다. 제정러시아를 무대로 활동하던 볼셰비키와 달랐던 대목이다.

또 다른 사례로 1936년 프랑스의 인민전선을 들 수 있다. 인민전선은 공산당으로 대표되는 좌파가 급진당이라는 친자본주의 정당과 동맹을 맺고 그 정당의 강령과 요구와 투쟁 수위 안에서 움직이기로 협약한 것이었다. 스페인에서도 인민전선을 결성했는데 공산당은 인민전선을 통해 몇십 배로 성장했고, 인민전선은 선거에서도 이겼다. 그래서 오늘날 스탈린주의자들과 사회민주주의자들, 그리고 약간 좌파적인 자유주의자들과 자유주의적 좌파들은 인민전선이 성공적이었다고 평가한다. 트로츠키주의자인 아이작 도이처도 1930년대 인민전선이 성공했다고 말한다. 그러나 이것은 매우 협소한 시각이다. 전술적으로 보면 성공했지만, 사실은 아래로부터의 계급투쟁을 약화시켰다. 공산당은 친자본주의 정당과 연합해 그 정당의 강령과 투쟁성을 넘지 않기로 협정을 맺음으로써, 당시에 대단히 크게 일어난 아래로부터의 노동자 투쟁을 자제시키고 '정상화'시켰다. 당시 노동자 수백만 명이 공장점거 운동에 참가하고 있었는데도 말이다. 인민전선은 전술로는 이긴 건지 몰라도 전략적으로는 패배의 길을 의도치 않게 걸은 것이었다.

요컨대 전략의 우위란 크게 보고 넓게 보라, 더 큰 목표에 초점을 맞추라는 것이다. 크게 보고 넓게 보려면 전체적 상황, 즉 전체 사회와 세계경제 상황 등을 분석해야 한다. 그러려면 경제와 정치에 대한 일반적 지식, 다시 말해 이론이 있어야 한다. 이론이 없다면 운동이 침체하는 시기에는 사기가 떨어져 운동을 그만두거나 개혁주의자로 바뀔 수 있다.

지금까지 전략이 우위에 있다는 점을 설명했는데, 그렇다고 해서 전술이 독자성 없이 전략에 완전 종속되는 것은 아니다. 전술은 상대적으로 독자적인 가치가 있다. 2004년 노무현 탄핵 사건을 예로 들어 보자. 다함께는 다른 사회주의 단체들과 마찬가지로 탄핵 사건 전부터 노무현 정권을 반대했다. 그러면 전략적으로 노무현을 반대하니까 노무현이 탄핵당한 것을 그대로 놔둬야 할까? 다함께를 제외한 거의 모든 좌파는 그런 태도를 보였다. 그러나 이것은 대단히 미련한 태도다. 노무현이 탄핵되면 한나라당과 우익이 정국의 주도권을 잡을 것이 분명했다. 지금 같은 한나라당 집권이 4년 앞당겨졌을 텐데 그 4년 동안 좌파들은 조금 덜 탄압적인 상황에서 유리한 정치 활동을 할 수 있는 조건을 누리지 못했을 것이다. 2004년 이후에 전개된 상황을 돌아보면 좌파들은 그해 여름 반전운동을 하면서 노무현 퇴진 구호를 내걸기도 했고, 탄핵 직후 총선에서는 열린우리당뿐 아니라 민주노동당도 매우 전진했다. 이런 상황을 보면 운동이 전진하는 데서, 다시 말해 전략적으로 유리한 고지를 점하는 데서 노무현 탄핵 반대라는 전술이 중요했다는 것을 알 수 있다.

훨씬 고전적인 사례를 들어 보자. 1917년 8월[구태양력 기준] 말 러시아에서 코르닐로프 장군이 반혁명적 우익 쿠데타를 일으켰다. 볼셰비키는 그때까지 임시정부에 맞서 노동자·병사 소비에트(평의회)를 지지했지만, 이제는 전술을 바꿔 코르닐로프에 대항해 임시정부를 방어하기로 했다. 전술이 전략에 종속된다는 말을 기계적으로 이해해 교조처럼 떠받들었다면 도저히 할 수 없는 신축성 있는 전술 전환이었다.

따라서 전략의 우위를 얘기하지만, 그것이 기계적으로 전술을 전략에 종속시켜야 함을 의미하는 게 아니다. 그 독자적 가치에 대해 잘 판단해야 한다.

전략의 설계: 전략 기획의 출발점

여섯째 사항은 전략 설계를 직접 해 보는 것이다. 그 출발은 도대체 우리의 적이 누구이고 우리 편은 누구인지 구별하는 것이다. 아주 간단하고 상식적인 얘기처럼 들리지만 이 문제가 그리 수월하지는 않다. 운동에 참여하다 보면 적과 동지를 구별하지 못하는 사람들이 뜻밖에 무척 많다는 점을 발견하게 된다. 민주당이 한 예다. 민주당은 어떤 세력인가? 분명히 해 두자면, 민주당은 자본가계급의 정당으로 우리의 적이다. 비록 주적은 아닐지 몰라도 말이다. 민주당은 (과거 운동권 출신들이 꽤 있어 현재 좌파와 인맥적 관계를 맺고 있기 때문에) 포퓰리즘 이데올로기와 포퓰리즘적 연계를 수단 삼아 우리 운동에 상당한 영향력을 행사하는 포퓰리즘적 자유주의 정당이지만, 결코 우리의 친구는 아니다. 앞서 말했듯 민주당이 현재 좌파와 맺는 관계는 아주 느슨한 인맥적 연계로, 영국 노동당이 노동조합과 맺고 있는 것 같은 밀접한 연계가 아니다. 그런데 운동 내 일부 사람들이 민주당과 전략적으로 동맹을 맺자고 하는데 이는 잘못이다. 민주당과 전술적으로는 동맹할 수 있다. 예를 들어, 어떤 중요한 집회를 민주당이 주도한다고 치자. 그렇다고 그 집회에 안 가면 안 될 것이다. 그러면 민주당이 좌지우지하게 되고 민주당의 영향력이 더욱 커질 것이므로, 우리는 거기에 악착같이 끼어들어서 어떻게든 민주당의 헤게모니를 잠식하려고 노력해야 한다.

또 다른 예로 아나키즘을 들 수 있다. 권위가 싫고 울분에 불타는 반항적 청년이나 촘스키, 박홍규 영남대 교수 같은 반체제적 저술가들을 비난하려는 게 전혀 아니다. E H 카가 "반대파에 대한 반대파"라고 한 종류의 아나키스트들, 즉 주요 좌파들을 주로 매도하는 초좌파적 종파주의인 아나키즘을 말하는 것이다. 예컨대, 현재 우리의 적은 이명박 정권과 자본가들과 보수 우파 정치인들인데, 오히려 이자들과 맞서 싸우는 우리 진영을 주되게 공격하는 것이다. 이런 것이 아나키스트들의 구실이다. 아나키스트 중에는 사실은 마르크스를 부정하면서도 마르크스의 이름으로 활동하는, 그래서 가장 효과적인 아나키스트들이 있는데 바로 자율주의자들이다. 자율주의자들은 운동 내에서 도리어 운동의 지도부를 비판하는 데 주력한다. 예를 들어, 지난해 촛불 운동이 대규모로 벌어지고 있을 때 자율주의자들은 촛불 운동의 지도부인 광우병국민대책회의를 비판하는 데 주력했다. 물론 광우병국민대책회의는 비판받을 점이 있었지만 지지받아야 할 측면도 있었다. 그렇게 대책회의를 지지해야 운동에 새롭게 참가하는 사람들과 접촉할 수 있고, 그 속에서 영향력을 쌓을 수도 있다. 그런데 대책회의를 적처럼 공격하는 데만 몰두하는 세력들이 있었던 것이다.

정체성 정치를 또 다른 예로 들 수도 있다. 정체성 정치를 받아들이는 운동 중에 근본적 페미니즘이 있다. 나는 투쟁적 여성운동을 지지한다. 페미니즘은 여성운동 내 특정(현재는 주된) 갈래일 뿐이지 그 자체가 여성운동인 것은 아니다. 100년 전에는 마르크스주의자들이 여성운동 내에서 주된 갈래였다. 어쨌든 지금은 근본적 페미니즘이 여성운동 내에서 상당히 중요한 갈래 중 하나인데, 이 경향은 남성을 다 적으로 취급한다. 그리고 여성은 다 동맹인 것처럼 착각하거나 심지어 의식적으로 그렇게 생각한다. 그러다 보니 몇 년 전에는 〈한겨레〉 기자 출신인 최보은 당시 《프리미어》 편집장이 박근혜를 공개 지지하는 일까지 있었다. 또, 여성계 엔지오들이 정부에 들어가서 포섭되다 보니 자신이 대표하고자 한 평범한 여성들과 대립적인 처지에 서기도 하는데 이런 상황도 면밀하게 봐야 할 것이다.

아프가니스탄 전쟁을 또 다른 예로 들어 보겠다. 2007년 한국인 선교사 피랍 사건 때 참여연대는 아프가니스탄 전쟁을 두고 탈레반이나 미국 제국주의나 다 똑같다는 양비론을 취했는데, 이는 반전운동에 큰 어려움을 줬다. 사실, 지금도 이런 양비론 탓에 아프가니스탄 전쟁 반대 운동이 대규모로 일어나지 못하는 것이다. 그런데 탈레반이나 미국 제국주의나 그게 그거라고 보는 것은 큰 착각이다. 탈레반이 지독히 혐오스러운 자들인 것은 분명하지만, 그리고 미국이 쫓거나면 탈레반이 집권할 가능성도 적지 않지만, 그들이 미치는 나쁜 영향력은 아프가니스탄에 살고 있는 수백만 명에 한정된다. 물론 아프가니스탄인들에게는 안타까운 일이다. 그러나 미국 제국주의가 패배한다면 전 세계 수십 억 명의 평범한 대중에게는 큰 전진이다. 베트남 신드롬이라는 말이 나왔듯이 미국 제국주의가 패배하면 미국이 다른 나라에 개입하기가 매우 어려워진다. 그러므로 우리는 탈레반이 어떤 세력인지와 관계없이 미국 제국주의가 패배하기를 바라야 하고, 미국 제국주의에 반대하는 운동을 건설하는 것이 반전운동 전술뿐 아니라 전체 전략에서도 유리하다는 점을 알아야 한다.

마지막으로 예를 하나 더 들어 보자면, 민주노동당과 진보신당을 대하는 태도다. 민주노동당과 진보신당이 마치 적이라도 되는 것처럼 공격하는 초좌파적 종파들이 꽤 있다. 물론 민주노동당이나 진보신당은 비판받을 바가 많은 개혁주의 정당이다. 여러 한계와 약점이 있다. 그러나 우리는 민주노동당과 진보신당이 우파 세력이나 중도 자유주의 포퓰리스트 세력(민주당 등)과 대립할 때 분명하게 민주노동당과 진보신당을 지지해야 한다. 예컨대 2009년 4월 재보궐 선거 때 울산 북구에 조승수 씨가 후보로 나왔다. 조승수 씨는 민주노동당 분당 사태 때 〈조선일보〉에 글까지 쓰며 좌파들을 비난한 사람이다. 그의 이런 전력이 불쾌하지만 그가 울산 북구에서 한나라당 후보와 맞붙었을 때 우리는 그에게 표를 던져야 했다. 그러나 안타깝게도 사노준이나 그 단체와 연관을 맺고 있는 지식인인 손호철 교수 등은 "후보 단일화 과정에서 모든 것이 실종돼 버려서" 별 의미가 없는 선거인 듯 말했다. 이와 달리 다함께는 "조승수 후보에게 투표해

라. 그러나 그는 국가보안법 쟁점 등에서 문제가 많은 사람이다" 하고 비판적으로 지지했다. 고종석 〈한국일보〉 논설위원 같은 자유주의자조차 조승수 씨를 겨냥해, 진보를 자처하는 사람이 어떻게 〈조선일보〉에 그들 마음에 쏙 드는 글을 쓰는 채신머리없는 짓을 하느냐고 점잖게 꼬집은 적이 있는데, 다함께는 그 얘기를 인용하면서 조승수 씨에게 비판적 지지를 보냈던 것이다.

적군과 아군에 대한 분석과 평가

일곱째 사항은 적군과 아군을 분석하고 평가해야 한다는 것이다. 적이 무엇을 왜 하려 하는지를 물어야 한다. 언제나 적의 능력을 정확히 판단하고 적의 강점과 약점을 모두 봐야 한다. 적의 강점만 보는 사람들, 주로 온건 개혁주의자들은 항상 패배 의식에 빠져 있다. 그들은 늘 적을 더 밀어붙이면 역풍이 분다며 소심하게 군다. 적을 막강하게 생각하기 때문이다.

그러나 적을 너무 우습게 알아도 안 된다. 지난해 촛불 운동 때 운동에 새로 참가한 급진적 청년들이나 좌파들이 아마 그런 태도를 보였을 것이다. 100만 명쯤 모이니까 이명박이 허수아비로 보였는지 지나친 낙관에 들떠 있었다. 이들은 〈경향신문〉이나 〈한겨레〉처럼 반쯤은 우리 편이기도 하고 반쯤은 적의 편이기도 한 포퓰리즘적 자유주의 신문들이 자발성을 찬양하는 것에 도취돼 있었다. 그 결과는 무엇이었는가? 좌파가 광우병국민대책회의로 하여금 이명박 퇴진 입장을 채택하고 노동자 투쟁을 호소하도록 만들어야 했는데 그러지 못했다. 다함께와 소수 단체만 이런 견해를 밝혔고, 특히 노동자 파업 호소는 오로지 다함께만 주장했다. 당시에 중요한 과제들이 있었다. 첫째, 의제를 확장해야 한다는 것이었다. 둘째, 노동자들이 투쟁해야 한다는 것이었다. 특히 파업 투쟁을 해야 했는데 그것이 꼭 정치 파업일 필요는 없었다. 각자 자신들의 임금과 근로조건 등을 내걸고 동시에 파업하면 그것이 정치 파업의 효과를 낼 수 있었다. 셋째, 이명박 정부를 설득할 수 있다는 환상을 버리고 이명박 퇴진 입장을 분명히 해야 한다는 것이었다. 이명박 정권은 앞으로도 권위주의적 탄압을 밀어붙일 정권이므로 물러나라고 해야 했다. 그런데 자발성 만능주의 관점에서는 자발성이면 다 된다고 보기 때문에 이런 과제의 필요성을 인식할 리 없었다. 적의 약점을 제대로 판단하지 못하고 지나치게 도취감에 빠진 나머지 지난번에는 우리가 기회를 놓치고 만 것이다. 이명박은 지금도 탄압을 강화하고 있는데, 어떤 사람들은 이명박이 강하기 때문이라고 생각한다. 그러나 그렇지 않다. 이명박은 약하기 때문에 탄압에 의존하는 것이므로 우리는 그런 약점도 봐야 한다.

그렇다면 이명박은 지금 무엇을 하려고 하는가? 간단히 살펴보자면, 첫째, 그는 지금 경기 부양책으로 가닥을 잡았다. 그래서 신자유주의적 정책들을 잠시 미뤄 놓고 있다. 아래로부터의 대중 반란을 두려워하고 있는 것이다. 이명박은 특히 조직 노동계급을 겁내고 있다. 쌍용차 투쟁 때도 그는 정갑득 금속노조 위원장을 만나 협상안을 내놨고 정갑득 위원장이 그것을 들고 쌍용차 노동조합 지부장을 만났지만, 쌍용차 파업 노동자들은 협상안을 거부한 바 있다. 이명박은 비정규직 노동자들을 많이 해고했지만, 잘 조직돼 있는 정규직 노동자들을 공격하지는 못하고 있다. 곧 공격할 수도 있겠지만 아직까지 못한 것은 이명박이 조직 노동계급을 겁내고 있기 때문이다. 둘째, 그러면서도 다른 한편으로는 노동자들이나 피억압 대중의 반발이 제한적일 듯한 쟁점들, 특히 야당과 관련돼 있던 쟁점들에서는 치고 나가는 측면이 있다. 특히 재벌 등 자신의 기반을 확실히 챙기기 위해 미디어법을 밀어붙여 언론을 재벌에게 주고, 금산분리 완화로 재벌의 은행 장악을 허용하려 한다. 셋째, 이명박은 탄압을 강화하면서도 '중도 실용'을 내세우는데, 이는 민주당과 친노 세력의 지지 기반을 뺏어 오거나 그들을 혼란스럽게 하려는 작전이었다. '중도 실용'은 노무현 세력의 주된 구호였다. 노무현 정부가 표방했던 게 실용주의였고, 그 정권은 중도적이었다. 넷째, 이명박은 개헌 얘기를 꺼내 쟁점을 흐리고 사람들의 관심을 딴 데로 돌리려는 작전을 쓰고 있다. 다섯째, 이명박은 북한의 핵무기를 이데올로기적으로 이용해 운동을 분열시키려 한다. 운동 내에 친북적 세력이 있기 때문이다. 이처럼 간단히만 봐도 이명박이 뭘 하고자 하는지 알 수 있다.

클라우제비츠는 '무게중심'이라는 용어를 사용해 적의 힘의 원천이 어디에 있는지를 표현했다. 즉, 힘의 원천, 최대 강점, 가장 중요한 요소를 두고 무게중심이라고 했던 것이다. 그런데 무게중심을 잃어버리면 팍 쓰러진다. 그러니까 적의 힘의 원천은 동시에 적의 아킬레스건이기도 한 것이다. 레닌은 이를 두고 '사슬의 약한 고리'라고 불렀다. 김대중 정권의 무게중심은 남북 화해 협력이었다. 그것을 통해서 운동을 분열시키고, 운동 내 포퓰리스트들을 어느 정도 달래고, 운동 내의 전투적 계급투쟁주의자들을 고립시켰다. 노무현은 첫해에는 김대중 정권의 남북 화해 협력을 채택하지 않아 커다란 어려움에 처하게 되자 2004년부터 그것을 채택했다. 지금 이명박의 무게중심은 경제다. 그는 경제로 당선됐다. 따라서 우리는 그 부분을 아주 집요하게 공격해야 한다. 경제와 관련된 노동계급 투쟁, 이런 것이 바로 이명박 정부의 아킬레스건이 될 것이다. 우리는 노동자 투쟁을 일으키려고 노력해야 한다. 물론 천대받고 차별받고 억압받는 여성, 이주자, 장애인, 성소수자 등을 방어하는 일도 절대 게을리해서는 안 된다.

전략의 핵심인 집중과 기동

여덟째는 클라우제비츠가 전략의 핵심으로 꼽은 '집중'과 '기동'에 대한 것이다. 먼저 집중에 대해 살펴보자면, 우선 주된 것과 부차적인 것을 구분해야 한다. 어떤 운동이든 다 중요하다는 견해, 즉 자율주의자나 아나키스트의 견해를 갖고는 전략적으로 효과적일 수 없다. 즉, 우리가 유리한 고지를 차지할 수 없다. 주요한 것이 무엇이고, 덜 주요한 것이 무엇인지를 구별한 다음에 주요한 것에 집중해야 한다. 나폴레옹은 다음과 같이 말했다. "전투를 결심했다면, 먼저 모든 전투력을 집결시켜라. 단 한 방울의 물이 양동이 물을 넘치게 하는 것처럼 때때로 단 하나의 대대가 그날의 승패를 결정짓는다." 어떤 때는 그런 주요한 전투가 있는 법이다. 그런 전투 하나에서 결정적으로 승리하면, 전체적인 정치적·이데올로기적 지형이 유리하게 바뀌기도 한다. 거꾸로 패배하면, 유리하던 지형이 불리하게 바뀔 수도 있다. 올해 4월쯤 다함께는 미디어법 철회 투쟁과 쌍용차 투쟁이 여름철의 중심이 될 것이라고 보고 거기에 전력을 실었다. 지금 미디어법이 국회에서 통과되는 바람에 사람들의 사기가 약간 꺾인 면이 있지만 계속 싸울 여지도 있다. 저들이 법을 어기면서까지 미디어법을 통과시켰으므로 계속 싸워서 그것을 뒤집을 수 있는 전술적 여지가 있는데, 이때 쌍용차 투쟁의 향방이 중요하다. 쌍용차 투쟁이 승리해야만 전략적으로 유리한 고지에 있게 되고, 미디어법을 뒤집는 투쟁에서도 결정적 고지를 점하게 되는 것이다. 만약 쌍용차 투쟁이 패배한다거나 어설프게 타협으로 끝나 힘을 빼게 되면, 미디어법을 둘러싼 전투에서 적이 역습하기가 쉬워질 것이다.* 클라우제비츠는 집중에 대해 다음과 같이 말했다. "힘의 집중을 유지하는 것보다 더 중요하고 더 간단한 전략 원칙은 없다. 간단히 말하면 고도의 집중력을 갖고 행동하라는 것이다." 레닌은 이를 두고 "사슬의 올바른 고리" 또는 "막대 구부리기"라고 불렀다.

다음으로 기동에 관해 살펴보자면, 이것은 기동성이 있어야 한다는 것, 즉 전술 전환을 신속하게 해야 한다는 것이다. 신속하게 정책을 바꿀 줄 알아야 한다. 말하자면 과거에 잘 먹혔던 방식을 그대로

---

* 실제로 쌍용차 점거파업이 아쉽게 끝난 뒤, 헌법재판소는 미디어법 날치기 과정에 위법 행위가 있었지만 법 자체의 효력은 있다고 판결했다.

채택하려 하지 말라, 관성적 사고를 배격하라는 것이다. 사람들은 흔히 실패는 성공의 어머니라는 격언을 인용하는데, 나는 그 반대를 훨씬 더 강조한다. 즉, 성공은 실패의 어머니라는 것이다. 무엇을 성공했을 때 다음에도 자꾸 그대로 하려는 관성이 우리 좌파들에게 강한데 이는 실패를 낳을 수 있다. 클라우제비츠는 프로이센의 호엔로에 장군 사례를 드는데, 호엔로에는 전에 성공적이었던 사선 전투대형을 1806년에도 그대로 사용했다가 나폴레옹 군대에 참패했다. 전에 잘 먹혔던 거니까 지금도 잘 먹히겠거니 생각해서는 안 된다는 것이다.

우리가 세우는 계획과 실제로 일어나는 일 사이에는 언제나 어떤 격차가 생겨나는데, 클라우제비츠는 그것을 '마찰'이라고 불렀다. 이론과 실천은 결합돼야 하지만, 어떤 순간에는 일시적으로 분명히 이론과 실천 사이에 격차가 생기고 긴장이 있기 마련이다. 그렇기 때문에 클라우제비츠는 직관을 강조한다. 이론과 경험도 중요하지만, 이론과 경험을 사용할 시간적 여유가 없을 때 척 보고 감으로 판단하는 직관이 중요하다는 것이다. 혁명적 조직의 활동가들에게 직관은 매우 중요하다. 직관력을 기르려면 많은 전투를 해 보고 그 전투를 평가하고 분석해 이를 이론과 연결시켜 봐야 한다.

9·11 이후에 많은 좌파들이 반전운동으로 전환하기를 거부했다. 한국에서도 그 전까지 반신자유주의 운동에 주력하던 좌파들이 반전운동으로 전환하는 것을 비난했다. 반전운동을 지지하는 사람들을 다 '다함께'라고 몰아붙일 정도로 좌파들의 저항이 매우 강력했다. 그것은 반신자유주의 운동이 왜 반전운동으로 전환돼야 하는지 이해하지 못하고 과거를 답습하려는 문제점을 드러낸 것이었다.

이처럼 성공은 사람들을 자기만족에 빠뜨리고 나태하게 만드는 경향이 있다. 상황은 매번 새로운 것이다. 언제나 변한다. 똑같은 상황 또는 역사가 되풀이되는 경우는 없다. 마르크스가 "한 번은 비극으로, 한 번은 희극으로 끝났다"고 한 말이 아주 유명한데, 이 말은 역사가 되풀이된다는 것을 강조한 게 아니다. 오히려 역사는 똑같이 되풀이되지 않는다. 꼭 차이가 있기 마련이다. 뭔가 새로운 요소가 있기 마련이다. 레닌은 '상황은 언제나 구체적'이고, 그래서 '진리는 구체적'이라고 강조했다. 레닌은 '구체적 상황에 대한 구체적 분석'을 하라고 말했다. 추상적인, 시공을 초월해서 맞는 것 같은 얘기를 늘어놓지 말고 그때그때 상황에 맞는 요인들을 분석하라는 것이다. 그래서 그는 1917년 4월 초 러시아로 귀국했을 때 '모든 권력을 소비에트로!' 하고 호소하면서, 임시정부를 지지하던 선임 볼셰비키 간부들을 '구식 볼셰비키'라고 비판했다. 1905년과 달리 유럽이 국제 혁명 전야의 상황에 놓여 있음을 알아차려야 한다는 것이었다.

민주당을 예로 들어 보자. 2008년 촛불 집회가 대규모로 벌어지던 당시에 민주당은 대중에게 인정받지 못했다. 촛불 집회에서 사람들은 민주당 의원들을 경멸에 찬 눈초리로 보거나 소 닭 보듯, 닭 소 보듯 대했다. 한마디로 별 볼 일 없는 존재였다. 그런데 지금은 민주당이 주도하다시피 한다. 왜 그런가? 물론 원인이 있다. 촛불 운동을 풍미했던 자발성 예찬론 때문이다. 물론 자발성은 좋은 것이다. 그러나 자발성만으로는 안 된다. 자발성뿐 아니라 목적의식적 계획성, 리더십, 집중된 조직 등이 매우 중요하다. 촛불 운동 당시에는 자발성만 예찬했는데, 사실 순수한 자발성은 있을 수 없다. 누군가 어떤 식으로든 자발성에 영향을 미치기 마련이기 때문이다. 지금 그런 촛불 운동의 수혜자는 민주당이다. 1년 만에 민주당은 자발성주의에 도취돼 있는 젊은 세대, 자발성주의를 추수한 좌파들의 틈바구니를 비집고 헤게모니를 잡은 형국이다. 그래서 지금 상황에서는 우리가 아니꼽더라도 민주당이 주도하는 운동에 전술적으로, 다시 말해 사안별로 필요하면 개입할 수 있어야 한다. 전략적으로 동맹해서는 안 되지만 말이다. 이것이 지난해와 올해 사이에 달라진 상황이다.

동맹의 기예: 공동전선

마지막으로 살펴볼 것은 동맹에 대한 것이다. 이것은 공동전선 문제인데, 맨 마지막에 비록 짧게 다루지만 매우 중요한 문제다. 우리는 특히 혼자서는 얻을 수 없는 것을 제공해 줄 수 있는 사람들과 동맹해야 한다. 다함께는 매우 급진적인 소규모 단체들과 원칙 면에서는 가장 가깝다고 생각하지만, 반전이나 반제국주의 투쟁에서는 그들과 동맹하는 일이 매우 중요한 것은 아니다. 예를 들면, 2003년 늦여름에 이라크 전쟁에 반대하는 운동을 새롭게 일으키려고 할 때 엔지오들이나 NL 경향이 협조하지 않아서 '노동자의 힘' 등 다른 급진 좌파들과 동맹을 맺었는데, 그 동맹[반전평화공동행동]은 우리 혼자서 얻을 수 없는 것을 제공해 주지 못했다. 집회를 열었을 때 반전 분위기가 뜨니까 2500명 정도를 모았는데, 그 가운데 1000여 명이 다함께 회원이거나 다함께 후원회원 격인 사람들이었다. 나머지 천

몇백 명은 반전운동을 지지하는 훌륭한 청년들이었는데, 이들은 대개 조직적 연계가 없거나 느슨한 네트워크 정도만 있는 사람들이었다. 우리는 그 동맹으로부터 별 득을 보지 못했다.

따라서 우리는 정치 원칙이 우리와 흡사한 급진 좌파들과 만나서 좋은 대화를 나눌 용의가 있지만, 반전이나 반제국주의 공동전선을 건설하는 데서는 이들이 가장 중요한 동맹 대상은 아니라고 생각한다. 물론 공투본에서처럼 다함께는 사노준, 사노련 등 급진 좌파 단체들과 함께 활동할 수 있지만 이런 것은 공동전선이 아니다. 급진 좌파들끼리 하는 것은 어떤 특정 목적을 위한 좌파 결집체라고 할 수 있다. 공투본은 노동운동 내 좌파 블록을 형성해 노동조합 상층의 보수적 상근 간부들을 견제하는 구실을 하는 것이 주된 목적이고, 우리는 공투본을 경제투쟁에 개입하는 통로로 삼고자 하는 것이다. 이는 개혁주의자들과 하는 공동전선과는 목적이 다르다.

공동전선은 믿지 못할 세력, 온건하고 개혁주의적인 세력과 하는 것이다. 그들과 함께하면서 그들을 지지하는 사람을 우리 편으로 끌어당기고자 공동전선을 맺는 것이다. 그런데 사노준, 사노련 같은 급진 좌파들은 다소 종파성이 있다 보니 공동전선이 필요한 상황에서 공동전선을 거부하고는 한다. 우리는 개혁주의자들과도 과감하게 연대체를 꾸려 함께 싸울 필요가 있는데, 종파적이 되기 쉬운 급진 좌파들은 '엔지오나 NL과는 함께하고 싶지 않다'며 공동전선을 거부해 운동을 건설하는 데 조금 문제가 된다. 짜증이 나더라도 온건하고 개혁주의적인 세력과 협력해야 하고, 그러나 비판이 필요할 때 건설적 비판을 하는 식으로 운동을 건설해야 한다.

2장 전략과 전술

피터 클라크

경험이 풍부한 혁명가들조차 '노선 변경'에 찝찝함을 느낄 수 있다. 스탈린주의자들이 소련의 요구에 부응해 터무니없는 전환과 변화를 시도하고 몇몇 소규모 초좌파 그룹이 기괴한 선언을 하는 것을 보며, 우리는 '노선 변경'이 진지한 혁명적 실천의 기본이라는 사실을 망각한다.

레닌은 "4월 테제"라는 유명한 문건에서, "새롭고 생생한 현실의 구체적 특징을 탐구하지 않고 기계적으로 암기한 공식을 되풀이함으로써 우리 당의 역사에서 아주 유감스러운 구실을 여러 차례 했던 '구식' 볼셰비키"를 비판했다.

혁명가들이 전혀 예측하지 못했거나 반쯤만 예견한 복잡한 사태 발전을 다룰 때는 늘 혼란스러운 논쟁과 재조정 기간이 따른다. 레닌은 볼셰비키의 역사를, 바뀐 상황에 맞게 실천을 급격히 조정하는

출처: "Strategy and tactics", *Socialist Worker Review* 73, February 1985.

데서 비롯한 날카로운 논쟁의 역사라고 생각했다. 레닌은 1905년 혁명이 패배한 이후의 상황을 다음과 같이 적었다.

패배한 모든 정당 가운데 볼셰비키는 가장 질서 정연하게 퇴각했다. 자기 '군대'의 손실을 최소화했고, 당의 중핵을 가장 잘 보존했고, (치유할 수 없을 만큼 심각한) 분열을 겪지 않았고, 사기 저하를 최소화했고, 가장 광범위하고 올바르고 기운차게 활동을 재개할 최상의 조건을 마련했다. 볼셰비키가 그럴 수 있었던 이유는 혁명을 떠들어 대기 좋아하는 자들, 그러니까 퇴각하기도 해야 한다는 것을 모르고 퇴각하는 법 따위는 배우려 하지 않는 자들, 가장 반동적인 노동조합·협동조합·공제회 등에서도 합법적으로 활동하는 법을 꼭 익혀야 한다는 점을 외면하는 자들을 가차 없이 폭로하고 추방했기 때문이다.

전략과 전술은 혁명가들이 계급투쟁의 여러 변화에 대처하기 위해 끊임없이 자신의 활동을 재편성하려는 시도다. 이렇게만 보면 어려울 게 없을 것이다. (레닌이 이해한 바에 따르면) 당은 궁극적으로 노동계급 전체를 지도하기 위해, 또 노동자들의 사상이 직장과 노동조합 등에서 겪는 경험의 결과로 변한다는 점을 알기 때문에, 노동자들의 일상 투쟁에 개입한다.

당의 활동(신문을 통한 선전과 선동, 당원들이 [현장에서] 제시하는 즉각적 요구와 구호)은 반드시 노동자들이 직면한 조건과 문제를 반영해야 하지만, 동시에 노동자들이 자신의 상황을 이해하는 데 기대는 사상을 파악해 발전시키고 [잘못됐다면] 그것에 도전해야 한다.

이것은 정말로 간단명료하다. 경제 상황이 노동자들의 의식에 매우 중요한 영향을 미친다는 기본적 개념도 헷갈릴 게 없다. 그러나 경제 상황이 의식에 영향을 주는 방식은 [단순하지 않아] 상당한 어려움을 안긴다. 트로츠키는 불황과 의식 고양 사이의 관계가 단순하지 않다는 점을 인식했다. 그는 호황기에는 투쟁할 자신감이 높아질 수 있고, 불황기에는 자신감과 사기가 떨어질 수 있다고 주장했다. 그러나 정해진 공식은 없다. 얼마든지 정반대의 상황이 벌어질 수도 있다.

트로츠키와 레닌은 제3인터내셔널의 초기 대회를 전략과 전술의 훈련장으로 여겼다. (제1차세계대전이 끝날 무렵 대중적 사회민주당에서 떨어져 나와) 새로 결성된 유럽의 대중적 공산당에는 경험 있는 지도부나 간부가 부족했다. (레닌이 생각하기에) 볼셰비키가 이미 오래전에 해결한 문제들이 신생 공산당에서는 새로운 형태로 거듭거듭 나타났다.

전쟁의 직접적 여파 때문에 전략과 전술 문제는 그다지 중요하지 않아 보였다. 머잖아 유럽의 구질서는 거대한 혁명의 첫 물결에 굴복할 것처럼 보였다. 독일에서는 혁명으로 황제가 퇴위하면서 공화국이 건설됐고, 거의 400년 동안 중부 유럽의 대부분을 지배했던 합스부르크 왕가가 몰락했으며, 오스트리아와 체코슬로바키아와 헝가리에서 잇달아 공화국이 수립됐다.

노동자들의 의식 변화에 발맞춰 정책을 전환하거나 퇴각할 필요성은 1919년의 거대한 봉기 시기에는 별로 중요하지 않은 듯했다. 트로츠키는 1921년에 다음과 같이 밝혔다.

1919년에 우리는 대부분 (정도의 차이는 있었지만) 노동자들의 자생적 분출이 머잖아 부르주아지를 타도할 것이라고 내다봤다. 실로 노동자들의 분출은 정말 거대했다. 다치거나 죽은 사람도 아주 많았다. 그러나 부르주아지는 이 첫 공격을 버텨 낼 수 있었으며, 바로 이 때문에 계급적 자신감을 되찾았다. … 노동계급에게 더욱 정교한 혁명 전략이 필요하다는 것이 갈수록 명백해졌다.

신생 공산당들은 진심으로 투쟁하고 싶어 하는 수많은 젊은 노동자로 이뤄져 있었지만, 이제 퇴각하는 법과 더불어 자신들이 바로 얼마 전에 저버린 개혁주의·중간주의 지도자들과 함께 활동하는 법을 배워야 했다.

자본주의를 정면으로 공격하던 시기에 옛 사회주의 정당의 개혁주의·중간주의 지도자들은 노동계급의 전진을 가로막았다. 1920년 말부터 시작된 부분적 퇴각과 방어의 시기에는 수많은 노동자들이 [여전히] 옛 사회주의 정당과 그 지도자들에게 기대를 걸었다. 자신감을 되찾아 공격을 가하는 부르주아지에 대항하려면 이 노동자들과 동맹하는 것이 필요했고, 바로 이것이 공동전선 정책을 발전시키는 계기가 됐다.

곧이어 제3인터내셔널의 전술은 완전한 변화를 겪었다. 이것은 냉소적 비관론에서 나온 게 아니었다. 인터내셔널의 원칙들은 그대로 유지됐다. 전술 전환은 투쟁의 성격이 바뀌는 때에 자본주의를 전복하는 투쟁에 나설 수 있도록 노동자 다수를 설득할 필요에서 비롯했다. 노동계급이 어쩔 수 없이 후퇴하자, 자본가계급이 공세를 취했으며 옛 개혁주의 정당들은 일시적으로 강화됐다.

영국에서는 1919~1920년 노동계급의 거대한 공격이 실패하자 지배계급이 이제 막 시작된 대량 실업에 힘입어 공세를 폈다. 1922년* 영국 공산당은 "다시 노동조합으로"와 "퇴각을 멈춰라"라는 구호를 중심으로 험난한(그러나 완전히 올바른) 운동[소수파 운동]을 전개했다.

그러나 이런 변화들이 아무 이의 없이 채택되지는 않았다. 레닌은 볼셰비키가 1917년의 시험을 준비하기 위해 15년 동안 다양하기 이를 데 없는 경험을 했다고 설명했다. 반면, 이 신생 공산당들은 한두 해 경험한 게 전부였다. 1921년 트로츠키는 우파 지도자라는 ['좌파' 공산주의자들의] 비난에 맞서 자신을 방어해야 했다.

레닌과 트로츠키는 낡은 자본주의 질서에 즉시 맹공격을 가하는 것은 당면 문제가 아니며 새로운 방어 전술을 개발해야 한다고 주장했다. 새 공산당들이 이것을 받아들이기란 결코 쉬운 일이 아니었다. 즉각적 봉기라는 생각에서 후퇴하는 것은 원칙을 저버리는 것처럼 보였기 때문이다. 사실은 전혀 그런 문제가 아니었다. 어떤 원칙상의 문제도 연관되지 않았던 것이다.

본질적 문제는 근본 원칙을 엄격하게 고수한다는 것이 전술의 경직성을 뜻하지 않음을 이해하는 것이었다. 혁명가들은 전술과 원칙을 혼동하는 바람에 투쟁의 변화에 발맞추는 데 필요한 전술 전환을 이룰 수 없게 되는 경우가 아주 많다.

혁명적 마르크스주의자들의 변하지 않는 원칙들은 다음과 같이 요약할 수 있다. 첫째, 노동계급의 해방은 오직 노동계급 자신의 행

---

* '1924년'의 오타인 듯하다.

동으로 이룩될 수 있다. 둘째, 노동계급의 해방은 자본주의 국가기구를 파괴하고 그것을 노동자 국가기구로 대체하는 것을 뜻한다. 셋째, 노동계급 내의 불균등성은 "사회의 지배적 사상"과 단절한 수십만 노동자들로 이뤄진 혁명적 정당을 건설해야만 극복될 수 있다. 넷째, 노동자들의 의식은 계급투쟁을 거치면서 변하므로 혁명적 정당은 노동자들의 일상 투쟁에 개입해 지도하려 해야 한다.

총파업이나 공동전선이나 그 밖의 구체적 행동을 호소하는 것이 옳은지 그른지, 또는 특정 구호를 제기하는 것이 옳은지 그른지 등은 [직접적으로는] 일반 원칙의 문제가 아니다. 물론 그런 문제들이 진정한 원칙상의 문제를 반영하거나 감추고 있기는 하지만, 혁명적 정당 안에서 벌어지는 대부분의 논쟁은 특정 시점에 특정 전술을 적용할 수 있는지를 둘러싼 것이다.

따라서 전술의 출발점은 계급투쟁의 상태이며, 시간을 뛰어넘는 일률적 사태 발전이란 없다는 점을 이해해야 한다. 투쟁은 고조되기도 하고 침체되기도 하며, 노동자들은 후퇴하기도 하고 전진하기도 한다.

노동계급의 자신감과 투쟁성 수준에 보조를 맞추려면 먼저 그들이 투쟁하도록 만드는 경제 상황을 이해하려 노력해야 한다. 대략적 파업 건수나 파업 일수조차 그 자체로는 그다지 도움이 되지 않는다. 파업이 공세적인가 아니면 방어적인가? 노동자들이 대체로 이기고 있는가 아니면 지고 있는가? 공세적 파업과 방어적 파업 사이의 균형(매 순간 균형이 있기 마련이다)이 어느 한쪽으로 이동하는가? 노동자들이 파업을 통해 어느 정도까지 [자신들의 경험을] 일반화하고

있는가?(이것은 파업이 전체적으로 성공하는지 아니면 패배하는지와 관련된 문제다)

그러나 일상의 전술 문제를 놓고 말하자면, 계급투쟁의 일반적 특징들을 명확히 이해하는 것으로도 충분하지는 않다. 혁명가들이 사태 발전의 일반적 방향을 파악한다고 해서 그것이 전술적으로 무엇을 의미하는지 구체적으로 명확하게 이해할 수 있는 것은 아니다. 사실, 전술은 일반적 전략에서도 나올 수 있고, 동시에 전략보다 선행할 수도 있으며, 전략과 잠시 모순되거나 모순되는 듯 보일 수도 있다.

전술이 복잡해지는 이유는 두 가지다. 첫째는 서로 다른 노동자 집단 사이에 불균등성이 존재하기 때문에 어떻게 싸울 것이냐는 생각이 통일돼 있지 않다는 점이다. 가장 선진적인 집단은 무턱대고 전진할 수 있다. 때때로 맹목적 투쟁이 도움이 되기도 하고, 기대하지 않았던 승리가 투쟁을 호전시키기도 한다. 그러나 동시에 노동계급의 역사는 투쟁 현실에 대한 잘못된 평가 탓에 무모한 모험주의에 빠진 사례들로 가득 차 있다.

투쟁 방법을 두고 노동자들 사이에 생각이 통일돼 있지 않기 때문에, 전체적 관점을 잃지 않으면서도 최대한 유연성을 발휘하지 않는다면, 일반적인 전략적 분석으로 여러 가능성을 타진해 봐도 어느 정도는 한계가 있다.

그러나 둘째 문제가 있다. 투쟁의 일반적 방향을 판단하는 데는 당의 규모가 핵심이 아니지만 당이 할 수 있는 일과 해야 하는 일이 무엇인지를 판단하는 데는 그것이 핵심이다. 이 점을 모른다면 어떤 진지한 혁명 조직도 전략·전술 문제를 해결할 수 없다.

이것으로 충분한 것처럼 보인다. 그렇지만 실천에서 혁명 조직(대중정당이든 사회주의노동자당 같은 소규모 조직이든)이 겪는 문제들은 노동계급의 투쟁성이 아니라 혁명적 세력의 영향력이나 잠재력을 잘못 판단해서 생기는 경우가 많다. 노동계급의 전체적 이익이라는 측면에서 어떤 일이 객관적으로 수행돼야 한다고 해서 우리 스스로 그 일을 할 수 있는 것은 아니다. 사회주의노동자당 안에서 이것은 우리처럼 소규모이고 기반이 취약한 조직이 반나치동맹Anti Nazi League 을* 건설하고 운영하는 게 어떻게 가능한지에 대한 오해로 드러났다.

경기 침체가 시작되고 처음에 나타난 일시적 현상 하나는 1970년 대 중엽 노동계급의 주변부에서 파시스트 조직들이 성장한 일이었다. 사회주의노동자당은 이들과 전투를 벌여야 한다고 판단해 반나치동맹을 출범시켰다. 그러나 우리가 이런 거대하고 광범한 조직을 유지할 수 있었던 것은 매우 특별하고 특수한 상황 덕분이었다. 반나치동맹이 성공할 수 있었던 핵심 요인은 효과적이고 인상적인 기술적 활동(포스터, 리플릿, 축제 등)이 아니었다. 이보다는 그 쟁점의 성격 덕분에 우리가 노동당 좌파의 일부를 끌어들일 수 있었다(더 논쟁적인 사안이었다면 가능하지 않았을 것이다). 즉, 파시즘의 위협이 서로 다른 노동계급 조직의 사람들을 단결시켰다. 반나치동맹이 [전 사회의] 환영을 받지는 못했지만 좌파 내에 미친 영향력은 상당

---

* 영국에서 사회주의노동자당 주도로 1977년 결성된 반파시즘 공동전선. 파시스트의 부상을 성공적으로 막아 낸 뒤 1981년 해산했다(이 결정 과정에서 사회주의노동자당 안팎에 논쟁이 벌어졌다). 파시스트 세력이 다시 부상한 1992년 재결성됐고 2003년 반파시즘연합Unite Against Fascism으로 통합됐다.

했다. 기술적 활동이 성공할 수 있었던 것도 이런 활동이 정치적으로 가능했기 때문이다.

안타깝지만 성실한 활동이나 기술적 효율성, 재정 자원이 그 자체로 많은 것을 의미하지는 않는다. 그보다는 당이 조직노동자들에게 (인원수·영향력 면에서) 뿌리내리고 있는 기반이 직접적·즉각적 방식으로 어떤 전술은 현실적이게 또 다른 전술은 그렇지 않게 만든다.

사회주의노동자당이 국민전선에* 반대해 싸웠을 때는 그 쟁점의 성격 때문에 우리 규모보다 더 큰 영향력을 발휘했다. 그렇지만 대부분의 시기에는 그러지 못했다. 우리는 1922년의 영국 공산당과 달리 제3인터내셔널, 러시아 혁명, 5년 동안의 격렬한 국내 계급투쟁이라는 권위를 등에 업고 있지 못하다. 오히려 우리의 선택지는 영국 계급투쟁의 수준과 성격 그리고 혁명 세력들의 규모가 작고 영향력이 약한 점 때문에 제약받고 있다.

수년간 많은 혁명가 단체들이 자신을 둘러싸고 있는 현실을 직시하지 않으려 했다. [운동이] 급속히 진전하는 짧은 시기에 이 점은 충분히 문제가 될 수 있다(자본가계급은 불리한 상황에서도 반드시 전투를 벌이고 책략을 부리고 또 미래의 공격을 위해 더 잘 퇴각하는 방법을 강구하기 때문이다). 그렇지만 우리에게 후퇴가 필요할 때에는 자연스러운 거부감이 실천적 어려움, 경험 부족과 결합된다. 날카로운 논쟁이 불가피하고 또 그 자체가 건강한 것이다. 정말이지 격렬한 토론을 자주 벌이지 않는다면 효과적 전략·전술을 내놓기는 불가능하다.

---

* 1970년대에 한창 활동한 영국의 파시스트 조직.

2부
전략과 전술의 전제

3장 사회주의 정치는
선전으로 환원될 수 없다

알렉스 캘리니코스

마르크스주의는 흔히 말하듯 실천 활동 길잡이다. 혁명적 사회주의자들에게 가장 큰 문제 중 하나는 소수의 노동자조차 혁명적 사회주의자들의 길잡이 구실을 받아들일 태세가 돼 있지 않은 조건에서 활동한다는 것이다. 이런 조건은 영국에서도 오랫동안 존재했다. 영국은 역사유물론의 창시자들[마르크스와 엥겔스]이 정치 활동으로 많은 시간을 보낸 곳인데도 그들의 사상에 대한 반감이 유럽의 주요 나라 가운데 가장 컸다. 나는 이 글에서 그런 상황이 벌어진 이유를 다루려는 게 아니라, 그런 상황이 영국 마르크스주의자들에게 미친 영향을 다루려 한다.

———

출처: "Politics or Abstract Propagandism?", *International Socialism* 2:11, winter 1981[국역: "사회주의 정치는 선전으로 환원될 수 없다", 《마르크스21》 14호, 2014년 여름].

혁명적 사회주의자들의 영향력이 노동계급의 극소수에게만 한정되는 상황에서 마르크스주의 조직들은 교조적 종파가 되기 십상이다. 특히, 자본주의에서 계급투쟁이 경제투쟁과 정치투쟁으로 나뉘는 내재적 경향 때문에 그러기가 더 쉽다. 이런 경제투쟁과 정치투쟁의 분리를 토대로 개혁주의가 싹튼다. 개혁주의는 노동자들의 조건을 (특히 경제 영역에서) 개선하려 하지만, 자본가계급의 지배 자체에 도전하는 것은 일절 회피한다.

이런 개혁주의 관료의 행태와 대칭을 이루는 사회주의자들이 일부 있다. 방금 말했듯이 노동계급의 일상 투쟁이 대체로 정치와 경제가 분리된다고 전제한다는 이유로, 노동자 일상 투쟁에 개입하는 것을 깔보는 경향이다. 이런 사회주의자들의 주장인즉 다음과 같다. 특히 노동조합은 자본주의 사회에 통합돼 변질했으므로 혁명적 전략을 효과적으로 추구하려면 노동조합 바깥에 있어야 한다. 자본주의 사회의 이런저런 일부 측면과 대결하는 것이 아니라 자본주의 전체와 대결하는 것이 혁명적 전략의 출발점이어야 한다. 노동자 대중이 자본주의적 사상과 단절하기 전까지는, 대중투쟁이 지배계급에 맞선 만만찮은 도전으로 발전하기를 기대하는 것은 헛된 일이다. 따라서 부르주아 이데올로기를 패퇴시킬 방편으로써 사회주의적 사상을 선전하는 일을 우선으로 해야 한다. 이 과업을 완수하기도 전에 자잘한 투쟁에 개입하는 것은 시간 낭비일 뿐 아니라 오히려 위험한 일이기도 하다. 노동자들이 자본주의 사회를 받아들이는 성향과 정치와 경제가 분리되는 경향을 혁명가들이 강화하는 꼴이 되기 때문이다.

내가 선전주의라고 부르고자 하는 이런 경향은 특히 영국에서 영향력이 강하다. 영국은 혁명적 좌파가 비교적 약하기 때문이다. 나는 이 글에서 여러 형태의 선전주의가 마르크스주의 전통과 어떻게 다른지를 보여 주려고 한다. 또 혁명가뿐 아니라 개혁주의자도 선전주의 경향을 보일 수 있음을 드러낼 것이다.

마르크스·엥겔스와 공상적 사회주의

마르크스·엥겔스와 걸출한 공상적 사회주의자들(샤를 푸리에, 로버트 오언, 1840년대 프랑스 공산주의자들)의 관계 문제는 매우 복잡하므로 이 글에서 충분히 다루기는 힘들다. 헤겔의 훌륭한 제자들답게 마르크스와 엥겔스는 미래 사회주의·공산주의 사회의 청사진과 기존 현실을 대립시키는 것을 헛수고로 보고 거부했다. 그런 모델은 사회주의·공산주의 사회가 어떤 조건에서 실현 가능할지를 무시한 채 제시되는 것이기 때문이다. 마르크스와 엥겔스는 자본주의 생산양식을 과학적으로 연구하는 것이 부르주아 문명을 도덕적으로 비판하는 것보다 더 유익한 일일 것이라고 봤다. 그러나 내가 다루려는 문제와 관련해 이것은 핵심이 아니다.

공상적 사회주의자들과 마르크스의 근본적 차이는 사회 변화에 대한 견해에 있었다. 푸리에와 생시몽은 크게 봐 계몽주의의 후예였다. 디드로·엘베시우스·콩도르세 같은 걸출한 계몽주의자들처럼 푸리에와 생시몽도 인간 본성을 사회 편제 방식과 관계없이 유지되는 일단의 성향들로 보고, 현재 질서에서는 그것이 온전히 발현될 수 없다고 생각했다. 공상적 사회주의자들은 18세기 계몽주의자들과 다른 점도 있었다. 첫째, 공상적 사회주의자들은 인간 본성을 이기심과 사리사욕뿐 아니라 협동심과 인정人情도 포함하는 것으로 넓게 이해했다. 둘째, 공상적 사회주의자들은 계몽주의자들과 달리 옛 봉건 질서가 아니라 사적 소유와 경쟁을 바탕으로 한 모든 사회가 억압의 원천이라고 봤다. 그리고 인간은 생산수단을 집단으로 소유하고 지배하는 사회에서만 자아를 실현할 수 있다고 봤다. 그러나 공상적 사회주의자들은 본질적으로 사상투쟁의 결과로 사회 변화가 일어난다고 생각했다. 그들은 역사를 "인간 정신의 진보"(콩도르세의 표현)로, 곧 점진적 계몽 과정으로 여겼다. 그 과정에서 (자본가를 포함한) 사람들이 사회주의가 자신에게 이익이 됨을 깨닫게 된다. 대중투쟁과 무장봉기는 필요하지 않거나 오히려 해로울 수 있고, [사회주의] 사상을 퍼뜨리면 충분히 사회주의를 실현할 수 있다는 것이다.

이런 관점에서 공상적 사회주의자들은 노동계급을 사회 변화의 주체가 아니라 객체로 취급했다. "노동 빈민"이 겪는 곤경은 동정할 만한 것이고 그들의 처지를 바꾸는 게 사회주의의 목표다. 하지만 그 변화가 노동자들의 자력 해방 과정이 될 수 있다는 생각은 공상적 사회주의자들에게 꽤나 낯선 것이었다. 심지어 바뵈프나 블랑키처럼 혁명적인 공상적 사회주의자조차 봉기를 음모적으로 조직된 극소수가 대중을 대신해 벌이는 것으로 여겼다. 마르크스가 "포이어바흐에 관한 테제"를 쓸 때 염두에 둔 것은 바로 이 점이다.

환경과 교육의 변화에 관한 유물론의 교의는 인간이 환경을 바꾸고 교육자 자신도 배워야 한다는 사실을 놓치고 있다. 그러므로 이 교의는 사회를 두 부분으로 나눠, 그중 한 부분을 다른 부분보다 우월한 것으로 볼 수밖에 없다.[1]

달리 말해, 공상적 사회주의자들은 사람들이 보이는 개인주의적이고 공격적인 행태를 자본주의 사회의 산물이라고 간단히 설명해 버리는 동시에 자신들은 그 조건에서 벗어나 있다고 본 것이다. 또 자신들은 기존 계급 관계의 영향을 받지 않으며 그 계급 관계를 해체할 사회주의 사상의 전달자라는 것이다.

사회 변화를 공상적 사회주의자들과 비슷한 관점으로 바라본 청년 헤겔파를 겨냥한 "포이어바흐에 관한 테제"와 《독일 이데올로기》는 역사유물론의 출발점이다. 마르크스의 주장인즉, 간략히 말해 인간 본성은 고정불변의 성향이 아니라 사회적 노동을 통해 환경에 적응하며 환경을 바꾸는 인간의 능력이라는 것이다. 노동과정은 언제나 사회적 생산관계의 틀 안에서 조직되고 다른 모든 사회 활동의 토대가 된다. 또 인간은 노동과정을 통해 자연과 사회를 변화시킬 뿐 아니라 자신도 변화시킨다. 다시 한 번 "포이어바흐에 관한 테제"를 인용해 보자. "인간의 본질은 개별 인간에 내재해 있는 추상적인 뭔가가 아니다. 그것은 사회적 관계들의 총체다."[2] 변화는 계급투쟁을 통해 일어나며, 이 계급투쟁의 성격과 형태는 그 사회에서 우세한 생산관계가 결정한다. 게다가 이런 투쟁에 참여함으로써 사람들의 관념이 변하고, 바로 이 점이 내가 이 글에서 말하려는 핵심이기도 하다. 계급투쟁이 노동자 자신을 바꾸므로 사회변혁이 가능하다는 것을 봐야만 공상적 사회주의자들을 어려움에 빠뜨린 역설을 해소할 수 있다. 마르크스주의를 '실천철학'이라고 부르는 것은 바로 이런 의미에서 옳다. 마르크스가 말했듯이, "**혁명적 실천을 통해서만** 환경 변화와 함께 인간 활동 변화나 자기 변화가 일어난다는 사실을 인식하고 합리적으로 이해할 수 있다."[3]

이런 사회 변화 개념은 두 가지 중요한 결과를 낳는다. 첫째, 사회주의를 노동계급의 자력 해방으로 이해한다. 사회주의는 각성한 소수가 가져다주는 것이 아니라, 오직 대중이 스스로 행동해야 성취할 수 있는 것이다. 둘째, 사회주의자들의 임무는 단지 사상을 선전하거나 봉기를 준비하는 것에 국한되지 않는다. 사람들의 세계관이 오직 투쟁 속에서만 바뀔 수 있다면 혁명가들은 노동계급이 나날이 벌이는 투쟁에 개입해야 한다.

영국 선전주의의 기원

"종파만 있을 뿐 당은 없다."[4] 1895년 영국 혁명적 좌파의 상태를 보며 엥겔스가 한 말이다. 영국이 산업 주도권을 장악하고 있고, 노동조합이 주로 직업별로 조직돼 있고, 노조가 정치적으로 자유당에* 종속

---

* 19세기에서 20세기 초까지 보수당과 함께 영국의 양대 정당이었고, 중간계급의 이해를 대변하는 자유주의 정당이었다.

돼 있는 등의 이유로 이 나라에서는 20세기 초까지 정치적으로 독립적인 노동운동(그것이 설령 개혁주의적일지라도)이 출현하지 못했다. 마르크스주의를 따른다고 자처하는 조직들이 이런 상황에 대처한 방식은 엥겔스의 말을 빌리면 다음과 같았다. "마르크스주의 발전 이론을 하나의 경직된 교의로 환원해, 노동자들 자신의 계급의식의 결과로는 도달할 수 없는 것으로 보고, 계급의식의 발전 과정 없이 하나의 신조信條처럼 단번에 주입하려 했다."[5]

제1차세계대전 개전 이전 영국에서 가장 중요했던 마르크스주의 단체이자 엥겔스가 앞의 말을 할 때 중요하게 염두에 둔 조직은 사회민주연맹이었다. 사회민주연맹은 1880년에 민주연맹이란 이름으로 출범했고 1884년에 선명한 사회주의적 강령을 채택했지만, 창립자 헨리 M 하인드먼의 기이한 성향을 따라 그 단체의 정치는 뒤틀려 있었다. 하인드먼은 마르크스주의에서 급진적 부분을 제거했을 뿐 아니라 민족주의와 유대인 배척 같은 편견에 찬 보수당계 기업인이었다. 사회당British Socialist Party(1912년 사회민주연맹이 채택한 당명)의 다수가 그의 전쟁 지지 정책을 거부하자 하인드먼은 자신의 그런 편견을 좇아 1916년에 국가사회주의당을 결성했다.

하인드먼은 평생 동안 노동자들에게 완전히 적대적이었다. 1900년 그는 다음과 같이 썼다. "나는 대체로 이 나라 노동자들이, 특히 우리 당의 노동자들이 대단히 역겹다고 거리낌 없이 말할 수 있다. 우리처럼 교양 있는 계층에 속한 유능한 사람들이 그들에게 봉사해야 할 이유는 하나도 없다. 그것은 인생 낭비다. 우리가 그들을 위해 희생하거나 그들을 걱정하는 것은 쓸데없는 일이다."[6] 이런 태도는 노동계급의 대중조직들을 경멸할 때도 어김없이 드러났다. 1897년 그는 빌헬름 리프크네히트에게* 이렇게 말했다. "진정한 프롤레타리아 조직을 건설하는 데 노동조합은 사실 … 걸림돌입니다."[7]

사회민주연맹은 사회주의 사상을 선전하고(하인드먼은 하이드파크에서 정기적으로 연설했는데 그때마다 중산모를 쓰고 프록코트를 입고 나갔다), 지방선거와 총선에 후보를 내는 등 선전 단체로 활동했다. 사회민주연맹의 내부 구조는 지리적 편제를 따랐는데, 이것은 사회민주연맹이 노동자 투쟁에 개입하는 것을 중시하지 않았다는 사실을 반영한다. 그 결과, 신노동조합운동[기존 직업별 노동조합의 부문주의에 도전한 노동운동 내 진취적 흐름]이 출현한 1889년과 이후의 운동 고양기에 수많은 비숙련 노동자들이 처음으로 조직노동자 운동 속으로 빨려 들어왔지만 사회민주연맹은 여기에 별로 관심이 없었다. 비록 [신노동조합운동의 대표적 부문인] 가스 노동자들의 지도자이자 일반지방공무원노조GMWU 창립자인 윌 손 등 일부 회원이 개인으로서 이 고양기 때 중심적 구실을 했지만 말이다.

이런 행태에 엥겔스는 큰 분노와 반감을 느꼈다.[8] 당시 엥겔스는 편지를 쓰며 영국과 미국의 혁명가들이 노동자 대중투쟁과 관계를 맺지 못하는 상황과 그들이 노동자의 현재 의식과 사회주의 강령을 그저 대립시키기만 하는 경향을 날카롭게 비판했다. 엥겔스가 미국 상황을 다루며 쓴 편지의 두 문단을 보면, 그가 이 문제를 어떻게 봤

---

* **빌헬름 리프크네히트**(1826~1900) 독일 사회민주당SPD의 주요 창립자 가운데 하나이자 카를 리프크네히트의 아버지.

는지 잘 알 수 있다.

대중은 발전하려면 시간과 기회가 필요하다. 대중은 스스로 운동을 펼칠 때만 그런 기회를 잡는다. 그 운동이 자신들의 운동인 한 형태는 전혀 문제가 안 된다. 그런 운동 속에서 대중은 자신의 오류에서 동력을 얻고 자신의 경험에서 배운다. …

독일인들[1930년대까지도 미국 마르크스주의자들은 대부분 독일이나 러시아 출신이었다 — 지은이]이 해야 할 일은 자신의 이론대로(우리가 1845년과 1848년에 이해한 바와 같은 것으로 이해한다면) 행동하는 것이다. 즉, 현실에 존재하는 보통의 노동계급 운동 속으로 들어가 그 운동의 현재 모습을 출발점으로 받아들이고, 운동이 겪은 모든 오류와 좌절이 어째서 기존 강령의 잘못된 이론에서 비롯한 필연적 결과인지를 지적함으로써 그 운동을 이론적 수준으로까지 점차 끌어올려야 한다.[9]

게다가 엥겔스는 노동조합을 결코 노동계급 발전의 장애물로 보지 않았다. 1875년 독일 사회민주당이 채택한 고타강령을 비판하며 엥겔스는 이렇게 말했다. "(여러 오류와 누락이 있지만 그중에서도 특히) 노동조합이라는 수단으로 노동계급을 계급으로 조직하는 것에 관해 아무런 언급이 없다. 이것은 매우 치명적인 문제다. 왜냐하면 노동조합은 프롤레타리아가 그 안에서 자본에 맞서 나날이 투쟁을 벌이고, 자신을 단련하고, 오늘날 최악의 반동적 시기에도 … 결코 쉽게 파괴되지 않는 프롤레타리아의 진정한 계급 조직이기 때문이다."[10]

따라서 1884년 12월 윌리엄 모리스, 밸포트 백스, 엘리너 마르크스, 에드워드 에이블링 등 여러 사회민주연맹 회원이 떨어져 나와 사회주의자동맹을 세우기로 한 결정을 엥겔스가 지지한 것은 당연했다. 그러나 이 분열도 진정한 새 출발은 아니었다. 영국에서 엥겔스의 가장 긴밀한 조력자였던 엘리너 마르크스와 에이블링이 곧 사회주의자동맹에서 이탈했는데, 주되게는 아나키스트들이 사회주의자동맹으로 침투했기 때문이었다. 모리스는 총선에 후보를 내지 말아야 한다는 아나키스트들의 주장을 지지했다(다른 쟁점에서는 아나키스트들과 견해가 많이 달랐지만 말이다).

　사회주의자동맹은 하인드먼의 선전주의와 절연하지 못했다. 사회주의자동맹의 창립자들이 사회민주연맹을 나오며 발표한 성명은 다음과 같이 선언했다.

> 우리의 관점은 이렇다. 현재 상황에서 그런 기구가 하는 기능은 오직 인민에게 사회주의 원칙을 교육하는 것밖에 없다. 그런 기구를 결성하는 것은 [자본주의의] 위기가 닥쳐 우리가 행동에 나설 수밖에 없을 때가 도래하면 마땅히 짊어져야 할 책임을 수행하기 위함이다.[11]

　모리스의 정치가 확연히 드러나는 대목은 사회주의자동맹의 과제가 "사회주의자 만들기"라고 주장하고, 임금 인상 같은 "일시적" 조처에는 반감을 나타냈다는 것이다. 1890년 엥겔스는 다음과 같이 불만을 토로했다. "사회주의자동맹은 직접적으로 혁명적이지 않은 것은 모두 깔본다. 그들은 문구를 만드는 것 이외에는 아무것도 하지 않는 것만이 직접적으로 혁명적이라고 여긴다."[12] 사회주의자동맹은 신노동조합운동으로 이어진 투쟁들에 전혀 조직적으로 개입하지 않았다. 1890년 3월 모리스는 다음과 같이 썼다.

사회주의가 확산되고 있다. 내 보기에 그것은 사회주의가 확산될 수 있는 유일한 방향을 따랐기 때문이다. 우리가 그런 흐름 바깥에 있다는 단순한 이유로 사회주의자동맹은 사멸 상태에 놓였고, 나는 [사회주의자동맹을 떠나] 그 방향을 함께해야 한다. … 이 실패의 주요 원인은 … 어느 기구든 해야 할 일이 없으면 유지될 수 없다는 데 있다. 그리고 이제 사람들이 사회주의 사상을 기꺼이 듣고자 하므로 우리의 평회원들은 할 일이 아무것도 없다.[13]

영국 좌파의 특징이었던 이런 수동적 자제의 영향을 가장 덜 받은 혁명가 두 명은 엘리너 마르크스와 에드워드 에이블링이었다. 그들은 1880년대와 1890년대의 대규모 투쟁(가스 노동자들의 쟁의, 항만 노동자들의 파업, [런던] 실버타운의 고무 공장 파업, 금속 노동자들의 공장점거)에 적극 참여했다.

불행히도 이는 예외였지 일반적인 일이 아니었다. 이 점은 제1차세계대전 개전 이전 사회민주연맹에서 일어난 두 차례의 중요한 분열로잘 알 수 있다. 첫 번째 분열은 1903년에 일어났는데, 그 결과 대부분 스코틀랜드에 기반을 둔 사회주의노동당이 설립됐다. 사회주의노동당은 영국 제국주의에 대한 하인드먼의 타협적 태도에 근본적으로 반대한 원칙 있는 혁명가들의 정당이었다. 사회주의노동당이 사회민주연맹보다 상당히 진일보한 조직이었다는 점은 의심할 여지가 없다. 사회주의노동당의 이론가 윌리엄 폴은 자본주의 국가를 파괴해야 한다고 거듭 강력히 주장하는 한편, "자본의 노동계 부관들"을 끔찍이 적대하면서도 생산 현장에서 벌어지는 투쟁을 매우 중요하게 봤다. 사회주의노동당은 미국 마르크스주의자 대니얼 더 리언의 견해를 좇아서 산별노조를 결성해 기존의 기업별 노조 체계를 대체하자고 주장했다. 사회주의노동당은 산별노조가 지금 당장 자본주의와 투쟁하는 수단이 되는 동시에 미래 노동자 국가의 초석이 될 것이라고 봤다.

하지만 그렇다고 해서 사회주의노동당이 선전주의와 절연했다는 뜻은 아니다. 그들은 원칙적 순수성을 대단히 중시하는 경향이 있었고, 노동계급 운동의 현재 상태와 자신들이 건설하려고 한 산별노조를 연결할 전략을 전혀 발전시키지 않으면서, 자신들이 만든 영국산업노동자동맹IWGB이라는* 조직을 기존 조직들과 대립시키기만 했다. 이처럼, 사회주의노동당의 개별 당원들은 1904년 직전 몇 년 동안 일어난 노동쟁의와 제1차세계대전 와중에 벌어진 현장위원 운동에서 중요한 구실을 했음에도 하나의 조직으로서는 선전 단체로 활동했고, 사회주의 사상을 확산시키는 데서는 뛰어났지만 다른 조직들에 대해서는 매우 종파적인 태도를 취하는 경향을 보였다.[14]

그러나 러시아 혁명 이전에 모든 영국 좌파가 보이던 선전주의 경

---

* 기존 노조의 대안으로 혁명적 산별노조를 건설하려 한 세계산업노동자동맹IWW 전통은 영국에서도 기존 노조에 적대적인 영국산업노동자동맹IWGB을 따로 세우려 잠시 노력했다. 그러나 이런 움직임은 소규모였고 영향력도 미미했다.

향 가운데 가장 극단적인 사례는 의심할 바 없이 1904년 사회민주연맹에서 분열해 나와 결성한 대영제국사회당Socialist Party of Great Britain이었다. 대영제국사회당은 자본주의 국가 타도를 당면 목표로 삼지 않는 투쟁을 모두 완전히 헛된 일이라고 설교했다. 대영제국사회당 당원 가운데는 노동조합원도 있었는데, 그들이 조합원으로서 하는 활동은 사회주의자로서 하는 활동과 아무 관련이 없었다. 자본주의에서 노동자들의 처지를 개선하려는 시도를 죄다 실패할 수밖에 없는 일로 봤기 때문이다. 대영제국사회당의 임무는 거리 연설에서, 자신의 기관지 〈소셜리스트 스탠더드〉(사회주의적 표준)에서, 선거 유세에서 단순하고 순수하게 사회주의를 옹호하는 것이었다. 대영제국사회당은 선전주의의 한계를 보여 주는 대표적 사례였고, 노동계급의 일상 투쟁 속으로 들어가 자기 손을 더럽힐 태세가 돼 있지 않은 조직은 필연적으로 있으나 마나 한 조직으로 전락하기 마련이라는 사실도 생생히 보여 줬다.

레닌, 그람시, 코민테른

앞서 나는 1914년 이전 영국의 혁명적 좌파를 비판하며 엥겔스를 기준점으로 삼았다. 그러나 당과 계급에 관한 엥겔스의 견해에는 중대한 약점이 하나 있었다. 그 약점은 혁명적 계급의식이 자생적으로 발전한다고 보는 경향(마르크스도 공유한)이었다. 예를 들어, 엥겔스는 1886년에 다음과 같이 썼다.

중요한 것은 노동계급을 계급으로서 움직이게 하는 것이다. 일단 이것을 실현하면 그들은 곧 올바른 방향을 발견할 것이다. 여기에 저항하는 사람들은 … 모두 외톨이 소종파로 남을 것이다.[15]

이 인용문과 이와 비슷한 내용의 다른 글들을 보면, 마르크스주의의 창시자들이 어느 정도는 역사 과정의 논리 덕분에 노동계급이 사회주의 의식에 도달할 수 있다고 생각했음을 알 수 있다.[16]

이런 생각은 여러 사상가의 당 이론에도 깔려 있었다. 카우츠키는 자본주의 생산양식의 운동 법칙 덕분에 혁명이 "자연적 필연성"에서 일어나는 것으로 봤고, 로자 룩셈부르크는 계급의 대중투쟁에서 혁명적 의식이 생겨나는 것은 시간이 걸리지만 필연적인 일이라고 봤다. 그들이 이런 생각을 받아들였던 것을 보면, 왜 엘리너 마르크스와 에드워드 에이블링이 노동자 투쟁에 체계적으로 개입할 조직을 건설하려 하지 않고 노동운동에 주로 개인으로 참여했는지를 알 수 있다. 그들이 사회주의자동맹의 신문 〈코먼윌〉(공공복지)에서 물러난 것(엥겔스는 이를 완전히 지지했다) 때문에 사회주의자동맹이 처음부터 실패할 운명이었다는 E P 톰슨의 주장은 아마도 옳은 듯하다.[17] 1890년대 후반 엘리너와 에이블링은 사회민주연맹에 대수롭지 않게 다시 가입했다. 그럴 수 있었던 것은 자신들의 활동이 특정 단체의 틀 안에서 이뤄지는 것이 아니라고 봤기 때문이다. 그들은 자신들의 활동이 사회주의를 향한 대중의 자발적이고 본능적인 충동을 고무하는 것이라고 여긴 듯하다.[18]

레닌이 마르크스주의에 크게 기여한 것 하나는 (의식이 투쟁 경험을 통해 바뀌고 따라서 혁명가들은 프롤레타리아의 일상 투쟁에 관여해야 한다는) 마르크스와 엥겔스의 통찰을 거부하지 않으면서도, 노동계급이 자동으로 사회주의 쪽으로 이끌리지는 않는다는 사실을 이해한 것이다. 그는 선전과 선동을 둘 다 수행하고 계급투쟁에 체계적으로 개입하도록 편성된 당만이 혁명적 의식을 형성하는 데 촉매 구실을 할 수 있다는 결론을 끌어냈다. 이 말은 혁명가들이 노동자들의 자발적 투쟁을 무시해야 한다는 뜻이 아니다. 오히려 혁명가들이 그 투쟁에 참가해야 하지만, 혁명적 정당이 없으면 투쟁이 성공적 결말, 즉 정치권력 장악에 이르지는 못한다는 뜻이다.

그런 당은 혁명적 사회주의를 확고하고 비타협적으로 고수하는(그래서 개혁주의와 중간주의가 발붙이지 못하게 하는) 동시에, 객관적 상황의 변화, 특히 "살아 있는 운동"의 변화에 조응할 수 있도록 전술적으로 충분한 신축성이 있어야 한다. 두 과제를 수행하려면 그런 당은 세 특징이 필요하다. 현실의 변화를 설명하고 예측할 수 있는 과학적 분석력, 당이 대중투쟁에 참가해 영향을 미칠 수 있을 만큼 계급 속에 깊이 뿌리내리기, 객관적 상황을 민주적으로 평가한 것에 근거한 결정이 체계적으로 실행될 수 있는 조직 구조 등.[19]

이 새로운 당 모델은 1917년, 실천에서 효율성을 입증했다. 공산주의인터내셔널(코민테른) 창립은 혁명을 서유럽으로 확산시킴으로써 러시아 경험의 교훈을 일반화하려 한 볼셰비키 지도자들의 노력을 보여 준다. 이 노력의 한계와 결함이 무엇이었든(그 한계와 결함은 꽤 컸다),[20] 코민테른의 초기 시절은 혁명적 정당(사회주의를 설파하기만 하는 것이 아니라 자본과 노동 사이에서 일어나는 일상 투쟁에 개입해 대중의 지지를 얻으려는 당)을 건설하려고 가장 만만찮게 노력하던 때였다.

당연히 레닌은 '좌파' 공산당원들이 노동조합에 개입하거나 선거에 후보 내기를 거부한 것을 집중적으로 비판했다. 영국에서 이런 경향을 대표한 인물은 윌리 갤러커(사회주의노동당 당원)와 실비아 팽크허스트였다. 《'좌파' 공산주의 — 유치증》은 혁명가들이 노동계급 대중의 커다란 지지를 얻을 수 있음을 입증하려 한 레닌의 가장 체계적인 시도였다. 혁명가들은 "프롤레타리아나 반⁺프롤레타리아 대중이 있는 기구, 단체, 협회에서(심지어는 가장 반동적인 곳에서도) 체계적으로, 끈기 있게, 집요하게, 참을성 있게 선전과 선동을 해야" 한다. 나아가 노동계급을 혁명 쪽으로 이끌려면 "선전과 선동으로는 충분하지 않다. … 대중이 스스로 정치적 경험을 쌓아야 가능하다. 이것이 모든 위대한 혁명의 기본 법칙이다."[21]

그러므로 어떤 당이 혁명적 정당이냐 아니냐를 가르는 기준은 단지 "계급의식과 … 혁명에 대한 헌신성"이 아니다. 그 기준은 "특정한 정책에서 가장 광범한 노동자 대중과 관계를 맺고 매우 긴밀한 관계를 유지하고 (필요하면) 융합하는 능력"과 "광범한 대중이 자신의 경험에 비춰 봤을 때 올바른 정치적 지도와 정치적 전략·전술을 그 전위가 제공하느냐"다.[22] 혁명적 정당에 관한 이런 개념을 기초로 1921년 코민테른 3차 대회는 공동전선 전술을 강조했다. 공동전선은 공산주의자들이 제한된 요구를 중심으로 개혁주의의 영향을 받는 노동자들과 함께 싸울 수단이자, 혁명가들의 지도력을 실천에서 입증하는 동시에 노동자 대중에게 부분적 투쟁의 교훈을 끌어내 줄 수단이다.

사회당, 사회주의노동당 분파들, 규모가 더 작은 다른 그룹들이 힘을 합쳐 1920년에 결성한 영국 공산당은 코민테른의 이런 모델을 채택하면서 활동 방식이 급격히 바뀌었다. 해리 폴릿과 팔메 더트가 작성한 1922년 조직 보고서는 "새로운 유형의 당"을 만들자고 주장했다. 특히, 지리적 편제를 따르던 옛 사회민주연맹의 조직 구조를 작업장에 따라 기능적 편제를 한 조직 구조로 바꾸자고 했다. 이것은 공산당이 노동자 투쟁에 개입하고 투쟁의 결과에 영향을 미칠 전투 조직으로 활동하도록 꾀해진 변화였다. 그 결과 공동전선 전술들을 수행할 기초가 놓였고, 무엇보다 우파 노조 지도부에 맞선 현장조합원 운동인 소수파 운동Minority Movement을 일으키는 데 도움이 됐다. 이 전략이 끝내 실패한 이유가 무엇이든지 간에[23] 1920년 이후 공산당의 변신은 영국 혁명적 좌파의 질적 진보였고, 혁명적 좌파가 대중투쟁 쪽으로 만만찮게 다가간 것이었다.[24]

꽤 많은 사회주의노동당 당원들은 이런 움직임에 저항하며 그 바깥에서 맴돌다가 결국 소규모 종파 집단으로 전락했다. 최근 영국 마르크스주의 운동에 관한 훌륭한 연구 결과가 나왔는데, 그 연구는 [스코틀랜드의] 베일오브레번이라는 지역에서 일어난 일을 잘 묘사했다.

쟁점은 주로 나이와 기질에 따라 해소됐다. 옛 당원들은 선임 당원들[사회주의노동당 지부의 — 지은이]을 "지독하고 교조적이고 종파적이며 악담에도 전혀 개의치 않는" 존재로 기억하고 있었으며, 선임 당원들의 경직된 정설 체계는 자본주의가 완전히 붕괴하기 전까지는 노동자들이 아무것도 성취할 수 없다고 한 성명(그것도 차티스트운동 이래 베일오브레번 지역이 가장 뜨겁게 들끓던 시점에 나온)에 잘 드러났다. 반면, 청년 당원들은 전시에 성장했고, 사회주의노동당이 그 지역의 유일한 혁명적 조직이라는 이유로 입당했다. 선임 당원들은 갓 생겨난 공산당의 단점을 따지고 있었지만, 젊은 당원들은 그 결정을 간단히 무시하고 공산당 지부를 건설했다. 2년도 채 안 돼 그들은 지방선거에서 노동운동을 승리로 이끌었다.[25]

초좌파적 선전주의는 영국에만 있는 현상이 아니었다. 《'좌파' 공산주의 — 유치증》은 갤러커와 그 지지자뿐 아니라, 무엇보다 독일과 이탈리아 '좌파' 공산주의 운동의 대표적 인물들을 겨냥한 책이었다. 이탈리아 사회당 좌파는 1921년에 탈당해 이탈리아 공산당을 만들었는데, 초기의 지도적 인물은 아마데오 보르디가였다. '좌파' 공산주의자 가운데 아마도 능력이 가장 출중했던 보르디가는 경제 상황 때문에 대중이 공산당 쪽으로 몰릴 때 혁명이 일어난다고 봤다. 그는 혁명가들이 혁명적 격변의 시기를 기다리면서 자신들의 원칙적 순수성을 지켜야 한다고 했다. 보르디가는 특히 작업장 조직에 반감이 컸는데, 작업장 조직이 '계급협조주의'(코퍼러티즘)와 경제주의를 조장하기 때문이라는 것이었다. 보르디가는 공산당 공장 세포조직 건설에 반대했고, 소비에트가 부르주아 의회와 같은 원리로 선출돼 지리적 경계를 따라 편성돼야 한다고 주장했다. 그는 사민주의를 부르주아 좌파로 치부하며 사민주의와의 공동전선을 일절 반대했고, 파시즘과 의회제도 사이에 아무런 차이가 없다고 주장하며 독일 공산당이 그 10년 후에 똑같이 반복할 파멸적 오류를 저질렀다.

그람시가 이탈리아 공산당의 지도자인 보르디가에 도전해 그를 대체한 매우 복잡한 과정을 여기서 다루기는 불가능하다.[26] 그람시가 보르디가와 벌인 논쟁의 의의는 그람시가 혁명적 정당의 임무를 공들여 체계적으로 진술했다는 것이다(이것은 나중에 《옥중수고》에 포함된, 그람시가 헤게모니 문제를 심도 있게 다룬 글들에 깃들어 있다).[27] 1924년 그람시는 다음이 같이 불만을 토로했다.

> (보르디가의 지도 아래) 당은 선동과 선전을 유기적으로 결합시켜 활동하지 못했다. … 대중이 공산당과 같은 방향으로 가도록 기회가 있을 때마다 촉구하려는 노력이 없었다. … 당을 혁명적 대중의 자발적 운동과 조직하고 지도하려는 중앙의 의지가 결합되는 변증법적 과정의 결과물로 여기지 않았다. 당을 한낱 허공에 떠 있는 존재로 여겼다. 즉, 사정이 좋고 혁명적 물결이 최고조에 이르렀을 때 또는 당 중앙이 공세에 나서기로 하고 대중을 분기시켜 행동에 나서게 하고자 대중 수준으로 몸을 굽힐 때야 비로소 대중이 가담할 수 있는 존재 말이다.[28]

제1차세계대전 말 토리노에서 벌어진 공장평의회 운동에 참가한 경험의 영향을 크게 받은 그람시의 당 개념은 그가 공산당 사무총장이 된 후 리옹에서 열린 1926년 당대회에서 가장 완전하게 개진됐다. 그람시는 "당은 단순히 '물리적'으로 노동계급과 결합하는 것이 아니다" 하고 주장했다. 달리 말해, 당은 무엇보다 노동계급의 일부이지, 노동계급을 대표하는 "기관"(보르디가의 표현)이나 노동계급 머리 위의 "허공에 떠 있는" 것이 결코 아니라는 것이다. 그람시는 공산당의 '극좌파'(보르디가와 그 지지자들을 가리킴)가 당을 프롤레타리아와 유리된 지식인들의 소유물로 여겼고, 계급의 일상적 투쟁에 손을 담그기를 꺼리는 사회주의 이론 전달자로 봤다고 지적했다. 그람시는 이에 반대해 다음과 같이 말했다. "우리의 견해로는 노동계급을 조직하는 사람은 노동자 자신이어야 한다. 그러므로 당을 정의할 때는 당과 그 당이 생겨날 기반인 계급의 관계가 밀접해야 함을 특히 강조해야 한다."[29]

그람시는 당원 중 프롤레타리아 비중이 크고 당이 공장 조직을 두는 것은 당의 책무를 반영하는 것이라고 주장했다. 그 책무는 리옹 당대회에서 채택된 테제에 설명됐다. 이 테제의 초안은 톨리아티의 도움을 받아 그람시가 썼다.

36. … 우리는 다음과 같이 단언한다. 당이 계급을 지도하는 능력은 계급의 혁명적 기관임을 '자처'한다고 생기는 것이 아니라, 노동계급의 일부로서 계급의 모든 부분과 연관을 맺고 객관적 조건에 맞는 방향의 운동을 대중 앞에 제시하는 일에 '실제로' 성공해야 갖추게 되는 것이다. 당은 오직 대중 속에서 펼친 활동의 결과로만 대중에게 '우리의' 당으로 인정받고 다수를 설득할 수 있다. 이런 조건이 갖춰져야만 비로소 노동계급을 이끌 수 있다. …

37. 당은 노동 대중이 모이는 모든 조직들로 들어감으로써, 그리고 그 안에서 계급투쟁의 강령에 따라 역량을 체계적으로 동원하고 다수를 공산주의적 방침 쪽으로 설득하는 것을 목적으로 한 행동을 펼침으로써 계급을 지도한다.[30]

리옹 테제는 혁명적 정당에 관한 이런 개념에 따라 공산당의 활동을 구체적으로 여럿 제안했다. 노동조합에서 활동하기, 파시즘에 맞서 개혁주의자들과 함께 활동하기, 북부 프롤레타리아와 남부 소농 사이의 동맹을 구축하기, 소비에트의 맹아로서 공장평의회 건설하기 등이 그 제안이었다. 이처럼 혁명적 실천을 명료하게 설명한 리옹 테제는, 마르크스와 엥겔스가 역사유물론의 기초를 놓을 때 밑바탕으로 삼았고 레닌이 볼셰비키의 이론과 실천에서 발전시킨 사회 변화 개념과 같은 관점을 지닌다. 리옹 테제는 마르크스 정치 이론의 걸작 중 하나로, 이후에 쓰인 《옥중수고》만큼이나 중요한 그람시의 유산이다.

개혁주의와 선전주의

앞 절에서 나는 '혁명적 공산주의 경향'RCT에 대해 논의했는데[이를 다룬 앞 절은 생략했다], 그 단체 자체가 중요해서라기보다는 영국 좌파 사이에 꽤 광범하게 퍼져 있는 선전주의 경향을 가장 순수하게 보여 준다고 봤기 때문이다. '혁명적 공산주의 경향' 회원들은 혁명가다. 그들은 레닌주의 정당이 필요하다고 보고(때때로 "마르크스주의 운동"이라고 통칭하고 그 필요성을 흐리기도 하지만), 부르주아지를 무력으로 타도해야 한다고도 본다. 그러나 혁명적 좌파와 좌파적 개혁주의(특히 공산당과 노동당 좌파) 어디에도 속하지 않은 많은 사회주의자들이 이데올로기 투쟁을 우선시하는 '혁명적 공산주의 경향'의 선전주의적 경향을 공유한다.

선전주의 경향의 하나는 실라 로보섬 등 《파편화를 넘어》의 저자들이 "예시[例示] 정치" 개념을 보급하고 있는 것이다. 예시 정치는 모름지기 사회주의를 위해 싸우는 단체와 운동이라면 미래 [사회주의] 사회의 본질적 요소들을 현 시점에서 구현해야 한다는 것이다. 그러지 않으면 지배와 복종이라는 부르주아적 관계를 재생산할 뿐이라는 것이다.

이 주장에 담긴 합리적 핵심은 권력 장악 과정이 블랑키적 무력 정변이 아니라 노동자 국가의 진수를 제시할 조직 형태에 기반을 둬야 한다는 것이다. 그 조직 형태는 바로 소비에트다.[31] 1918~1920년의 투쟁 물결 속에서 그람시가 얻은 가장 중요한 정치적 통찰은 공장평의회를 소비에트의 맹아로 본 것이다. 대중투쟁이 생산 지점에 근거한 조직 형태를 산출하는 경향이 있고, 또 노동자들을 인종·성·부문에 관계없이 단결시키는 경향이 있어서 프롤레타리아 독재가 가능해진다. 사회주의는 노동자들이 사용자에 대항해 단결하는 작업장에서 현실적 형태로 예시된다. 비록 그 형태가 다양하고 보통 한계가 있고 불충분할지라도 말이다.

물론 사회주의자들이 선전과 (가능한 한) 활동 방식에서 계급 없는 사회의 모습을 구체적이고 설득력 있게 제시하는 것은 필요하고도 바람직한 일이다. 그러나 그것 자체로 대중이 사회주의 정치에 관심과 호감을 나타내게 될 것이라는 생각은 어리석다. 우리는 우리의 사상을 노동 대중의 일상적 염원이나 근심과 연결시켜야 한다. 그런데 그들이 우리에게 귀를 기울일 까닭이 없으면, [즉] 우리가 대중에게 가장 중요한 문제들을 놓고 싸울 태세가 돼 있음을 보이지 않으면, 그런 일은 일어나지 않을 것이다. 실천에서 이 말은 일부 사회주의자들이 따분하게 여기는 임금, 노동권, 공공 지출 삭감 등을 둘러싼 투쟁에 개입해야 한다는 뜻이다. 우리가 그럴 태세를 갖추지 않으면, 사회주의 정치는 막다른 골목으로 내몰려 고립되고 말 것이다. 《파편화를 넘어》의 저자들이 지난 가을에 소집한 대회를 보면 바로 그런 일이 '예시' 사회주의자들에게 실제로 일어나는 듯하다. 따분한 노동조합 투쟁에 염증을 느낀 1970년대의 부상병들은 정신분석, 영지주의, 노동당 좌파의 꽁무니 좇기 등으로 후퇴하고 있다.

사실, '예시' 사회주의는 유럽 좌파에 나타난 광범한 현상의 하나일 뿐이다. 바로 이데올로기 투쟁은 정치투쟁·경제투쟁과 별개이고 그것들에 선행돼야 한다는 주장이다. 그런 주장은 '유러코뮤니즘'으로* 알려진 좌파적 개혁주의(그리 좌파적이지 않은 경우도 많다)의 신조다. 서구 공산당의 이론가들은 부르주아지의 이데올로기적 헤게모니가 해체되기 전까지는 정치권력을 위한 투쟁을 고려할 필요가 없다고 주장한다. 그들은 더 나아가, 사회주의 정치의 주도권을 확립하면 무장봉기도 필요 없다고 주장한다. [스페인 공산당 사무총장] 산티아고 카리요는 《유러코뮤니즘과 국가》에서 다음과 같이 주장했다. 노동계급과 그 동맹들은 '이데올로기적 국가기구들'을 장악하면 부르주아지의 정치적 지배 기관들을 쉽게 손에 넣을 수 있다. 반면에 경제적 계급투쟁은 사회주의 사상을 퍼뜨리는 것을 가로막거나, 그 정도까지는 아니더라도 주의를 분산시킨다. 사회주의 사상을 퍼뜨리려

---

* 유러코뮤니즘이란 1970년대 후반 소련과 거리를 두기 시작하는 동시에, 개혁주의적 성격을 명확히 드러낸 공산당 주류를 뜻한다. 서유럽 공산당들이 먼저 변신해 "유러코뮤니즘"이라 불린다.

면 비₩프롤레타리아 세력과 함께 '민주대연합'을 구축해야 하는데, 이들은 노동계급이 조금이라도 '계급 이기주의적' 태도를 보이면 부르주아 진영으로 넘어갈 태세가 돼 있다[따라서 노동계급은 '계급 이기주의적' 요구를 내걸고 투쟁하면 안 된다는 것이다].

유러코뮤니즘의 사회주의적 전략에 담긴 고질적 결함은 여기서 내가 다룰 필요가 없을 정도로 매우 명백하게 입증돼 왔다.[32] 다만, 사상투쟁이 생산 지점에서의 투쟁과 부르주아 국가와의 대결에 선행돼야 한다는 그들의 주장만을 살펴보려 한다. 이 주장이 단순히 사회주의 혁명은 노동계급 다수의 능동적 지지를 받을 때만 성공할 수 있다는 뜻이라면 별 문제가 없을 것이다. 유러코뮤니즘보다 훨씬 앞서 레닌도 그런 주장을 했다. [그러나] 유러코뮤니즘은 노동계급의 의식이 일상적 경제투쟁과 무관하게(심지어 그것과 반대로) 바뀔 것이라고 주장한다. 앞서 봤듯이, 이것은 마르크스주의 전통과 맞지 않는 매우 이질적인 관념이다. 그 주장은 그럴듯해 보이지도 않는다. 노동자들이 어떻게 사용자나 국가와 충돌하는 대중투쟁을 벌이지 않고서도 전통적 관념의 거대한 짐을 떨쳐 버릴 수 있단 말인가? 선전은 개인들을 설득하거나 이미 헌신적인 사람들의 확신을 키워 줄수 있다. 또, 노동자들이 이미 부르주아 이데올로기에 도전하기 시작했다면 그 도전에 큰 뒷받침이 될 수 있다. 그러나 대중적 규모로 의식이 바뀌려면 대중 자신의 실제 경험이 결정적으로 필요하다.

유러코뮤니스트들은 보통 그람시의 《옥중수고》를 오독하거나 개혁주의적으로 곡해해 자신들의 견해를 정당화한다.[33] 그러나 그람시는 이데올로기 투쟁을 정치투쟁이나 경제투쟁에서 따로 떼어 내 특화시키지 않았다. 오히려 그는 어느 계급이든 생산과정에 참여할 때 그 행위에는 각 계급의 이해관계를 표현·추구하는 세계관이 반영돼 있다고 주장했다. 이에 따르면 사회주의 사상은 노동자들이 생산 현 장에서 차지하는 위치에서 생겨난다. 그러나 부르주아지는 자신의 세계관을 프롤레타리아의 세계관에 덧붙이며 이데올로기적 헤게모니를 차지한다. 그 때문에,

우리는 그[보통 노동자 — 지은이가 두 가지 이론적 의식(또는 하나의 모순된 의식)을 지니고 있다고 말할 수 있다. 하나는 그의 활동 속에 내재된 암묵적 의식으로, 세계를 바꾸는 현실의 실천에서 그를 다른 모든 동료들과 하나로 묶어 주는 의식이다. 다른 하나는 겉으로 드러나거나 말로 표현되는 것으로, 그가 과거로부터 물려받아 무비판적으로 수용하는 의식이다. 그러나 이 말로 표현되는 관념이 현실에 영향을 미치지 않는 것은 아니다. 그 관념은 특정 사회집단을 하나로 결속한다. 그 관념은 도덕적 행위와 의지의 향방에 영향을 미치고 그 영향력이 다양하지만, 대체로 모순된 의식을 낳아 어떤 행동이나 결정도 하지 못한 채 도덕적·정치적 수동성으로 빠져들도록 할 만큼은 강력하다.[34]

노동자들의 "모순된 의식" 때문에 그들을 기존 질서에 묶어 두는 개혁주의 이데올로기와 그들이 실제 투쟁에서 보이는 전투성 사이에 충돌이 빚어진다. 이런 충돌은,

해당 사회집단이 자신의 진정한 세계관을 일시적이고 순간적일지라도 실

제로 가질 수 있음을 뜻한다. 그 집단이 하나의 유기적 전체로서 행동한다면 말이다. 그러나 그 집단이 순종과 지적 종속이라는 이유로 자신의 것이 아니라 다른 집단에서 빌려 온 관념('정상적 시기'의 관념)을 수용할 때, 그리고 그 관념을 말로 긍정하고 자신이 그것을 따른다고 믿을 때 그 집단의 행동은 독립적이고 자발적인 것이 아니라 순종적이고 종속적인 것이 된다.[35]

마르크스주의를 "실천철학"으로 보는 것이 근본적으로 중요한 이유가 바로 이것이다. 계급의 일상 투쟁은 단지 부르주아 헤게모니를 약화시키는 데만 일조하는 것이 아니라, 평소에는 억눌리고 은폐되는 사회주의 세계관을 수면 위로 드러내는 데도 기여한다. 따라서 초좌파적 종파와 유러코뮤니스트들이 임금 투쟁을 '경제주의적'이라며 깔보는 것은 근본적으로 틀렸다. 유러코뮤니즘의 지적 조상으로 잘못 알려진 그람시는 사실 로자 룩셈부르크와 더 가깝다. 룩셈부르크처럼 그람시도 경제적 요구를 중심으로 한 것이든 정치적 요구를 중심으로 한 것이든 관계없이 그 대중투쟁에 참여해야만 노동계급을 지배계급으로서 행동하도록 훈련시킨다고 주장했던 것이다.

결론

개혁주의와 '예시' 사회주의자와 선전주의 종파의 특징은 이데올로기 투쟁을 정치투쟁·경제투쟁과 분리시키고 특화시켜 보는 경향으로, 이는 단순한 지적 오류가 아니다. 그런 경향은 현재 서유럽 전역에서 사회주의자들이 직면한 문제들의 영향을 받은 것이다. 1960년대 말과 1970년대 초에 영국·프랑스·스페인·포르투갈·이탈리아를 뒤흔든 거대한 경제적 전투들은 그 나라들의 부르주아 지배에 심각한 타격을 주지 못했다. 경제투쟁이 확산됐지만, (대다수 혁명가들의 바람과 달리) 대중의 의식이 정치적으로 명확해지는 데까지 나아가지는 못했다. 되돌아보건대, 혁명적 대안 세력이 아주 작고, 그 세력 안에서 프티부르주아적 경향이 득세하고, 그 세력이 보통 터무니없이 초좌파적일 때, 노동자들이 개혁주의라는 '낡은 집'을 버리기를 꺼렸다는 것은 놀랄 일이 아니다. 레닌은 "정치 활동은 넵스키 대로처럼 넓고 곧은 포장도로를 달리는 것이 아니다"라는 체르니솁스키의 말을 자주 인용했다. 계급투쟁은 일직선으로 상승하는 것이 아니라 후퇴와 전진을 수반하며 나선형으로 전개된다.

지금 같은 일시적 후퇴의 시기에는, 갖은 수고와 시간을 들여 사회주의 정치와 투쟁하는 노동자들을 연결시키는 일보다 '이데올로기 투쟁'이 더 매력적인 것처럼 보인다. 투쟁하는 노동자들의 수가 적고 투쟁의 쟁점이 (대중매체 등에 기대어 실제로는 모르고 간접적으로만 아는 사람들에게) 변변찮아 보일 때는 특히 더 그렇다. 그러나 선전주의가 제시하는 겉보기에 곧은 길을 따라가면, 실제로는 존재감 없는 종파가 되거나 (적어도 현재 영국 상황에서는 더 개연성 있는) 노동당 입당에 이르게 된다. 후자를 선택하는 사람은 분명 그것이 노동자들에 대한 개혁주의의 영향력과 싸우는 유일한 방법이라고 주장하며 자신의 행동을 정당화할 것이다. 그러나 개혁주의의 영향력은 오직 혁명가들이 개혁주의자와 함께 피켓라인과 직장에서 사용자와 국가에 대항해 공동 실천을 함으로써만 파괴할 수 있다. 그 밖의 다른 것은 회피이자 도망일 뿐이다. 사회주의로 가는 길은 노동자들의 실제 투쟁을 거쳐야만 한다. 그 길에서 우리와 함께하고자 하는 사람들은 우리를 어디서 만날 수 있을지 알 것이다.

후주

1 K Marx and F Engels, *Collected Works*, Vol 5(London 1976), p 4.

2 같은 책.

3 같은 책.

4 K Marx and F Engels, *Selected Correspondence*(Moscow 1975)(이하 MESC로 표기), p 452.

5 같은 책, p 448.

6 R Challinor, *The Origins of British Bolshevism*(London 1977), p 14에서 재인용.

7 Y Kapp, *Eleanor Marx*, Vol 2(London 1976), p 56에서 재인용.

8 다음 단락에서 분명히 밝히겠지만, 나는 엥겔스가 오류를 전혀 저지르지 않았다고 보지는 않는다. Edward Thompson이 바로 앞 각주에 나온 Yvonne Kapp의 책을 비평하며, 엥겔스의 정치적 판단을 "맹목적으로 따르므로 … 객관적 연구가 아니다" 하고 말한 것은 완전히 옳다. E P Thompson, 'English Daughter', *New Society*, 3 March 1977을 보시오. Kapp는 흔히 신경에 거슬리고 때로 눈살을 찌푸리게 하는 훈계조의 글을 자주 썼는데, 이는 그녀가 소련 공산당의 교의를 따랐기 때문이다.

9 MESC, p 374, p 377.

10 같은 책, p 275.

11 E P Thompson, *William Morris*(London 1977), p 380.

12 같은 책, p 390.

13 Kapp, pp 366~367에서 재인용. Thompson(pp 366~589)은 사회주의자동맹의 기권주의, 순수주의, 선전주의를 상세히 설명한다.

14 Raymond Challinor가 자신의 책에서 밝힌 정치적 판단이 이런 경향을 미리 보여 줬던 듯하다. Challinor는 그 책에서 사회주의노동당이 영국의 진정한 혁명적 정당이라고 치켜세웠고, 초좌파적 언사를 남발하는 것을 높이 평가한 루트 피셔를 인용하며 피셔가 공산당을 개혁주의라고 비난한 것을 지지했다. 그렇다고 해서 사회주의노동당이 한 일이 모두 부정적이었다는 뜻은 아니다. Stuart Macintyre는 자신의 책 *Proletarian Science*(Cambridge 1980)에서 사회주의노동당의 중요성에 대해 더 균형감 있는 분석을 제시했다.

15 MESC, p 376.

16 당에 관한 마르크스와 엥겔스의 관점은 H Weber, *Marxisme et Classe Conscience*(Paris 1976)와 J Molyneux, *Marxism and the Party*(London 1978)[국역: 《마르크스주의와 정당》, 책갈피]에 상세히 설명돼 있다.

17 Thompson, 'English daughter'.

18 Yvonne Kapp는 이 결정을 엘리너와 에이블링만큼이나 대수롭지 않게 기록했다. Kapp, pp 650~655.

19 Molyneux, Weber와 T Cliff, *Lenin*, 4 vols(London 1975~1979)[국역: 《레닌 평전》 1~4, 책갈피]를 보시오.

20 Cliff, Vol 4를 보시오.

21 V I Lenin, *Collected Works*, Vol 31(Moscow 1966), p 53, p 93.

22 같은 책, pp 24~25.

23 M Woodhouse and B Pearce, *Communism in Britain*(London 1976)과 R Hyman and J Hinton, *Trade Unions and Revolution*(London 1975)을 보시오.

24 J Hinton, *The First Shop Stewards Movement*(London 1972)를 보시오.

25 Macintyre, p 237. 공산당이 강세였던 베일오브레번 등 세 곳을 연구한 같은 저자의 책도 보시오. *Little Moscows*(London 1980).

26 *Selections from the Prison Notebooks*(London 1971)[국역: 《옥중수고》 1~2, 거름]의 편집자가 그 책에 쓴 'General Introduction to A. Gramsci'를 보시오.

27 그람시 사상의 연속성에 관해서는 C Harman, "Gramsci versus Eurocommunism", *International Socialism*(old series) 97 and 98[국역: 《곡해되지 않은 그람시》, 노동자연대]을 보시오.

28 A Gramsci, *Selections from Political Writings, 1921~1926*(London 1978), p 198.

29 같은 책, pp 314~315.

30 같은 책, pp 367~368.

31 L Trotsky, *History of the Russian Revolution*(London 1967), Vol 3, p 41.

32 C Harman, "Eurocommunism, the state and revolution", *International Socialism*(old series) 101을 보시오.

33 Harman, "Gramsci versus Eurocommunism"과 P Anderson, "The antinomies of Antonio Gramsci", *New Left Review* 100을 보시오.

34 Gramsci, *Selections from the Prison Notebooks*, p 33.

35 같은 책, p 327.

4장 선동과 선전

던컨 핼러스

옥스퍼드 영어사전에 따르면, 선동은 "흥분시키는 또는 분발시키는 것"인 데 반해, 선전은 "어떤 원칙이나 신념을 전파하려는 체계적 계획 또는 일치된 운동"이다. 이 정의는 출발점으로서 그럭저럭 괜찮다. 선동은 당면 쟁점에 초점을 맞춰 그 쟁점을 중심으로 **행동**을 '불러일으키려는' 것이다. 선전은 더 체계적으로 사상을 설명하는 것과 관련 있다.

러시아 마르크스주의의 선구자 플레하노프는 이 구별의 중요한 결과를 다음과 같이 지적했다. "선전가는 소수의 사람들에게 많은 사상을 전달한다. 선동가는 몇몇 사상을 다수의 사람들에게 전달한다." 일반화된 모든 것을 대할 때와 마찬가지로 이것도 글자 그대로

출처: "Agitation and propaganda", *Socialist Worker Review* 68, September 1984.

받아들여서는 안 된다. 유리한 정세에서는 선전도 수많은 사람들에게 영향을 미칠 수 있다. 그리고 선동의 영향을 받는 "다수의 사람"이라는 것도 그 수는 [상황에 따라] 크게 달라질 수 있다. 그렇지만 플레하노프의 대체적 요점은 옳다.

레닌은 《무엇을 할 것인가》에서 이 인식을 다음과 같이 발전시킨다.

선전가는 예컨대 실업 문제를 다루면서 경제 위기의 자본주의적 본질, 현대사회에서 경제 위기가 불가피한 이유, 이 사회를 사회주의 사회로 변혁할 필요 등을 설명해야 한다. 한마디로 말해 그는 '많은 사상', 정말로 수많은 사상을 전달해야 하므로, 이를 완결적 전체로 이해할 수 있는 사람은 (비교적) 소수일 것이다. 그러나 선동가는 [실업이라는] 같은 주제를 이야기할 때, 해고된 노동자의 가족이 굶어 죽은 사건, 가난한 사람들이 늘어나는 현상 등을 예로 들 것이고, 누구나 알고 있는 이 사실을 이용해 단 하나의 의견을 '대중'에게 전달하려 노력할 것이다. 따라서 선전가의 주된 활동 수단은 글이고, 선동가의 수단은 말이다.

마지막 문장에서 레닌은 틀렸는데, 너무 일면적이기 때문이다. 레닌 자신이 위 글을 쓰기 전과 후에 주장했듯이, 혁명적 신문은 대단히 효과적인 선동가일 수 있고 또 그런 구실을 해야 한다. 그러나 이것[선동의 수단]은 부차적 문제다. 중요한 것은 선동이 (말로든 글로든) 모든 것을 설명하지 **않는**다는 점이다. 예컨대, 우리는 [파업 중인] 전국광원노조NUM에 반대해 자본주의 [국가기구인] 법원에 호소하는 광원들을 파업 파괴자, 배신자라고 비판해야 한다.* 또 자본주의 국가의 본질에 관한 일반적 주장을 내세우기보다는 오늘날 투쟁의 맥락을 고려해 그들을 비판해야 한다. 물론 우리는 국가기관에 대한 일반적 주장도 펴지만, 최대한 많은 노동자들이 법원에 맞서 "불만과 분노를 키우거나 흥분하고 분발하게끔" 해야 한다. (대개) 이 노동자들은 어떤 국가든 어떤 법원이든 간에 그것이 필연적으로 계급 지배의 도구라는 사실을 아직은 받아들이지 않는다.

다른 예를 들어 보자. 레닌은 "불의를 좌시할 수 없다"고 말한다. 마르크스를 깊이 있게 이해한 레닌은 계급 이익과 관계 없는 '정의'나 '불의' 따위는 없다는 것도 잘 알고 있었다. 그런데도 그는 자본주의 사회의 이데올로그들이 조장하는 '정의'나 '공정'의 개념과 계급투쟁 과정에서 폭로되는 현실 사이의 모순을 지적하고 부각한다. 이것은 선동의 관점에서 볼 때 전적으로 옳다.

물론 선전가는 더 깊이 조사해야 한다. 또 정의의 개념이 무엇인지, 그 개념이 상이한 계급사회를 거치면서 어떻게 바뀌고 발전했는지, 그 개념에 어떤 계급적 내용이 담길 수밖에 없는지도 탐구해야 한다. 그러나 선동의 주된 취지는 이것이 아니다. 이를 이해하지 못하는 "마르크스주의자"들은 부르주아 이데올로기, 즉 이상화된 계급사회를 반영하는 초역사적 일반화의 제물이 된다. 가장 중요한 점은 그들이 노동계급의 태도가 실제로 어떻게 변하는지를 구체적으로

---

* 1984~1985년 영국 광원 파업 때 전국광원노조 각 지부는 탄전별 인센티브 제도 때문에 분열돼 있었다. 따라서 상대적으로 높은 임금을 받던 광원들이 파업 파괴자 구실을 했고, 법원이 나서서 노조 기금을 압류하기도 했다.

파악하지 못한다는 것이다. 그들은 경험(예컨대 광원 파업에서 경찰의 [무자비한] 행태를 목격한 것)의 구실을 이해하지 못한다. 그들은 선동과 선전의 차이를 이해하지 못한다.

선동과 선전은 둘 다 필요하고 없어서는 안 되지만 언제나 가능한 것은 아니다. 선동에는 더 큰 세력이 필요하다. 물론 개인이 **특정** 불만 사항, 예컨대 작업장에 비누나 제대로 된 휴지가 없는 것 등에 대해 때때로 효과적으로 선동할 수 있지만, **일반적** 초점을 형성하는 광범한 **선동**은 그것을 수행할 적합한 위치에 있는 상당수 사람들이 없다면, 곧 당이 없다면 가능하지 않다.

그렇다면 선동과 선전을 구별하는 것이 오늘날 왜 중요한가? 대체로 영국 사회주의자들의 청중은 수천 명도 수만 명도 못 된다. 우리는 소수 사람들에게 말하고 있고, 대개 대중 선동을 펼치기보다는 일반적 사회주의 정치를 내세우며 그들을 설득하고 있다. 이런 우리의 활동은 기본적으로 선전이다. 그런데 이 지점에서 혼란이 생긴다. 하나의 선전만 있는 게 아니기 때문이다. 다시 말해 **추상적** 선전도 있고 (잘만 되면 행동으로 이어질 수 있는) 구체적·현실적 선전도 있는데, 이것은 서로 다르다.

추상적 선전은, 형식적으로는 옳지만 청중의 의식 수준이나 현실의 투쟁을 고려하지 않은 의견을 내놓는 것이다. 예컨대, 사회주의 사회에서 임금 체제가 폐지될 것이라는 주장은 전적으로 옳지만, [임금 인상 투쟁을 하는] 노동자들에게 임금 체제 폐지 요구를 내놓는 것은 선동이 아니라 가장 추상적인 형태의 선전이다. 마찬가지로, 현실 가능성을 따져 보지도 않고 끊임없이 총파업을 요구하는 것은 선동이 아니라 눈앞에서 벌어지고 있는 투쟁을 기권하는 것이다.

반면 현실적 선전은, 소수의 사회주의자들이 현 상황에서는 대체로 노동자 대중에게 결정적 영향을 미칠 수 없다는 가정에서 출발한다. 그러나 동시에 특정 쟁점에서는 사회주의자들이 [효과적으로] 주장하면서 성장할 수도 있다고 가정한다. 그래서 공장에서 활동하는 현실적 선전가는 임금 체제 폐지를 주장하지 않을 것이다. 그는 투쟁을 승리로 이끌 수 있는 요구들을 제시할 것이고, 이는 노조 관료의 이름뿐인 요구들을 틀림없이 능가할 것이다. 예컨대, 사회주의자들은 고정급 인상, [보험료나 보상금 등의] 전액 지불, (부분파업보다는) 전면파업 등을 주장할 것이다.

이것은 레닌이 말한 의미의 선동이 아니라, 어떻게 하면 투쟁이 승리할지를 두고 소수의 사회주의자가 의견들을 내놓는 것이다. 그러나 이것은 추상적 선전도 아니다. 현실 투쟁과 연결돼 있고, 따라서 적잖은 노동자들과 관계 맺을 수 있기 때문이다. 이는 현실적 선전이 사회주의 사상에 완전히 귀 기울이는 사람들을 넘어 훨씬 많은 사람의 공감을 얻을 수 있다는 것을 뜻한다. 현재 사회주의 사상을 모두 받아들일 만한 사람은 아주 적다. 훨씬 많은 사람들은 사회주의 사상에는 충분히 개방적이지 않지만, 왜 노조 지도자들을 신뢰하면 안 되는지, 왜 현장조합원 조직이 필요한지 등에 관한 사회주의자들의 선전에는 상당한 지지를 보낼 수 있다.

선동과 선전의 구별은 두 측면에서 중요하다. 소규모 토론 모임 활동을 선전으로 여기고 작업장 활동을 선동으로 생각하는 사회주의자들은 노동자 대중에 대한 자신의 영향력을 과대평가하기 쉽고, 그 결과 소수의 [단단한] 지지자를 획득할 기회를 놓친다. 다른 사회주의자와 토론하면서, 자신의 작업장에서 활동하면서 그저 추상적 선전만 하려는 사회주의자들은 실제로 투쟁이 일어날 때 기권하는 태도를 취하기 십상이다.

대중적 선동이 대체로 가능하지 않은 시기에 현실적 선전은 사회주의자들이 이 두 함정을 모두 피할 수 있게끔 해 줄 것이다.

5장 초좌파주의란 무엇인가?

존 몰리뉴

혁명적 사회주의자들의 문제 가운데 하나는 다른 사회적 소수집단처럼 자신만의 언어를 발달시키는 경향이다. 다시 말해, 일상의 대화에서 쓰이지 않거나 다르게 쓰이는 말을 사용하는 것이다.

대체로 우리는 이를 경계해야 한다. 우리의 주된 활동이 노동계급에게 공감을 얻으려는 일인데, 자신만의 언어로 말하면 종종 소통을 가로막거나 우리 단체 회원이 아닌 사람들을 멀어지게 하기 때문이다.

그렇지만 어떤 용어는 정말로 필요하다. 이 전문용어들은 현상을 직시하게끔 하고, (자본주의 폐지를 바라는 혁명가들과 목적이 다른 '일반 대중'이나 자본가계급의 관심 밖에 있는) 문제를 이해·분석

출처: "What do we mean by ultra-leftism?", *Socialist Worker Review* 80, October 1985.

하는 데 도움을 주기 때문이다. 이런 용어의 적절한 사례로 마르크스주의의 개념인 "잉여가치"가 있고, "초좌파주의"도 이에 해당한다. 이 용어들은 다른 것으로 대체할 수 없으므로 그것의 정확한 의미를 설명하는 수밖에 없다.

그중에서 초좌파주의가 무엇인지 살펴보자. 우선 이 말은 결코 흔한 용어가 아니지만 좌파와 노동운동 안에서는 비교적 널리, 그러나 자주 느슨하고 부정확한 의미로 사용된다.

영국 노동당 우파들에게 초좌파는 사회주의 운동에 헌신하는 사람을 망라하는 일종의 욕설이다. 스탈린주의자들과 유러코뮤니스트들에게 초좌파는 의회가 아니라 혁명을 통해 사회를 근본적으로 바꾸려는 사람이다. 밀리턴트* 지지자들에게 초좌파는 노동당 밖에 있는 모든 사회주의자를 뜻한다. 초좌파주의는 혁명적 마르크스주의자였던 레닌이 주로 발전시키고 분석했던 개념인데,** 방금 말한 집단들은 죄다 레닌을 초좌파로 여길 것이다.

그렇다면 초좌파주의의 마르크스주의적 정의는 무엇일까? 이는 혁명적 사회주의자들의 근본 전략(자본주의 내의 기초적 노동계급 투쟁을 국가권력에 도전하고 자본주의를 타도하는 정치투쟁으로 전환하기)과 관련지어 보면 가장 잘 이해할 수 있을 것이다.

이 과제를 달성하려면 혁명가들은 마르크스주의의 원칙(노동계급 전체의 역사적 이익)을 고수하면서도, 대중적 노동자 운동에 최대한

---

* 1980년대에 대다수가 출당될 때까지 노동당 안에서 노동당을 사회주의 정당으로 바꾸려 분투한 당내 조직. 당시 영국 최대의 혁명적 좌파였다.
** 레닌 자신은 "좌파 공산주의"라는 말을 사용했다.

가까이 다가가 관여하려 해야 한다.

마르크스주의적 지도력은 노동자 대중의 착각과 편견에 굴복하는 것이 아니라 그들을 앞서는 것을 뜻한다. 그런데 너무 앞서 나가 시야에서 완전히 사라지지 않도록 딱 한 발만 앞서야 한다. 레닌은 이것의 의미를 다음과 같이 생생하게 묘사했다.

혁명가가 되고 사회주의를 일반적으로 옹호하는 것으로는 충분하지 않다. 매 순간 사슬 전체를 놓치지 않으면서도, 다음 고리로 결연히 전진하게 해 줄 사슬의 특정 고리를 찾아내고 이를 전력으로 움켜쥘 방법을 익혀야 한다.

따라서 초좌파주의란 '좌파적' 원칙이라는 추상적 미명 아래 대중운동에 초연한 행태, 즉 대중운동과 필요한 연계를 맺고 그것을 유지하지 않거나 아예 그런 시도마저 거부하는 것으로 정의할 수 있다. 레닌의 용어를 빌리면, 사슬의 다음 고리를 찾지 않아 사슬 전체를 놓치는 것을 의미한다.

자칭 혁명가인 [초좌파주의자는] 계급 세력균형에 대한 객관적 판단을 자신의 주관적 희망으로 대체하는 경향이 있기 때문에, 의식적 혁명가들과 나머지 노동계급 사이의 격차를 불필요하게 벌린다.

이런 큰 틀 안에서 초좌파주의는 다양한 형태와 크기로 나타난다. 극단적 사례는 이행기 없이 곧바로 무계급·무국가 사회로 도약하겠다는 아나키즘이다. 테러리즘도 초좌파주의인데, 그것은 노동계급 대중의 혁명적 폭력을 개인들의 폭력 행위로 대체하려 한다. [투쟁에 참가하지는 않고 설교하려고만 하는] 이른바 '칠판 사회주의'의 대명사인 대영제국사회당SPGB은 우리가 임금 체제에 반대하니 임금 인상 파업에도 반대해야 한다고 주장한다[대영제국사회당에 관해서는 3장을 보시오].

오늘날 우리가 더 큰 관심을 기울이고 우려해야 할 것은 이른바 '사회주의적' 또는 '코뮤니스트적' 초좌파주의다. 그것은 아나키즘처럼 완전히 독자적인 정치 경향으로 존재하는 것이 아니라, 마르크스주의 운동의 주류 내에서 종종 일어나는 좌파적 일탈이다.

이것도 형태가 다양하고 역사적 사례가 많다. 예컨대, 마르크스의 공산주의자동맹 동료였고 1848년 혁명 패배 후 망명자 군대를 조직해 독일로 진격하길 원했던 아우구스트 빌리히와 카를 샤퍼, 또 러시아 전역에 혁명적 상황이 무르익기 전인 1917년 7월 무장봉기를 일으켜 권력을 잡길 바랐던 페트로그라드의 일부 노동자와 병사 등이 있다.

그러나 초좌파주의가 역사적으로 가장 중요했던 때는 의문의 여지 없이 1917~1921년 코민테른 초창기였다.

당시에 진정한 국제적 초좌파 세력이 코민테른 내부와 주변에 존재했다. 주도적 인물로는 이탈리아의 아마데오 보르디가, 네덜란드의 헤르만 호르터르와 안톤 파네쿡, 영국의 실비아 팽크허스트가 있었다. 이 '좌파 공산주의' 경향은 극도로 교조적이며 추상적으로만 사고하던 일부 지식인들과, 새롭게 급진화했지만 아직 전략적·전술적 사고를 배우지 못해 본능적으로만 행동하려던 (젊고 경험이 부족한) 혁명적 노동자들의 융합이었다.

이 경향 특유의 견해는 반동적 지도자들이 이끄는 노동조합에서 분리해 나와 '순수한' 혁명적 노동조합을 설립한다는 것이었다. 그리고 이들은 어떤 식으로도 의회 선거에 참여하기를 거부했고, 노골적 자본가 정당과 대중적 개혁주의 정당이 충돌할 때 후자를 지지하는 것도 거부했다. 이 모든 것은 '책략 거부, 타협 거부'라는 명목으로 뒷받침됐다.

레닌은 1920년에 그의 가장 중요한 소책자 중 하나인 《'좌파' 공산주의 — 유치증》을 써서 초좌파적 주장들을 예리하게 비판했다. 레닌은 혁명가들에게 노동조합에 남아 "모든 희생을 감수하면서도 노동조합 속에서 공산주의 활동을 수행할 것"을 주문했고, "부르주아 의회와 그 밖의 모든 형태의 반동적 제도를 없애 버릴 힘이 없을 때는 그 안에서 활동해야 한다"고 주장했다. 이는 아주 중요한 비판이다. 그렇게 하지 않으면 의식 발전이 더딘 노동자들을 기만적인 개혁주의 지도자들의 영향력 아래 내버려 두는 꼴이 된다며 레닌은 다음과 같이 강조했다.

공산주의자들에게 주어진 과제는 의식 발전이 더딘 인자들을 설득하고 그들과 함께 활동하는 것이지, 부자연스럽고 유치한 '좌파적' 구호로 그들과 자신들 사이에 장벽을 세우는 것이 아니다.

결국 레닌의 주장이 승리했고, '좌파 공산주의자들'의 견해는 코민테른에서 거부당했다. 만만찮은 경향이었던 좌파 공산주의는 오래가지 못했다. 그들에게 기반을 제공했던 혁명 물결이 퇴조하자 살아남지 못했던 것이다. 그렇지만 초좌파주의 경향은 코민테른 내부, 심지어 지도부 안에도 가까스로 존속했고, 특히 독일에서는 강력했다.

독일에서 초좌파주의는 1921년 공산당 지도부가 인위적으로 혁명적 상황을 유발하려 했던 재앙적 3월 행동[봉기]으로 나타났다. 그것은 노동계급 대중의 정서를 완전히 거스르는 일이었다. 그 결과 공산당원 노동자와 비ᵈ공산당원 노동자 사이에 충돌이 벌어졌고, 공산당원 수는 처참하게 감소했다. 지배계급은 손쉽게 승리를 거뒀다.

자신들의 행동을 정당화하려고 이 초좌파주의자들은 '공세 이론'을 개발해, 혁명가의 임무는 때를 가리지 말고 공세에 나서 전진하는 것이어야 하고, 노동계급 전위는 여봐란듯이 행동해 계급의 나머지 부분에 '충격'과 '자극'을 줘야 한다고 주장했다.

레닌은 트로츠키와 함께 다시 총대를 메고서, 혁명적 정당은 공격뿐 아니라 질서 정연한 퇴각도 할 줄 알아야 한다고 주장했다. 권력으로 직행하는 투쟁은 오직 공산당이 노동계급 다수의 지지를 얻을 때만 시도할 수 있다. 혁명가들은 노동계급의 기본적 생활 조건에 영향을 미치는 부분적·구체적 요구들을 둘러싼 많은 투쟁(방어적 투쟁뿐 아니라 공세적 투쟁도 포함된다) 속에서 각고의 노력으로 그런 지지를 쟁취해야 한다.

이런 주장은 1922년에 개혁주의 정당과의 공동전선 전술이 채택되는 데 기초가 됐다. 공동전선 전술은 지배계급의 공세에 맞선 방어적 투쟁을 위해 노동계급을 단결시키는 동시에, 가장 기초적인 요구를 위한 투쟁조차 개혁주의자들이 한결같이 이끌지는 못한다는 점을 드러내려고 고안됐다.

초좌파주의에는 또 다른 형태가 있는데, 바로 관료적 초좌파주의라고 부를 수 있는 것이다. 평당원이나 현장조합원의 통제에서 벗어나 있고 이들에 대한 책임을 포기한 관료 지도부가 기층의 현실적 문제와 어려움을 도외시한 채, 좌파적 이미지를 얻으려고 겉보기에 급진적인 구호와 지침을 제시하는 것이 그런 경우다.

러시아 혁명의 관료적 타락에서 비롯한 관료적 초좌파주의는 1923년 독일 혁명 패배 후 지노비예프 지도하의 코민테른에서 득세했다. 그 뒤 초좌파주의는 스탈린이 선언한 '제3기', 즉 1928~1934년에 기괴한 형태로 널리 확산됐다. 사회민주당에 '사회파시스트'라는 딱지를 붙여 나치의 부상에 맞선 공동 행동을 거부하고, 따로 적색 노조를 만들라는 지령을 내려 기존 노동조합을 분열시키는 식이었다.

이것은 바로 레닌이 《'좌파' 공산주의》에서 비난했던 정책들이었다(초좌파주의의 토대가 미숙함에서 냉소주의로 바뀌었지만 말이다). [레닌의 건강이 급속도로 악화되자] 초좌파주의에 대한 마르크스주의적 비판은 이제 망명 중인 트로츠키의 몫이 됐다.

초좌파주의의 고전적 사례를 엿볼 수 있는 때가 코민테른 시기라면, 이 경험이 오늘날과는 어떤 관련이 있을까?

우선, 초좌파주의가 지금 영국 좌파들이 직면한 주요 문제는 아님을 짚고 넘어가야 한다. 1960년대 말의 급진화는 다양한 초좌파 소그룹(국제마르크스주의그룹IMG, 노동자혁명당WRP, 마오쩌둥주의 조

---

* 스탈린의 '제3기' 이론이란 대규모 경제 붕괴가 임박했다고 보고 혁명가들이 개혁주의자들과의 협력을 일절 거부해야 한다는 것이었다.

직들 등)을 탄생시켰다. 그들은 당시 좌파 정치에 어느 정도 영향력을 행사했지만, 얼마 후 압도적 다수는 운동을 포기했거나 우경화해 노동당으로 들어갔다.

지금 남아 있는 그룹은 대다수 사람들이 거의 들어 보지 못한 소종파들이다. 예를 들면 노동자혁명당이 아직 있는데, 이 단체는 시도 때도 없이 총파업을 촉구해 도무지 믿음이 안 가는 곳이다. 그 밖에 혁명적공산당RCP['혁명적 공산주의 경향'RCT으로 불리기도 했다]이 몇 년 전에 등장했는데, (역설적이게도) 이들은 1984년 광원 파업 때 [형식적 민주주의에 기대 파업을 회피하거나 가로막으려는] 파업 찬반 투표를 지지해 초좌파적 이미지가 크게 훼손됐다. 광원 파업을 지지하는 집단을 소비에트로 전환할 수 있다고 확고하게 믿은 '노동자의 힘'Workers' Power 같은 그룹도 있다.

호기심에서 진짜 극단적인 초좌파주의의 사례가 알고 싶다면 국제공산주의경향ICC을 찾아보면 된다. 이 조직은 초기 코민테른에 참가한 초좌파(보르디가 등)의 후계자를 자임하는 매우 작은 종파인데, 너무 '좌파적'인 나머지 남아공의 아프리카민족회의ANC와 [인종차별 정책을 고수한] 보타 정권 사이에서, 영국의 사회주의노동자당SWP과 국민전선NF 사이에서 어느 편도 들기를 거부한다. 초좌파주의의 이런 볼품없는 모습은 오늘날 운동 내 주요 위험이 초좌파주의가 아니라 우경화 압력(키너키즘에* 굴복하는 것)이라는 점을 더 선명하게 보여

---

* 1983년에 영국 노동당 대표가 된 닐 키넉은 좌파 출신이었지만 앞장서서 노동당을 우경화시킨다. 키너키즘은 닐 키넉의 노선과 정책을 말한다.

준다.

　그렇지만 초좌파주의는 완전히 무시할 수 있는 문제가 아니다. 사회주의노동자당은 최근 성장했지만 아직은 노동계급 속에 대중적 기반이 없는 소규모 조직이다. 우리는 대중운동을 잘 모르고 그 경험이 부족해서 초좌파주의에 빠질 수도 있다.

　또, 우경화에 단호히 맞서야 하는 현 상황 때문에 우리는 왼쪽으로 막대를 구부려야 하지만, 그 정도가 과해 현실의 투쟁에서 완전히 단절되면 안 된다. 그리되면 개혁주의자들과 한때 혁명가였던 자들이 노동자 투쟁을 배신하고도 그 책임에서 쉽게 벗어날 것이다.

3부
레닌·트로츠키의 전략과 전술

6장 레닌의 전략과 전술

토니 클리프

1894년에서 1914년에 이르는 20년 동안 러시아 노동운동은 정말 많이 성숙했다. 노동운동의 발전은 전략과 전술을 생생하게 배울 수 있는 학교였다. 노동운동의 발전이 거둔 가장 커다란 결실이라 할 수 있는 레닌은 운동과 함께 성장했고, 운동에 영향을 끼쳤으며 운동에서 영향을 받았다. 이 20년은 레닌과 전체 노동계급이 오랜 기간에 걸쳐 전략과 전술을 모두 검증하는 최대의 시험 — 전쟁에서 비롯한 끔찍한 학살과 전쟁을 혁명을 통해 종식하는 시험 — 준비를 뜻했다. 이런 준비기의 최상의 교훈들은 1905년 혁명과 혁명의 결과가 제공했다.

이 글은 토니 클리프의 《레닌 평전 1: 당 건설을 향해》(책갈피, 2010) 14장 "전략과 전술"에서 발췌한 것이다.

마르크스주의: 과학이자 기예

1905년 혁명이 일어나자 레닌은 서둘러서 카를 폰 클라우제비츠의 군사 저술들을 연구했다. 이것은 레닌이 전술과 전략을 정식화하는 데 상당한 영향을 끼쳤다.

나폴레옹한테서 영감을 얻은 위대한 전쟁 철학자 클라우제비츠는 전술을 "전투에서 군사력을 사용하는 것에 관한 이론"으로, 전략을 "전쟁의 목적을 달성하기 위해 전투를 사용하는 것에 관한 이론"으로 정의했다. 레닌은 혁명 전술과 전략의 관계를 클라우제비츠와 매우 비슷하게 규정했다.

전술 개념은 계급투쟁에서 하나의 과제나 하나의 부문에 해당하는 조처들에 적용된다. 그래서 레닌은, 예컨대 1905년 1월 투쟁 기간이나 가폰과 관련해 필요한 전술을 말했고, 노동조합 전술, 의회 전술 등도 말했다. 혁명 전략은 이런 전술들을 결합시켜 사용해서 노동계급이 권력을 장악하도록 이끄는 것이다.

자본주의와 노동운동이 완만하고 유기적이고 체계적으로 발전하던 시기에 등장한 제2인터내셔널은 실천에서는 전술 문제, 즉 노동조합, 의회, 지방정부 기구, 협동조합에서 개혁을 위한 일상 투쟁의 과제들에 머물렀다.* 사태의 방향이 급격히 바뀌는 격동기에 발전한 러

---

* 제2인터내셔널은 제1차세계대전 직전까지 사회주의 조직들의 연합체였다. 전쟁이 발발하자 많은 조직들이 자국의 전쟁 노력에 지지를 보냈고, 그래서 이 연합체는 분열했다. 레닌은 1917년 혁명 이후 제3인터내셔널(공산주의인터내셔널 또는 코민테른이라고도 한다)을 건설했다.

시아 혁명운동은 전략 그리고 전략과 전술의 관계라는 더 커다란 문제에 직면해야 했다. 이런 문제를 레닌보다 더 잘 발전시킬 수 있는 사람은 아무도 없었다. 왜냐하면, 레닌은 마르크스주의를 과학의 수준에서 기예의 수준으로 끌어올리는 방법을 어느 누구보다도 더 잘 알고 있었기 때문이다.

마르크스주의는 항상 과학이라고 한다. 그러나 행동 지침으로서 마르크스주의는 또한 기예임이 틀림없다. 과학은 존재하는 것을 다루는 반면 기예는 우리에게 행동하는 법을 가르쳐 준다. 레닌의 주된 공헌은 마르크스주의를 기예로까지 발전시켰다는 것에 있다. 마르크스가 제1인터내셔널 창건에 참여하지 않고 죽었더라도 그는 여전히 마르크스일 것이다. 그러나 레닌이 볼셰비키를 건설하지 않고, 1905년 혁명과 뒷날 1917년 혁명을 지도하지 않고, 공산주의인터내셔널을 창건하지 않고 죽었다면 그는 레닌이 되지 못했을 것이다.

이론에서 실천으로, 과학에서 기예로 나아가기 위해 레닌은 그것들 사이의 변증법적 관계, 즉 둘의 공통점과 차이점을 설명해야 했다.

마르크스와 엥겔스는, 기껏해야 역사 과정에서 각각의 특수한 시기의 구체적인 경제·정치 상황 때문에 반드시 바뀔 수밖에 없는 일반적 과제들을 알 수 있게 해 줄 뿐인 '공식들'을 단순히 암기하거나 반복하는 것을 비웃으면서, 언제나 "우리 이론은 교조가 아니라 행동 지침이다" 하고 말했다.

사회의 **일반적** 운동 법칙과 현실의 구체적인 역사적 상황은 크게 다르다. 왜냐하면, 삶은 어떤 추상 이론보다 훨씬 더 복잡하기 때문이다. 아주 많은 요인들이 상호 작용하기 때문에 책에서 얻는 지식만이 현실을 직시하는 바탕인 것은 아니다. 레닌은 "내 친구인 이론은 회색이지만, 푸르른 것은 저 영원한 생명의 나무다"라고 말하기를 좋아했다. 사태 발전에서, 어떤 일들이 일어남 직한 상황에서, 그리고 복잡한 상황에서는 언제나 생생한 현실이 어떤 이론적 개념이나 진단보다 더 풍부한 법이다. 그래서 레닌은 마르크스주의를 숭배 대상으로 변질시킨 사람들을 비웃었다. "우상은 사람들이 기도하고, 십자가를 긋고, 절을 하는 대상이다. 그러나 우상은 실제 삶과 실제 정치에 아무런 영향도 끼치지 않는다." 그는 이네사 아르망한테 보낸 편지에서 다음과 같이 썼다. "대부분의 사람들(부르주아지의 99퍼센트, 청산파의* 98퍼센트, 볼셰비키의 60~70퍼센트)은 **생각하는** 법을 모른다. 그들은 **낱말을 외우고만** 있다."

마르크스주의를 비교조적으로 이해하고 행동 지침으로 사용하는 것을 가로막는 주된 장애물은 구체를 추상으로 대체하려는 경향이다. 이것은 특히 역사 발전이 변덕스럽고, 도약과 후퇴와 급격한 방향 전환으로 가득한 혁명 직전 상황이나 혁명 상황에서는 가장 위험한 잘못들 가운데 하나다.

추상적 진리 따위는 없다. 진리는 언제나 구체적이다.
추상적 진리는 **모든** 구체적 상황에 적용되면 공문구가 된다. "모든 파업이 사회혁명의 촉수를 감추고 있다"는 것은 두말하면 잔소리다. 그러나 우리

---

* 멘셰비키 우파를 가리킨다.

가 파업에서 곧바로 혁명으로 건너뛸 수 있다는 생각은 몽상이다.

일반적인 역사적 진술은 어떤 특정한 사례의 조건들을 구체적으로 분석하지 않고 그런 사례에 적용하면 모두 공문구가 된다.

동시에 혁명 지도자는 계급투쟁의 역사적 발전에서 **전체** 윤곽을 분명하게 과학적으로 이해해야 한다. 일반적인 경제·정치 지식이 없으면, 계급투쟁이 우여곡절을 거치는 동안 의지와 확신을 계속 유지할 수 없을 것이다. 그래서 레닌은 전략과 전술이 "객관적 상황에 대한 정확한 평가"에 바탕을 두고 있어야 하며 동시에 "계급 관계를 **총체적으로 분석**한 뒤에 결정하는" 것이라고 수도 없이 되풀이해서 얘기했다. 말하자면 전술과 전략은 명확하고 자신감 있고 이론적인 분석, 즉 과학에 바탕을 두고 있어야 한다.

이론적 회의는 혁명적 행동과 양립할 수 없다. "중요한 것은 선택한 길이 옳은 길이라는 확신이다. 이런 확신은 혁명적 에너지와 혁명적 열정을 100배나 증대시켜 기적을 이뤄 낼 수 있다."

역사 발전 법칙을 이해하지 않고서는 끈기 있는 투쟁을 계속할 수 없다. 고군분투하고 절망하고 고립되고 어려움을 겪는 시기에 혁명가들은 자신들의 행동이 역사 발전에 필요한 바들을 충족하는 것이라는 확신 없이는 살아남을 수 없다. 멀고 험한 역사 발전의 길에서 낙오되지 않으려면 혁명가는 사상이 확고해야 한다. 이론적 회의와 혁명적 단호함은 양립할 수 없다. 레닌의 강점은 언제나 이론을 인류 발전 과정과 관련지었다는 것이다. 레닌은 모든 이론적 개념의 중요성을 실천의 필요들과 관련지어 판단했다. 마찬가지로 실천에서 모든 조치가 마르크스주의 이론에 들어맞는지를 시험했다. 그는 이론과 실천을 완벽하게 결합했다. 볼셰비키 역사가 포크롭스키의 다음과 같은 기록은 결코 과장이 아니었다. "레닌한테서 순수 이론 작업은 하나도 찾아볼 수 없다. 모든 이론 작업은 선전의 측면이 있기 때문이다."

레닌은 임기응변을 중요하게 생각했다. 그러나 이것이 단순히 그때그때 바뀌는 인상으로 전락하지 않으려면 정밀하게 다듬은 이론을 바탕으로 한 **일반적 전망** 속에 통합돼야 했다. 이론 없는 실천은 불확실함과 오류를 낳을 수밖에 없다. 다른 한편으로, 마르크스주의를 투쟁과 분리해 연구하는 것은 마르크스주의를 그 주축 — 행동 — 에서 분리하는 것이고, 그래서 쓸모없는 공붓벌레를 낳게 된다. 실천은 혁명 이론을 통해 명백해지고, 이론은 실천을 통해 검증된다. 마르크스주의 전통은 오직 투쟁을 통해서만 인간의 심장과 뇌로 흡수된다.

이론은 과거에 한 실천의 일반화다. 그람시는 매우 적절하게 이렇게 말했다. "사상은 전혀 다른 사상에서 나오지 않고, 철학도 전혀 다른 철학에서 나오지 않는다. 사상과 철학은 끊임없이 혁신되는 현실 역사 발전의 표현이다." 자신의 정체성을 잃지 않고 새로운 상황에 적응하려면 이론과 실천을 통일시켜야 한다.

레닌은 영속적이고 창조적인 이데올로기 실험을 하지 않는 혁명 조직은 결코 살아남을 수 없다는 것을 알고 있었다. 그는 자신의 연구가 결국 정치에서 어떻게 쓰이는지를 알려고 언제나 애썼다. 그러나 실제로 연구에 몰두하는 동안에는, 몇 달씩 실천 정치와 거리 두는 것도 망설이지 않고 대영박물관이나 프랑스 국립도서관에 파묻혀 지냈다.

당의 강령 — 당의 기본 원칙들 — 은 노동계급의 역사적 잠재력을 출발점으로 삼는다. 다시 말해서 강령은 일반으로는 사회의 물질 조건에서, 특수하게는 사회 내부에 노동계급이 차지하는 위치에서 도출된다. 그러나 전략과 전술의 출발점은 그런 물질세계가 아니라 노동자의 의식이다. 의식 — 마르크스는 이것을 이데올로기적 상부구조라 했다 — 이 물적 토대를 직접 반영하는 것이라면, 전략과 전술은 당 강령에서 직접 도출될 수 있을 것이다. 그러나 전략과 전술의 도출은 사실 간접적이고 복잡하며, 당 자체의 활동을 비롯해서 노동자들의 경험과 전통의 영향을 받는다. 혁명적 정당은 임금 체제를 원칙적으로 반대하지만, 전술상으로는 임금을 더 많이 받으려는 노동자들의 투쟁에 결코 무관심하지 않다.

혁명 지도부는 투쟁을 전체적으로 이해하고 상황이 바뀔 때마다 올바른 구호를 내놓을 수 있어야 한다. 올바른 구호가 단순히 당 강령에서 나오는 것은 아니다. 그것은 상황에, 무엇보다도 대중의 정서와 감정에 들어맞아야 한다. 그래야 노동자들을 이끌고 나아가는 데 쓰일 수 있다. 구호는 혁명운동의 일반 방향뿐 아니라 대중의 의식 수준에도 맞아야 한다. 당의 일반 노선은 현실에 **적용돼야만** 진가를 드러낸다. 일반 이론과 특수한 전술의 유기적 통일은 레닌의 투쟁과 활동 방식의 핵심에 자리 잡고 있었던 것이다.

당은 강령이 없으면, 사태의 흐름에 휩쓸리지 않고 자신의 노선을 일관되게 추구하는 통합된 정치 유기체일 수 없다. 당면 정치 상황에 대한 평가를 바탕으로 우리 시대의 '골치 아픈 문제들'에 명확한 해답을 제공하는 전술 노선이 없다면, 이론가들의 서클은 될 수 있어도 움직이는 정치 실체는 될 수 없을 것이다.

하나의 전략 계획이나 전술의 올바름을 확인하는 유일한 방법은 실천을 통한 검증, 즉 현실의 계급투쟁 발전 경험에 비춰 확인하는 것이다.

전술에 관한 결정들은 될 수 있는 대로 자주 새로운 정치 사건들에 비춰 **확인해야 한다.** 그런 확인 작업은 이론과 실천 양자의 관점에서 필요하다. 이론의 관점에서 필요한 이유는, 결정을 올바르게 내렸는지, 그리고 뒤이어 일어난 사건들이 이 결정에 어떤 수정을 가하게 하는지를 확인하기 위해서다. 실천의 관점에서 필요한 이유는, 결정을 적절한 지침으로 활용하는 방법을 배우기 위해서, 즉 결정을 실천에서 적용하려는 작전 명령으로 여기는 방법을 배우기 위해서다.

전쟁에서는, 특히 혁명 시기의 계급 전쟁에서는 적의 진영뿐 아니라 아군 진영에도 미지수가 너무 많기 때문에 냉철한 분석을 대담한 임기응변 — 대체로 직관, 즉 적극적이고 창조적인 상상력을 바탕으로 한 — 과 결합시켜야 한다.

마르크스주의가 다른 모든 사회주의 이론과 다른 점은 객관적 상황과 객관적 사태 전개 방향을 철저하고 냉철하게 과학적으로 분석하면서도 대중의 — 그리고 이런저런 계급과 적극 접촉할 수 있는 개인·단체·조직·정당의 — 혁명적 에너지, 혁명적 창의성, 혁명적 주도력이 중요하다는 것을 가장 단호하게 인정한다는 것이다.

레닌은 대중의 생각과 정서를 이해해야 한다고 끊임없이 강조했다. 레닌 자신은 그것들을 이해하는 데 남들보다 뛰어났다. 트로츠키는 다음과 같이 말했다. "가장 중요한 시기에 혁명 지도부의 기예 가운데 10분의 9는 대중의 감정을 포착하는 법을 아는 것이다. 대중의 감정을 알아차리는 탁월한 능력은 레닌의 최대 강점이었다."

투쟁 자체를 통해서만 당은 대중이 진짜로 무엇을 생각하고 무엇을 이뤄 낼지를 알 수 있다. 마르크스주의는 기계적 결정론, 즉 숙명론과 주의주의적 자기 의지를 거부한다. 마르크스주의의 기초는 유물론적 변증법과 대중은 행동을 통해서 자신들의 능력을 발견한다는 원칙이다. 레닌의 현실주의와 틀에 박힌 수동적 '현실 노선'은 아무 공통점도 없다. 레닌이 말했듯이 후자는 "선진 계급의 긴급한 과제를 강조하고 기존 상태를 무너뜨릴 수 있는 요소들을 기존 상태에서 발견하는 마르크스주의적 현실주의라는 혁명적 변증법"과 대립한다. 레닌은 현실 세력들을 냉정히 평가해야 한다는 것과 혁명적 정당 자체가 세력 관계에서 핵심 요소임을 잘 알고 있었다.

당이 대담하게 행동하면 노동자들은 자신을 얻지만, 당이 머뭇머뭇하면 대중은 수동성과 사기 저하에 빠질 수도 있다. 세력 관계를 결정하고 대중의 투쟁 의지를 북돋는 유일한 방법은 당이 지도하는 행동이다.

혁명 투쟁이 발전하고 상황이 변했는데도 이미 쓸모없게 돼 버린 전술을 고수하는 것은 위험하다는 사실을 알아야 한다. 혁명 지도 자가 저지르기 쉬운 가장 위험하고 파괴적인 잘못은 어제는 옳았지 만 오늘의 바뀐 세력 관계에는 들어맞지 않는 공식에 사로잡히는 것 이다. 역사가 급변하는 시기에는 진보 정당조차 한동안 새로운 상황 에 적응하지 못하고 전에는 옳았지만 이제는 모든 의미를 잃어버린 ― 역사의 급격한 변화가 '갑작스러운' 만큼 '갑자기' 의미를 잃는 ― 구호를 되풀이하는 경우가 아주 흔하다.

혁명에서는 정확하게 때를 맞추는 타이밍이 결정적으로 중요하다. 혁명이 발전하는 속도를 되도록 정확하게 재야 한다. 그러지 않으면 현실주의 전술은 있을 수 없다. 사실, 사태 전개 속도에 관한 우리의 전망은 결코 완벽하게 정확할 수 없다. 따라서 우리는 때를 정확히 맞춰 필요한 교정을 해야 한다.

당의 전술과 전략이 당의 일반 원칙에 들어맞으려면, 전술과 전략 은 명확하고 직접적이어야 한다. 대중이 혁명적 정당의 정치를 이해 하려면, 전술과 전략이 당 정책의 핵심을 흐리는 세부 사항들에 파 묻혀서는 안 된다. 당 정책은 간단명료한 구호 몇 가지로 표현돼야 한다. "분명하고 솔직한 정책이 최상의 정책이다. 원칙에 바탕을 두는 정책이 가장 실천적인 정책이다."

따지고 보면 폭넓고 원칙에 바탕을 두는 정치만이 진정으로 실천적인 정치다. 일반적 문제를 먼저 해결하지 않고 부분적 문제와 씨름하는 사 람은 누구나 자신도 모르는 사이에 반드시 그리고 번번이 그런 일반적 문제에 '부딪힐' 것이다. 부지불식간에 일반적 문제에 번번이 부딪히는 것은 자신의 정치가 완전히 오락가락하고 원칙을 잃을 수밖에 없다는 뜻이다.

행동 노선은 이론에, 역사적 경험에, 전체 정치 상황에 대한 분석 등에 바탕을 둘 수 있으며 또한 둬야 한다. 그러나 이 모든 논의에서, 투쟁하는 계급의 당은 우리의 정치 행동이 구체적으로 던지는 물음들 — '긍정'이냐 '부정'이냐? 특정 순간인 바로 지금 이것 또는 저것을 해야 하는가 하지 말아야 하는가? — 에 매우 분명하게 대답 — 이중 해석을 허용하지 않는 — 해야 한다는 것을 알아야 한다.

세력 관계를 아주 냉철하게 따져야 하고, 그러고 나서 일단 결정을 내리면 단호하게 행동해야 한다. 나폴레옹은 베르티에 장군한테 보낸 편지에 다음과 같이 썼다. "나는 지금 군사 계획을 짜고 있소. 그런데 나만큼 소심한 사람도 없을 것이오. 나는 모든 위험과 일어날 수 있는 모든 불행을 과장하고 있소. … [하지만] 일단 결정을 내리면 나는 그것이 성공할 수 있는 요인들 말고는 모두 잊게 되오."

이 말을 인용한 다음 트로츠키는 다음과 같이 논평한다.

'소심한'이라는 어울리지 않는 단어에 들어 있는 태도를 제외하면, 이런 생각의 본질은 레닌한테도 명백하게 적용된다. 전략 문제를 결정할 때면 그는 결단력과 선견지명으로 적을 에워싸는 것에서 시작했다. 레닌의 전술적 오류는 대부분 그의 전략 능력의 부산물이었다.

가장 불리한 가정을 바탕으로 과감한 계획을 세우는 것이 레닌의
특징이었다.

'핵심 고리 쥐기'

레닌은 언제나 정치 행동의 복잡한 사슬에서 당면 시기의 핵심 고
리를 찾아내 쥐고 전체 사슬에 방향을 제시해야 한다고 가르쳤다.

모든 문제가 '악순환을 거듭하는' 이유는 정치 생활 전체가 무수한 고리로
이어진 끝없는 사슬이기 때문이다. 정치의 모든 기예는, 놓칠 가능성이 별
로 없고, 당면 시기에 가장 중요하고, 대체로 고리를 쥔 사람이 사슬 전체
를 쥘 수 있게 해 주는 그런 고리를 찾아내서 최대한 꽉 움켜쥐는 것이다.

그는 이 비유를 자주 거론했고, 항상 이 비유가 보여 주는 원칙에
따라 실천했다. 그래서 가장 중요한 시기에 그는 부차적 요소들을
모두 제쳐 두고 가장 중요한 요소를 파악할 수 있었다. 그는 중요한
문제에 직간접으로 관심을 기울이지 못하게 만들 수 있는 것은 모두
털어 냈다. 트로츠키는 다음과 같이 적절하게 얘기했다.

기분 좋게도 위험한 장애물이 치워지면 레닌은 거듭거듭 이렇게 외친다.
"그러나 우리는 이것저것을 하는 것을 까맣게 잊었다." … 또는 "우리는
주된 것에 너무 관심을 기울이다가 기회를 놓쳤다." … 그러면 누군가 이

렇게 대답할 것이다. "하지만 이런 문제를 제기했고 이런 것을 제안했는데도 당신은 도무지 아무 얘기도 들으려 하지 않았소!"

레닌은 이렇게 말한다. "내가 그랬다고? 말도 안 돼! 하나도 기억나지 않아!"

그러면서 갑자기 웃음을 터뜨린다. 그것은 '유죄'를 인정하는 뜻이 담긴 심술궂은 웃음이다. 그리고 팔을 들어 올렸다가 힘없이 늘어뜨리는 특유의 몸짓을 한다. 마치 아무것도 할 수 없다고 체념한 듯이 말이다. 레닌의 이런 '단점'은 당에서 자신을 지지하는 모든 세력을 최대한 동원할 수 있는 그의 재능의 또 다른 측면이다. 바로 이런 재능 덕분에 그는 역사상 가장 위대한 혁명가가 될 수 있었다.

레닌은 전술에서 이런저런 잘못을 했다. 그것은 대체로 핵심 고리에 몰두하고 오랫동안 행동 현장에서 벗어나 있었기 때문이다. 그러나 동전의 다른 면은 그의 빛나는 전략적 사고였다. 그는 전술 판단에서 잘못을 저질렀지만 멀리서 당의 전략을 가차 없이 비판했다.

레닌이 하루는 이런 방향으로 하루는 반대 방향으로 '막대 구부리기'를 강조한 것은 원칙적으로 옳았다. 노동자 운동의 모든 측면이 고르게 발전했다면, 균형성장이 당연하다면, '막대 구부리기'는 운동에 해로운 영향을 끼쳤을 것이다. 그러나 현실의 삶에서는 불균등 발전 법칙이 지배한다. 특정 시기에는 운동의 어떤 측면이 결정적이다. 전진을 가로막는 주된 걸림돌은 간부 당원의 부족일 수 있고, 그와 반대로 간부 당원의 보수주의 때문에 그들이 계급의 선진 부문보다 뒤처질 수도 있다. 모든 요소가 완벽하게 조화롭다면

'막대 구부리기'도 필요 없겠지만, 혁명적 정당이나 혁명의 지도력도 필요 없을 것이다.

직관과 용기

객관적 상황에 대한 냉철한 평가 자체만으로는 혁명 전략과 전술을 발전시키기에 충분하지 않다. 무엇보다도 혁명 지도자는 매우 날카로운 직관이 있어야 한다.

불확실한 것이 아주 많고 우연과 복잡한 상황에 많은 것이 달려 있는 혁명 상황에서는 강한 의지만으로는 충분하지 않다. 전체 상황을 빠르게 읽고 본질과 비본질을 가려내고 상황 묘사에서 빠진 부분들을 채울 수 있는 능력이 필요하다. 모든 혁명은 수많은 미지수와 동격이다. 그래서 혁명 지도자는 현실적 상상력이 있어야 한다.

레닌은 1905년에 잠시 러시아에 들른 시간을 제외하면 혁명이 일어나기 전 15년 동안을 외국에서 지냈다. 현실을 느끼고, 노동자들의 분위기를 파악하는 레닌의 능력은 시간이 지날수록 약해지기는커녕 오히려 강해졌다. 레닌의 현실적 상상력은 깊은 이론적 이해, 좋은 기억력, 창조적 사고에 뿌리를 두고 있었다. 그 상상력은 망명 중인 레닌을 만나러 가끔 사람들이 찾아올 때마다 활력을 얻었다.

크룹스카야는 아주 올바르게 다음과 같이 썼다. "일리치[레닌]에게는 언제나 일종의 특수한 본능 — 노동계급이 당면한 시기에 경험하고 있는 것에 대한 심오한 이해 — 이 있었다." 역사의 가장 극적인 시점에서 대중의 감정을 파악하는 데는 직관이 특히 중요한데, 레닌은 이런 면에서 남달리 뛰어났다. "대중을 생각하고 대중의 상태를 감지하는 능력은 특히 중대한 정치적 전환점에서 최대로 발휘된 레닌의 특성이었다."

특정한 전술을 일단 결정하면, 혁명 지도자는 망설이지 말아야 한다. 혁명 지도자는 최고의 용기를 가져야 한다. 이 점에서도 레닌은 조금도 모자람이 없었다. 포크롭스키는 이런 특징을 다음과 같이 잘 묘사했다.

이제 와서 과거를 되돌아보면, 커다란 정치적 용기가 레닌의 기본 특성들 가운데 하나였던 것 같다. 정치적 용기란 겁 없는 행동이나 위험을 무시하기 같은 것이 아니다. 혁명가들 가운데 교수대나 시베리아를 두려워하지 않는 사람들은 숱했다. 그러나 그들은 중대한 정치적 결정에 대한 부담을 떠안기를 두려워했다. 분명히 레닌은 아무리 벅차다 할지라도 결정에 대한 책임 떠맡기를 결코 두려워하지 않았다. 이런 점에서 레닌은 자신과 당의 운명뿐 아니라 나라 전체의 운명과 어느 정도는 세계혁명의 운명도 좌우할 수 있는 조치들에 대한 책임을 떠맡았고, 어떤 위험도 피하려 하지 않았다. 이것은 매우 특이한 현상이어서 레닌은 언제나 극소수 사람들과 함께 행동을 시작해야 했다. 왜냐하면, 처음부터 그를 따를 만큼 충분히 대담한 사람은 매우 드물었기 때문이다.

마르크스주의에 숙명론적 성격을 부여해서 중요한 결정을 내려야 하는 의무를 회피하려 한 '마르크스주의자들'이 많았다. 이것은 멘세비키의 특징이었다. 위기 때마다 그들은 의심, 망설임, 두려움을 보였다. 그러나 혁명은 사회문제를 해결하는 가장 가차 없는 방법이다. 그래서 머뭇거림은 혁명 시기에 나타날 수 있는 최악의 조건이다. 레닌은 가장 일관된 혁명가였다. 그는 가장 대담하게 결정을 내렸고, 가장 중대한 행동들에 대한 책임을 앞장서서 떠맡으려 했다.

전략과 전술의 학교인 당

레닌은 혁명적 정당이 전략과 전술을 실행할 수 있는 가능성이 현실적인 경우에만 혁명 전략·전술 문제가 의미 있다고 생각했다. 그는 당을 전략과 전술의 학교로, 노동계급 권력 장악을 위한 전투 조직으로 봤다.

혁명의 지도부가 대중의 일부가 되지 않고 작업장에서, 거리에서, 집에서, 식당에서 대중의 말에 귀를 기울이지 않고서 어떻게 대중에게 배우고 대중이 생각하고 느끼는 바를 알 수 있을까? 대중을 가르치려면 지도부는 대중에게 배워야 한다. 레닌은 평생 동안 그렇게 생각했고 실천했다.

당은 계급의 선진 부문보다 뒤처져서는 안 된다. 그러나 당은 따라잡을 수 없을 만큼 멀리 앞서 나가도 안 된다. 당은 계급의 선두에 서야 하고 계급에 뿌리박아야 한다.

모든 진지한 혁명 활동이 성공하려면 혁명가들은 자신이 진정으로 용감한 선진 계급의 전위로서만 활동할 수 있다는 사상을 이해하고 행동에 옮겨야 한다. 전위는 자신이 이끄는 대중 사이에서 고립되지 않고 정말로 전체 대중을 앞으로 이끌고 나아갈 수 있을 때만 전위라는 자신의 임무를 수행한다.

이미 얘기했듯이 혁명적 정당은 노동계급 의식이 고르지 못하기 때문에 필요하다. 그러나 동시에 당은 의식을 최대한 높이 끌어올려서 이런 불균등성을 빨리 극복하기 위해 존재한다. 평균 수준이나 심지어 가장 낮은 수준의 계급의식에 적응하는 것은 기회주의의 본질이다. 다른 한편으로 프롤레타리아의 가장 선진적 부문과 조직적으로 분리되고 고립되는 것은 종파주의로 가는 길이다. 당면 상황에서 선진 부문의 의식을 최대한 높이 끌어올리는 것이야말로 진정한 혁명적 정당의 임무다.

대중에게 배우려면 당은 또한 자신이 저지른 잘못에서도 배울 수 있어야 하고 엄격한 자기비판도 할 수 있어야 한다.

정당이 자신의 잘못을 대하는 태도는 그 당이 얼마나 진지한지, 실천에서 자기 계급과 노동 대중에 대한 의무를 어떻게 수행하는지를 판단하는 가장 중요하고 확실한 방법이라 할 수 있다. 잘못을 솔직히 인정하고, 잘못을 저지른 이유를 분명히 밝히고, 잘못을 바로잡을 방법을 깊이 생각하는 것이 바로 진지한 당이라는 증거이고, 당이 자신의 임무를 수행하는 방식이고 자기 계급과 대중을 교육하고 훈련하는 방식이다.

대중은 당의 잘못을 바로잡는 일에 관여해야 한다. 그래서 1905년 1월 21일 레닌은 다음과 같이 썼다.

> 우리 사회민주주의자들은* 차르와 그의 주구들한테 들키지 않으려고 비밀 활동을 해야 하지만, 사람들이 우리 당과 당내의 다양한 견해 그리고 당의 강령과 정책에 관해 남김없이 알게 하고, 당대회에 참여한 이런저런 대표가 대회에서 말한 내용도 알게 하려고 애쓴다.

레닌은 논쟁을 당내 서클들에 한정해서는 안 되며, 공개로 진행해서 당원이 아닌 사람들도 이해할 수 있게 해야 한다고 거듭 촉구했다.

> 우리 당이 앓고 있는 중병은 대중정당이 겪는 성장통이다. 왜냐하면 숨어 있는 본질을 명확하게 이해하지 않는, 다양한 경향들이 공개적으로 투쟁하지 않는, 당의 지도자나 당 조직이 추구하는 노선을 대중에게 알리지 않는 대중정당이나 계급정당은 있을 수 없기 때문이다. 그렇게 하지 않는다면 당이라는 이름에 걸맞은 조직을 건설할 수 없다.

당내 민주주의와 당이 계급에 뿌리내리는 것 사이에는 변증법적 관계가 있다. 올바른 계급 정책과 프롤레타리아로 이뤄진 당이 없으면, 건강한 당내 민주주의란 있을 수 없다. 탄탄한 노동계급 토대가 없으면 당내 민주주의와 규율 얘기는 모두 의미 없는 장광설일 뿐이

---

* 당시 이 용어는 혁명적 사회주의자를 의미했다.

다. 동시에 당내 민주주의나 지속적 자기비판이 없다면, 올바른 계급 정책의 발전은 있을 수 없다.

우리는 규율의 중요성에 대한, 그리고 규율 개념을 노동계급 당에서 어떻게 이해해야 하는지에 대한 우리의 이론적 견해를 이미 여러 차례 분명히 밝혔다. 우리는 그것을 **행동의 통일, 토론과 비판의 자유**라고 규정한다. 그런 규율만이 선진 계급의 민주주의 정당에 어울리는 것이다. …
프롤레타리아는 토론과 비판의 자유 없는 행동 통일은 인정하지 않는다.

민주주의가 투쟁 경험을 제대로 이해하고 받아들이는 데 반드시 필요하다면, 중앙집권주의와 규율은 투쟁을 지도하는 데 필요하다. 단단한 조직적 응집력은 당이 행동하고 주도권을 쥐고 대중행동을 지도할 수 있게 한다. 자신감이 없는 당은 대중의 신뢰를 얻을 수 없다. 신속하게 행동하고 당원들의 활동을 지도할 수 있는 강력한 당 지도부가 없으면 혁명적 정당은 존재할 수 없다. 혁명적 정당은 단호한 권력투쟁을 지도하는 중앙집권주의 조직이다. 그런 당은 행동에서 철의 규율이 필요하다.

7장 트로츠키와 코민테른

던컨 핼러스

국제 노동자 운동이라는 이상은 "만국의 노동자여 단결하라"는 호소로 끝나는 《공산당 선언》만큼이나 오래된 것이다. 1864년(제1인터내셔널)과 다시 1889년(제2인터내셔널)에 국제 노동자 운동을 조직화하려는 노력들이 있었다. 제2인터내셔널은 교전국들에 존재하는 인터내셔널 소속 대중정당들이 국제주의와 결별하고 각각 독일과 오스트리아 황제들, 영국 국왕, 프랑스의 부르주아 제3공화정을 지지함에 따라 1914년에 붕괴했다.

그 당들이 불시에 전쟁에 휘말려 놀라서 그랬던 것은 아니다. 전쟁이 개시되기 전에 열린 제2인터내셔널 대회들은 제국주의와 군국주의의 위협, 점증하는 전쟁 위협 그리고 각국 노동자 정당들이 자국

이 글은 던컨 핼러스의 《트로츠키의 마르크스주의》(책갈피, 2010) 3장 "전략과 전술"에서 발췌한 것이다.

정부에 단호하게 반대하는 태도를 취할 필요, 나아가 1907년 제2인 터내셔널 슈투트가르트 대회에서 결의한 바와 같이 "전쟁이 야기한 위기를 이용해 자본가계급 지배의 몰락을 촉진할" 필요에 대해 거듭 주의를 환기시켰다.

1914년에 그들이 보여 준 투항은 너무나 충격적인 사회주의 운동의 패배였다. 그리하여 레닌은 "제2인터내셔널은 죽었다. … 제3인터내 셔널 만세!" 하고 선언했다. 5년 뒤인 1919년 제3인터내셔널이 실제로 창립됐다. 트로츠키는 초기 제3인터내셔널에서 중요한 구실을 했다.

나중에 소련에서 스탈린주의가 등장하면서 인터내셔널은 소련 스 탈린주의 국가의 이익에 봉사하는 도구로 변했다. 트로츠키는 어느 누구보다 분연히 제3인터내셔널의 이런 퇴보에 맞서 싸웠다. 혁명적 노동자 당의 전략과 전술에 관한 그의 가장 귀중한 저작들 가운데 많은 것이 태동기와 이후 쇠퇴기의 제3인터내셔널, 즉 코민테른과 관 련된 것이다.

1920년대 말과 1930년대의 저작에서 거듭거듭 트로츠키는 코민테 른의 처음 네 대회에서 채택된 결정을 혁명적 정책의 모범으로서 언급 했다. 그렇다면 이 결정들은 무엇이었으며 어떤 상황 속에서 채택됐 을까?

1919년 3월 4일이었다. 크렘린에 모인 35명의 대표들은 기권 1표, 찬성 34표로 제3인터내셔널(공산주의인터내셔널)을 결성하기로 결 정했다. 그렇지만 이 모임이 대표성을 지니고 있는 비중 있는 모임은 아니었다. 오로지 러시아 공산당의 다섯 대표들(부하린, 치체린, 레 닌, 트로츠키, 지노비예프)만이 진정으로 대중적이고 진정으로 혁명적인 정당을 대표했다. 노르웨이 노동당의 에밀 스탕은 대중정당의 대표로 왔지만, 사건들이 증명하듯이 노르웨이 노동당의 실천은 결코 혁명적이지 않았다. 신생 독일 공산당 소속의 에벌라인은 참으로 혁명적이었지만 여전히 당원이 수천 명에 불과한 조직을 대표했다. 다른 대표들은 대부분 대표하는 것이 별로 없었다.

대표들의 다수는 여러 나라에서 어느 정도 실질적인 대중 지지를 받지 못하는 '인터내셔널'이 속 빈 강정이라는 것을 당연하게 여겼다. 러시아 대표들을 대표해 연설한 지노비예프는 대중적 지지가 실제로 존재한다고 주장했다. 많은 대표들의 취약성은 우연이라는 것이었다. "우리는 대국에서 프롤레타리아 혁명의 승리를 성취했습니다. … 독일에는 몇 개월 뒤에 권력을 장악해 프롤레타리아 정부를 수립할 수도 있는 전진하는 당이 있습니다. 이래도 여전히 인터내셔널 건설을 미뤄야 합니까? 그렇게 한다면 아무도 이해하지 못할 것입니다."

이것은 공상이 아니었다. 1918년 11월, 당시까지 유럽의 최강국이던 독일제국이 붕괴했다. 6명의 인민위원이 ― 세 명은 사회민주당원이고 세 명은 독립사회민주당원이었다 ― 황제의 정부를 대신했다. 노동자 평의회와 병사 평의회가 독일 전역에 확산됐고 실제로 권력을 행사했다. 사실, 노동자 평의회와 병사 평의회를 지배한 사회민주당 지도자들은 '공화정'이라는 새로운 가면을 쓰고 등장한 옛 자본가 국가권력을 재건하는 데 모든 힘을 쏟았다. 바로 그 때문에 더더욱 시급히 소비에트 독일을 위한 투쟁을 지도하고 지원하기 위해서 강력한 중앙집권적 지도부를 가진 혁명적 인터내셔널을 창설할 필요가 있었다.

그 투쟁은 1919년 1월 스파르타쿠스동맹이 주도한 봉기가 유혈 낭자하게 진압됐음에도 발전하고 있는 듯했다. "독일에서는 1919년 1월부터 5월까지 유혈 내전이 벌어졌고 한여름까지도 산발적 투쟁이 계속됐다. … " 모스크바 회합 한 달 후 바이에른 소비에트 공화국이 선포됐다. 중부 유럽의 또 다른 강대국 오스트리아·헝가리제국도 붕괴했다. 오스트리아·헝가리제국이 해체된 뒤에 파편으로 등장한 국가들도 크거나 작은 혁명적 소요에 휘말렸다. 오스트리아의 독일어 사용 지역에서 제구실을 하는 군대는 사회민주당이 통제하는 인민군Volkswehr밖에 없었다. 헝가리에서는 1919년 3월 21일에 소비에트 공화국이 선포됐다. 새로 수립되거나 재건된 국가들도 모두 — 체코슬로바키아, 유고슬라비아, 심지어 폴란드조차 — 아주 불안정한 상태였다.

사회주의자 지도부의 구실이 결정적으로 중요했다. 대다수 지도자들은 이제 '민주주의'라는 이름으로 반혁명을 지지했다. 사실, 그들은 한때 마르크스주의자이자 국제주의자였다. 1914년에는 '자국' 지배계급에 투항한 바 있다. 이제 그들은 이 결정적 시점에서 노동자 권력의 수립을 저지하기 위해, 사회주의적 미사여구와 1914년 이전까지 그들이 구체제에 반대했던 기간에 쌓아 놓은 대중의 신뢰를 이용해서 자본주의를 수호하는 가장 주된 지주支柱가 돼 있었다.

제3인터내셔널은 어떤 정강에 바탕을 두고 있었을까? 그것은 혁명적 국제주의와 노동계급이 사회를 지배하는 수단인 소비에트 체제라는 두 개의 기본 강령에 바탕을 두고 있었다.

1919년 대회의 주요 결의안은 다음과 같이 선언했다.

민주주의는 고대 그리스 공화정, 중세 도시 그리고 선진 자본주의 나라들에서 각각 다른 형태와 정도로 적용됐다. 소수의 착취자에게서 다수의 피착취자로 권력이 이양되는, 역사상 가장 심원한 혁명, 세계 최초로 권력이 소수 착취자에게서 다수 피착취자로 이양되는 사례가 철저한 변화 없이도, 새로운 형태의 민주주의와 민주주의를 적용하기 위한 새로운 조건들을 구체화하는 새로운 제도의 창출 없이도 옛 부르주아 의회 민주주의의 낡아 빠진 틀 안에서 일어날 수 있다는 생각은 완전히 어리석은 생각일 것이다.

소비에트인가 의회인가? 10월혁명 이후, 러시아 공산당은 농민 정당인 사회혁명당이 다수 의석을 차지하게 된 제헌의회를 해산하고 소비에트 권력을 지켰다. 11월혁명 이후, 독일 사회민주당은 자신들이 다수를 차지하고 있는 노동자 평의회와 병사 평의회를 해산하고 자신들이 소수인 국회를 수호했다.

이 두 경우에 헌정 형태 문제는 실제로는 계급 권력 문제였다. 러시아 공산당이 취한 행동은 노동자 국가를 창출한 반면, 독일 사회민주당이 취한 행동은 부르주아 국가인 바이마르공화국을 창출했다.

중간주의와 초좌파주의

최근에야 비로소 제2인터내셔널에 가입한 정당들과 조직들이 제3인터내셔널 가입을 신청하는 일이 갈수록 잦아지고 있다. 비록 그들이 진정으로 공산주의적이 되지는 않았지만 말이다. … 공산주의인터내셔널은 어느 정도 유행이 되고 있다. … 특정 상황에서 공산주의인터내셔널은 아직 제2인터내셔널 이데올로기와 결별하지 못한 채 왔다 갔다 하는, 우유부단한 조직들이 유입돼 희석될 위험에 직면하게 될 수도 있다.

1920년 7월에 레닌은 위와 같이 썼다. 진정으로 대중적인 혁명운동이 유럽에 존재한다는 1919년 코민테른 대회의 가정은 곧 올바름이 입증됐다.

1919년 9월 이탈리아 사회당 볼로냐 대회는 당 집행부의 권고를 받아들여 공산주의인터내셔널 가입을 압도적 다수의 지지로 결정했다. 노르웨이 노동당은 코민테른 가입을 확인했고 불가리아·유고슬라비아(옛 세르비아)·루마니아의 당들도 코민테른에 가입했다. 이들 중 처음 언급한 셋은 중요한 조직들이었다. 노르웨이 노동당은 영국 노동당과 마찬가지로 노동조합에 기반을 뒀고 노르웨이 좌파 가운데 단연 유력한 조직이었다. 그리고 불가리아 공산당은 처음부터 불가리아 노동계급 거의 전체의 지지를 받았다. 유고슬라비아 공산당은 새 국가 수립 이후 처음 (그리고 유일하게) 실시된 자유선거에서 국회의원 54명을 당선시켰다.

프랑스 사회당은 1918년과 1920년 사이에 당원이 갑절 이상으로 — 9만 명에서 20만 명으로 — 늘어났고, 급속히 좌경화해 모스크바에 친화적인 태도를 보였다. 독일 사회민주당의 기반을 잠식하면서 급속히 기반을 넓히고 있던 독일 독립사회민주당 지도부도 마찬가지였다. 스웨덴 사회민주당 좌파와 체코슬로바키아 사회민주당 좌파, 이들보다 작은 다른 나라 정당들(영국 독립노동당을 포함해)도 본질적으로 같은 길을 가고 있었다. 이 조직들은 평당원들의 압력 때문에 10월혁명에 대해 입발림 소리를 하면서 코민테른 가입 문제를 놓고 코민테른 지도부와 협상을 벌여야 했다.

그러나 이 당들은 혁명적 공산주의 조직이 아니었다. 그 당들의 전통은 말로만 혁명적이고 실천에서는 수동적인, 전쟁 전 사회민주주의였다. 그 당들은 통제권을 계속 장악하고 진정한 혁명 전략·전술의 채택을 저지하려고 책략을 쓰며 요리조리 곡예를 부리던 사람들이 지도했다.

이 당들의 대다수 당원들 없이 새로운 인터내셔널이 단기간에 유럽에서 결정적 영향력을 행사하기를 바랄 수 없었다. 중간주의적 지도자들과의 결별 없이 새로운 인터내셔널이 **혁명적** 영향력을 행사하기를 바랄 수 없었다. 인터내셔널에 이미 가입한 대중정당들의 경우에도 상황은 크게 다르지 않았다. 예를 들어, 이탈리아 사회당 지도부에는 중간주의자들과 심지어는 철저한 개혁주의자들도 일부 있었다.

중간주의에 대항하는 투쟁은 또 다른 요인 때문에 복잡해졌다. 많은 공산주의 조직들 내부에는 초좌파 조류가 강력히 존재했다. 그리고 이 조직들의 외부에는 제3인터내셔널에 가까이 다가왔으면서도 여전히 공산주의 정당의 필요성을 부정하는 신디컬리스트 노동조합 조직들이 일부 있었다. 이 커다란 세력들을 획득하고 통합하는 일은 어렵고 복잡한 작업이었다. 그러려면 몇몇 상이한 전선에서 투쟁이 필요했다.

코민테른 2차 대회의 결정들은 매우 중요했다. 어떤 의미에서는 2차 대회가 진짜 창립 대회였다. 2차 대회는 소비에트 러시아와 폴란드의 전쟁이 절정에 이르러 적군赤軍이 바르샤바 근처로 진격해 가고 있을 때 열렸다. 2차 대회 직전에 독일에서는 카프Kapp 쿠데타가 일어나 군부독재를 세우려 했으나 노동계급의 대중행동으로 격퇴당했다. 이탈리아에서는 공장점거가 막 시작되려 했다. 혁명적 낙관주의 정서는 다른 어느 때보다 강했다. 인터내셔널의 당시 의장인 지노비예프는 다음과 같이 선언했다. "본인은 공산주의인터내셔널 2차 세계대회가 다음 세계대회, 그러니까 소비에트 공화국들의 세계대회를 예비하는 대회임을 깊이 확신한다." 필요한 것은 단 하나, 운동을 승리로 이끌 진정한 대중적 공산당이었다. 2차 대회에서 트로츠키의 주된 공헌들 가운데 하나는 그런 당들의 **본질** 문제에 관한 것이었다.

트로츠키는 이것이 바로 문제의 핵심이라고 주장했다. 당이라는 생각을 당연한 것으로 여기는 중간주의자들보다 혁명적 신디컬리스트들이 **공산주의적 정당** 건설에 훨씬 더 근접해 있다는 것이다.* 신디컬리스트의 주장이 완전히 타당한 것은 아니었다. 무엇인가 거기에 첨가돼야 했다. "노동계급이 축적한 경험을 모두 집중시키는 … 일종의 자산 목록. 이것이 바로 우리가 당을 생각하는 방식입니다. 이것이 바로 우리가 우리의 인터내셔널을 생각하는 방식입니다."

인터내셔널이 주로 선전 조직일 수는 없었다. 트로츠키는 코민테른 집행위원회에서 한 연설에서 코민테른이 "대중의 뒤꽁무니를 쫓고

---

* 신디컬리즘이란 혁명적 노동조합이 정치투쟁을 수행하는 정당 없이도 자본주의를 전복할 수 있다는 개념에 기초한 정치 조류다.

있다"고 비난한 네덜란드의 초좌파 호르터르에 반대해 다음과 같이
선언했다.

호르터르 동지가 제안하는 바는 무엇입니까? 그는 무엇을 원합니까? 바
로 선전입니다! 이것이야말로 그의 방법 전체의 골자입니다. 호르터르 동
지는 혁명이 결핍이나 경제적 조건들이 아니라 대중의 의식에 달려 있는 것
이며 대중의 의식은 선전을 통해 형성된다고 말합니다. 여기에서 그는 선
전을 18세기의 계몽주의와 이성주의 철학파와 아주 흡사하게 순전히 관
념론적 방식으로 이해하고 있습니다. … 지금 당신이 원하는 바는 결국
선전을 통한 개별적 노동자 충원이라는 방법으로 인터내셔널의 역동적 발
전을 대체하려는 것과 본질적으로 같은 것입니다. 당신은 선민으로 이뤄
진 모종의 순수한 인터내셔널을 원하는 것입니다.

초창기 코민테른에 수동적인 선전가형의 초좌파주의만 있었던
것은 아니다. 1921년에 독일 공산당 지도부는 무력 정변의 경향을
띠고 있었다. 그해 3월 전국적 혁명 상황이 존재하지 않는 가운데(지
역적으로는 중부 독일 일부 지역에서 혁명 비슷한 상황이 존재했다)
공산당 지도부는 상황 전개 속도를 억지로 높이고자 당의 투사들이
진정한 대중운동을 **대신하도록** 했다[쿠데타에 기초한 정부 전복 기도를 말한
다]. 이 '3월 행동'의 결과는 심각한 패배였으며 당원 수도 약 35만 명
에서 15만 명으로 줄었다. 독일 공산당은 이 전술을 정당화하기 위
해 '공세 이론'이라는 것을 동원했다. 1921년 여름에 한 어느 연설에
서 트로츠키는 다음과 같이 지적했다.

이른바 공세 이론이라는 것이 주창됐습니다. 이 이론의 핵심은 무엇입니까? 이 이론의 요체는 우리가 자본주의 사회의 해체기, 다시 말해 부르주아지를 타도해야 하는 시기에 돌입했다는 것입니다. 부르주아지를 어떻게 타도해야 한다는 얘기일까요? 노동계급의 공세를 통해서라는 것입니다. 순전히 추상적인 형식으로 보자면 공세 이론은 의심할 여지 없이 올바른 것입니다. 그러나 일부 개인들은 이 이론적 자본을 그에 상응하는 가치의 소액환으로 바꾸려 했습니다. 그들은 이 공세가 연속되는 많은 소규모 공세로 이뤄진다고 선언했습니다. …

동지들, 그동안 우리는 노동계급 정치투쟁과 군사작전의 유사성을 너무 많이 강조해 왔습니다. 어느 정도까지는 그 유사성을 이야기할 수 있습니다. … 군사적 측면에서 우리도 독일어로 말하면 3월의 날들, 이탈리아어로 말하면 9월의 날들[이탈리아 사회당이 1920년 9월의 혁명적 위기를 이용하지 못한 것을 가리킨다]이 있었습니다. 부분적 패배 후에는 어떤 일이 일어납니까? 군사 기구의 일정한 탈구가 시작되고, 또한 휴지기에 대한 일정한 필요성, 방향 전환의 필요성 그리고 자신과 상대방의 힘에 대한 좀 더 정확한 평가가 제기됩니다. … 때때로 이 모든 것들은 전략적으로 후퇴하는 조건에서만 가능한 것이 됩니다. …

그러나 이것을 정확하게 이해하려면, 그리고 뒤로 물러서는 후퇴 시기에 통일된 전략 계획의 구성 요소를 파악하려면 특정한 경험이 필요합니다. 그러나 … 혁명적 의지를 더 확대시킴으로써 모든 것을 바꿀 수 있다는 가정에 바탕을 두고 순전히 추상적으로 생각하고 언제나 전진해야 한다고 고집한다면 그때 어떤 결과들을 얻게 될까요? 이탈리아의 9월 상황이나 독일의 3월 상황을 예로 들어 봅시다. 이 나라들의 상황은 새로운 공세를 통해서만 만회할 수 있다는 주장들을 우리는 듣습니다. … 이런 조건들 아래서 우리는 훨씬 더 크고 훨씬 더 위험한 패배를 당하게 될 것입니다. 안 됩니다, 동지들. 그 같은 패배를 당한 뒤에는 퇴각해야 마땅합니다.

공동전선

실제로 1921년 여름 코민테른 지도부는 좀 더 일반적인 의미에서 전략적 후퇴가 필요하다는 결정을 내렸다. 트로츠키가 써서 1921년 7월 코민테른 3차 대회에서 채택된 "세계 상황에 대한 테제"에서도 이와 동일한 생각이 표현됐다.

공산주의인터내셔널 2차 대회와 3차 대회 사이의 기간에 일련의 노동계급 반란과 투쟁[1920년 8월 적군의 바르샤바 진군, 1920년 9월 이탈리아 프롤레타리아의 운동, 1921년 3월 독일 노동자들의 봉기]이 일어나 부분적 패배로 끝났다. 전후 혁명운동의 제1기는 공격의 성격이 자생적이고, 목표와 방식이 매우 부정확하고 지배계급 속에서 극단적 공포를 자아냈다는 특징을 띠고 있는데, 이제는 그 시기가 본질적으로 끝난 듯하다. 부르주아지의 자신감과 그들의 국가기관들의 외부적 안정성은 명백히 강화됐다. … 부르주아지의 지도자들은 심지어 국가기구들의 권력을 자랑하고 있으며 모든 나라의 경제적 전선과 정치적 전선에서 노동자들에 대한 공세로 전환했다.

3차 대회 직후 코민테른 집행위원회는 각국 정당에 활동의 강조점을 공동전선에 두는 것으로 전환하라고 설득하기 시작했다. 1922년 초에 트로츠키는 이 방식의 핵심을 다음과 같이 아주 명확하게 요약했다.

공산당의 임무는 프롤레타리아 혁명을 지도하는 것이다. … 이를 이루려면 공산당은 노동계급의 압도적 다수에 기반을 둬야 한다. … 이를 이루려면 공산당은 명확한 강령과 엄격한 내부 규율을 갖춘 독립적 조직으로 반드시 남아 있어야만 한다. 바로 이 때문에 공산당은 개혁주의자들이나 중간주의자들과 이데올로기적으로 단절해야 했다. … 완전한 독립성과 당원들의 이데올로기적 동질성을 확실히 하고 나면, 공산당은 노동계급 다수에 대한 영향력을 획득하려고 투쟁한다. … 그러나 이런 혁명 준비기에도 프롤레타리아의 계급적 생명이 정지되지 않는다는 점은 아주 명백한 사실이다. 어느 한편이 기선을 잡든지 간에, 산업체 경영자들, 부르주아지, 국가권력과의 충돌은 불가피한 것이다. 이런 충돌이 노동계급 전체나 노동계급 다수 또는 노동계급의 이런저런 부문의 중대한 이해관계와 관련돼 있는 한 노동자 대중은 행동 통일의 필요성, 다시 말해 자본주의의 공격에 저항하기 위한, 또는 자본주의를 공격하기 위한 단결의 필요성을 느낀다. 행동 통일에 대한 노동계급의 이런 요구를 외면하는 당은 어디든 노동자들한테서 반드시 비난받을 것이다.

그러므로 공동전선 문제는 발단이든 내용이든 어느 모로 보나 공산당 의원단과 사회당 의원단 사이나 두 정당 중앙위원회들 사이의 호혜 관계 문제가 결코 아니다. … 공동전선 문제는 **노동계급에 기반을 둔 다양한 정치 조직들 사이의 분열이 이 시대에 불가피하지만 자본주의에 대항하는 투쟁에서 노동계급이 공동전선의 가능성을 확보하는 것이 절실히 필요하다는**

사실에서 비롯한다. 이 임무를 이해하지 못하는 사람들에게 당은 대중행동을 위한 조직이 아니라 고작 선전 단체일 뿐이다. … 따라서 전선의 통일은, 전투 진용을 갖춘 프롤레타리아의 중요한 부분의 의지를 오늘날에도 여전히 개혁주의 조직들이 표현하는 한, 어떤 한계 내에서 그리고 특정한 쟁점들을 놓고 개혁주의 조직들의 행동과 우리의 행동을 실천에서 기꺼이 상호 연결하려는 자세를 전제로 한다.

그럼에도 따지고 보면 우리는 그들과 결별하지 않았는가? 물론 그랬다. 노동계급 운동의 근본 문제들을 놓고 그들과 견해가 달랐기 때문이다. 그런데도 그들과 협력을 추구해야 하는가? 그렇다. 그들을 따르는 대중이 우리를 따르는 대중과 함께 공동 투쟁을 할 태세가 돼 있는 경우에는 언제나, 또 그 개혁주의자들이 어느 정도 불가피하게 이 투쟁의 도구가 되지 않으면 안 될 경우에는 말이다. …

물론 공동전선 정책을 추구한다고 해서 모든 경우에 실제로 행동 통일을 달성하게 되는 것은 아니다. 그와는 반대로, 많은 경우에, 심지어 대부분의 경우에 조직상의 합의는 아마도 절반만 이뤄지거나 어쩌면 전혀 이뤄지지 않을 것이다. 그러나 행동 통일이 달성되지 않는 이유가 우리의 형식주의적 비타협성 때문이 아니라 개혁주의자들에게 진정한 투쟁 의지가 없기 때문임을 확신할 수 있는 기회가 투쟁 대중에게 언제나 주어져야 한다.

공동전선을 주요 의제로 다뤘던 코민테른 4차 대회(1922년)는 레닌이 마지막으로 참석한 대회였으며 대회의 결정이 본질적으로 올바르다고 트로츠키가 인정한 마지막 대회였다.

1923년에는 한편으로 스탈린, 지노비예프, 카메네프의 삼두정치와 다른 한편으로 좌익반대파가 등장했다. 또 1923년에는 코민테른이 유럽에서 매우 심각한 패배를 두 차례 당했다. 그해 6월 불가리아 노동계급 거의 전체의 지지를 받는 대중정당인 불가리아 공산당은 농민당 정부에 대한 우익 쿠데타에 직면해서도 '중립적인', 더 정확히 말하면 완전히 수동적인 태도를 취했다. 그리고 부르주아 민주주의 체제가 붕괴되고 군사독재가 수립되고 인민대중의 사기가 저하되자, 불가리아 공산당은 정치적 준비를 조금치도 착실하게 하지 않은 채 갑자기 봉기[9월 22일]를 일으켰다. 봉기는 분쇄당했고 광기 어린 백색테러가 뒤따랐다. 독일에서는 프랑스가 루르 지방을 점령하고 천문학적 물가 인상 때문에 글자 그대로 화폐가치가 없어지자 심각한 경제·사회·정치 위기가 발생했다. "1923년 가을 독일 상황은 1919년 이후 그 어느 때보다 더 절망적이었다. 궁핍은 더욱 심각해지고 앞날에 대한 희망은 없어 보였다." 공산당이 작센에서 사회민주당과 연립정부를 수립하고 나서 10월에 봉기를 일으키기로 계획했지만 최후 순간에 취소했다(함부르크에서는 봉기를 취소한다는 소식을 제때 전달받지 못해 고립된 채 봉기를 일으켜 이틀 만에 분쇄당했다).

트로츠키는 역사적 기회를 놓쳤다고 믿었다. 이때부터 코민테른의 정책은 처음에는 소련 당내 투쟁에서 스탈린 분파가 요구하는 바에 따라 결정됐고, 그리고 나중에는 스탈린 정부의 대외 정책의 필요에 따라 결정됐다. 1924년 잠깐 동안 '좌경적' 동요를 한 후 코민테른은 1928년까지 우경화했고 그 뒤 1928~1934년에는 초좌파주의에 빠졌고 마침내 인민전선 기간(1935~1939년)에는 매우 우경화했다. 트로츠키는 이 국면들 각각을 분석하고 비판했다. 그가 비판한 것이 무엇인지 세 가지 예를 들어 설명하는 게 편리할 것이다.

영·소 노동조합위원회

트로츠키가 코민테른의 첫째 우경화 국면에 대해서 했던 가장 중요한 비판은 1926년 총파업 직전까지 그리고 그 파업 기간에 영국 공산당이 코민테른의 지령에 따라 실행한 정책이었다. 1926년 5월 총파업은 영국 역사의 결정적 전환점이었고 노동계급한테는 완전한 패배였다. 그것은 간간이 중단되긴 했으나 오랜 기간 이어져 온 노동계급 투쟁성을 끝냈고, 노골적으로 계급 협력적인 우파가 노동조합을 오래 지배하게 했고, 공산당이 쇠퇴하는 대신에 노동당의 개혁주의를 크게 강화하는 결과를 낳았다.

1924~1925년에 노동조합운동은 좌경화하고 있었다. 공산당의 영향을 받아 1924년에 "후퇴를 멈춰라"와 "노동조합으로 돌아가자"는 구호를 중심으로 구축되기 시작한 소수파 운동이 상당한 영향력을 얻고 있었다. 그와 동시에, 공식적 운동은 좌파 관료들의 영향을 받고 있었다. 그리고 1925년 봄부터 영국 노총TUC은 '영·소 공동 노동조합 자문위원회'를 통해 소련 노동조합연맹과 협력했다. 덕분에 노총 중앙집행위원들은 모종의 '혁명적' 후광을 입게 됐고 왼쪽의 비판자들에게 대항하는 커버[차폐물]를 얻게 됐다.

트로츠키가 제기한 비판의 요점은 이러했다. 모스크바의 강력한 권고에 따라 영국 공산당은 좌파 관료들에 대한 신뢰를 증진시키고 있다(공산당의 핵심 구호는 "모든 권력을 노총 중앙집행위원회로!"였다). 이들은 결정적 국면에서 운동을 배반할 것이 확실하다[물론 실제로 그랬다]. 올바른 방침은 '좌파 관료들'이 제공한 명분을 모두 이용하면서도 결코 그들에게 기대를 걸지 않고, 또는 그들에게 의지하라고 투사들을 부추기지 않으면서, 오히려 좌파 관료들의 배반을 예상하고 그것을 경고하고 그것에 대비하면서 현장조합원들 사이에서 독자적으로 운동을 구축하는 것이다.

트로츠키는 공산당이 독립적으로 활동하는 정책을 추구했더라면 파업을 반드시 승리로 이끌었을 것이라고는 주장하지 않았다.

자기 말이 어떻게 받아들여질지 아는 혁명가라면, 이런 노선을 따랐다면 승리가 보장됐을 것이라고 주장하지 않을 것이다. 그러나 이 길을 따라 나아가야만 승리가 가능했다. 이 길을 따라 나아가다 겪은 패배는 장차 승리로 나아갈 수 있는 길에서 겪는 패배였을 것이다.

그러나 이 길은,

공산주의인터내셔널의 관료들에게는 너무나 멀고 불확실한 듯했다. 그들은 [노조 지도자들인] 퍼셀, 힉스, 쿡 등에 대한 개인적 영향력을 이용해 … [이들을 ― 지은이] 점차 그리고 부지불식간에 … 공산주의인터내셔널로 … 끌어들일 수 있을 것이라고 생각했다. 그런 성공을 보장하려면 … 경애하는 친구들[퍼셀, 힉스, 쿡]을 난처하게 만들거나 화나게 하지 말아야 했다.

… 실제로 공산당을 소수파 운동에 예속시키려면 … 극단적 조치에 의존해야 했다. 대중은 모스크바가 보증한 퍼셀, 힉스, 쿡만을 이 운동의 지도자들로 알고 있었다. 이 '좌파적' 친구들은 결정적 시험에서 부끄럽게도 프롤레타리아를 배신했다. 혁명적 노동자들은 혼란에 빠졌고, 냉담해졌고, 공산당에도 자연스럽게 실망하고 말았다. 이 모든 배신과 배반의 메커니즘 전체에서 공산당은 단지 수동적 구실만을 했지만 말이다. 소수파 운동은 소멸했고 공산당은 다시 보잘것없는 종파로 전락했다.

'제3기'의 독일

코민테른 6차 세계대회(1928년 여름)에서 1924~1928년의 우경적 노선에 대한 격렬한 반작용이 시작됐다. 독특하게 관료적 성격을 띤 초좌파주의 노선이 각국의 상황을 고려하지도 않은 채 모든 곳의 공산당한테 강요됐다. 소련에서 막 실행된 1차 5개년계획과 강제 집산화를 반영하는 이 새로운 노선은 '혁명 투쟁이 고양되는' 시기라며 '제3기'를 선언했다. 실천에서 이것은 특히 독일에서 파시즘이 현실적 위험을 더해 가고 있을 때 사회민주주의자들을 주된 적으로 여기는 것을 뜻했다.

1929년에 열린 코민테른 집행위원회 10차 총회는 다음과 같이 선언했다.

제국주의의 모순이 증대하고 계급투쟁이 첨예해지는 이 상황에서 파시즘은 점점 더 유력한 부르주아 지배 방식이 되고 있다. 강력한 사회민주당이 존재하는 나라들에서 파시즘은 사회파시즘이라는 특정 형태를 띤다. 사회파시즘은 파시스트 독재 체제에 대항하는 투쟁에서 대중의 활동을 마비시키기 위한 도구로서 부르주아지에게 점점 더 많이 봉사한다.

그리하여 당시까지 이해되던 바의 공동전선 정책은 폐기돼야 했다. 대중적 사회민주당과 그 당이 통제하는 노동조합들을 파시스트들에 대항하는 공동전선에 참여시키려 애써서는 안 됐다. 사회민주당 자체가 사회파시스트들이었으니 말이다. 트로츠키는 1929년부터 1933년의 파국[히틀러의 총리 취임과 뒤이은 혹심한 탄압을 말한다]까지 매우 긴급하게 그리고 매우 필사적으로 이런 범죄적 어리석음에 반대하는 글을 쓰고 주장을 폈다.

그 저작들 전체를 관통하는 중심 주제는 "파시즘에 대항하는 노동자 공동전선"의 필요성이었다. 그러나 그의 저작들은 이것 이상의 내용을 담고 있었다. 트로츠키는 독일의 스탈린 추종자들이 옹호할 수 없는 것을 옹호하려고 내놓은 짜증 나는 주장들을 상세히 파헤쳐야만 했다. 그러므로 이 시기 그의 저작들은 엄청나게 광범한 사이비 마르크스주의적 주장들을 끄집어내서 그것들을 논박하는 동시에, '프롤레타리아 전략의 최고 표현'을 비범하게 명확히 설명했다. 그의 저작들 가운데 일부만을 여기서 인용해 보겠다.

지금 코민테른의 공식 신문은 독일 선거[1930년 9월] 결과를 공산주의의 대대적 승리로 묘사하고 있다. 그리고 그 승리는 소비에트 독일이라는 구호를 당면한 일정에 올려놨다고 한다. 관료 낙관론자들은 선거 통계가 보여 주는 세력 관계의 의미를 숙고하고 싶어 하지 않는다. 그들은 상황이 제기하는 혁명적 과제들과 난관들을 고려하지 않고 공산당 득표수를 따진다. 공산당은 1928년에 330만 표를 얻은 것과는 대조적으로 대략 460만 표를 얻었다. '정상적' 의회 기구의 관점에서 본다면 투표자가 늘었음을 감안하더라도 130만 표를 더 얻었다는 것은 상당한 것이다. 그러나 공산당의 득표는 파시즘이 80만 표에서 640만 표를 얻는 약진을 기록한 것에 비하면 새 발의 피다. 그 못지않게 중요한 사실은 사회민주당이 득표수가 상당히 감소했는데도 간부 당원들을 유지했고 여전히 공산당보다 훨씬 더 많은 노동자 표를 얻었다는 점이다.

한편, 국제적 상황과 국내적 상황이 어떤 식으로 결합되면 노동계급이 좀 더 빠르게 공산주의로 돌아설 수 있는지 자문해 본다면, 그런 변화를 일으키기에 현재 독일의 상황보다 더 유리한 사례는 찾아볼 수 없을 것이다. … 경제는 위기에 처해 있고, 지배자들은 해체 상태이며, 의회 제도는 위기에 처해 있고, 권력을 장악한 사회민주주의는 자신의 본질을 더할 나위 없이 적나라하게 보여 주고 있다. 이 구체적인 역사적 상황이라는 관점에서 본다면, [1928년 선거에 비해] 130만 표를 더 얻었지만 독일의 사회생활에서 독일 공산당이 차지하는 비중은 여전히 작다. …

사회적 위기가 프롤레타리아 혁명을 일으키려면 다른 조건들 말고도 프티부르주아 계급이 프롤레타리아 편으로 결정적으로 돌아서는 일이 필요하다. 이것은 프롤레타리아가 국민의 선두에 지도자로 설 수 있는 기회가 될 것이다. 지난 선거는 이와 반대 방향의 변화가 일어났다는 것을 보여 줬다. 이것은 지난 선거가 어떤 의미를 갖고 있는가 하는 것을 보여 주는 가장 중요한 징후다. 위기의 영향으로 프티부르주아지는 프롤레타리아 혁명의 방향이 아니라 상당 부분의 프롤레타리아를 이끌고 극단적이기 이를 데 없는 제국주의적 반동의 방향으로 나아갔다.

국가사회당[나치즘]의 막대한 성장은 다음 두 요인들 덕분이다. 즉, 프티부르주아 대중을 [자본가와 노동자 가운데] 어느 한편으로 기울게 하는 심각한 사회적 위기의 존재와 혁명적 정당의 부재가 그것이다. 오늘날 인민 대중한테서 공인된 혁명적 지도자로 인정받는 혁명적 정당은 없다. 공산당이 혁명적 희망의 당이라면, 대중운동인 파시즘은 반혁명적 절망의 당이다. 혁명적 희망이 전체 프롤레타리아 대중을 사로잡을 경우, 그것은 반드시 상당히 많은 그리고 점점 더 많은 프티부르주아지를 혁명의 길로 이끌고 나아갈 것이다. 바로 이런 면에서 선거는 반대의 그림을 보여 줬다. 즉, 반혁명적 절망이 프티부르주아 대중을 강력하게 사로잡았기 때문에 프티부르주아지가 적잖은 프롤레타리아를 이끌고 나아갈 수 있었던 것이다. …

독일에서 파시즘은 진정한 위험이 돼 있다. 이것은 부르주아 체제의 가망 없는 처지, 그 체제 안에서 사회민주당이 하는 보수적 구실, 그리고 공산당이 그 체제를 폐지하지 못하는 무기력이 누적돼 왔음을 극명하게 나타내는 것이다. 이것을 부정하는 사람은 눈뜬장님이거나 허풍쟁이일 것이다.

상황을 호전시키려면 무엇보다도 공산당을 아무짝에도 소용없는 초급진주의에서 벗어나게 하는 것이 필요하다고 트로츠키는 주장했다. "관료적 비타협주의" 정책["노동계급을 설득하지 못하자 강간하려는 시도"]은 공동전선 정책에 바탕을 둔 능동적 전술로 대체돼야만 했다.

대다수 독일 노동계급을 별안간 공세로 전환시키는 것은 어려운 과제다. 1919년, 1921년, 1923년의 패배들 그리고 '제3기' 모험들의 결과로, 가뜩이나 강력한 보수적 조직들에 매인 독일 노동자들은 강력한 억제 작용을 하는 구심들을 발전시켰다. 그러나 다른 한편으로, 지금까지 파시즘이 조직노동자들에게 침투하는 것을 거의 전적으로 저지한, 독일 노동자들의 조직상 연대는 방어적 투쟁의 가능성을 더할 나위 없이 활짝 열어 놓고 있다. 공동전선 정책은 일반으로 공세보다는 방어에 훨씬 더 효과적임을 명심해야 한다. 더 보수적이거나 후진적인 부문은 새로운 성과물들보다는 자신들이 이미 갖고 있는 것을 지키기 위한 투쟁으로 더 쉽게 이끌린다.

스탈린주의자들은 갖가지 궤변들을 동원해 이 문제를 올바르게 인식하지 못하게 만들었고, 한때는 코민테른의 정책이었던 것[1921~1922년의 공동전선 정책을 말한다]을 '반혁명적 트로츠키주의'라고 얘기했다. 그들은 공동전선이 오직 '아래로부터만' 건설될 수 있다고 주장했다. 다시 말해, 그들은 사회민주당과 조직상으로 단결하는 것을 배제한 채, 사회민주당원들을 개별적으로 "적색 공동전선"에 참여시키겠다는 것이다. 그것도 공산당의 지도를 인정하는 경우에만 말이다.

시간이 갈수록 스탈린주의자들은 치명적 환상 — "히틀러 다음에는 우리 차례다"라는 말로 요약되는 — 을 고무했다. 이것은 트로츠키가 거듭해서 강조했듯이 급진적 미사여구로써 수동성과 무기력을 감춘 전망이었다.

공산당은 치명적인 노선을 고집했다. 히틀러는 권력을 장악했다. 노동자 운동은 분쇄당했다.

인민전선과 스페인 혁명

히틀러의 승리에 위협을 느낀 소련 지배자들은 당시 여전히 지배적 위치를 차지하던 서구 열강들인 영국, 프랑스와 군사적 동맹을 맺음으로써 '보험'을 들려 했다. 이제 스탈린 대외 정책의 보조자가 돼 버린 코민테른은 그의 지령대로 급속히 우경화했다. 1935년에 열린 코민테른 7차 대회(마지막 대회이기도 했다)는 혁명이 분명 일정에 올라 있지 않다는 공개적 시위였다. 7차 대회는 "평화를 지키고 전쟁의 위협에 대항하기 위한 통일된 인민전선"을 요구했다. "평화 보존에 관심을 둔 사람들을 모두 이 공동전선에 끌어들여야 한다."

1918년의 승자들인 프랑스와 영국의 지배계급이 새로운 노선의 적용 대상으로서 평화 보존에 관심을 둔 사람들에 포함됐다. 1936년 5월 코민테른 집행위원회는 다음과 같이 선언했다.

오늘날의 상황은 1914년과 다르다. 현재 노동계급과 농민과 근로 민중뿐 아니라 피억압 국가들 그리고 전쟁 때문에 독립이 위협받는 약소국들도 역시 평화를 유지하기로 결의하고 있다. … 현재 국면에서 많은 자본주의 국가들도 역시 평화 유지에 관심을 두고 있다. 그래서 제국주의 전쟁의 위험에 맞서 노동계급과 모든 근로 민중 그리고 세계의 모든 국민들을 아우르는 광범한 전선을 창출할 가능성이 존재한다.

물론, 그런 '전선'은 부득이 제국주의의 현상現狀을 방어하는 것이었다. 이 사실을 감추려고 개혁주의적 미사여구를 한껏 사용해야 했다. 그런 언사들은 한동안 상당한 성공을 거뒀다.

첫 번째 국면에서 단결에 대한 대중의 염원은 공산당한테 막대한 이익을 가져다줬다. 프랑스 공산당의 당원 수는 1934년 3만 명에서 1936년 말에 15만 명으로 증가했고 공산주의청년동맹의 회원 수도 10만 명이나 됐다. 스페인 공산당의 당원 수는 '제3기' 말(1934년)에 1000명을 밑도는 수준이었으나 1936년 2월에 3만 5000명으로 늘어났고 1937년 7월에는 11만 7000명으로 늘어났다. 새로 입당한 당원들은 트로츠키주의자들이 정말로 파시스트의 공작원이라는 흑색선전에 미혹돼 왼쪽에서 하는 비판에 귀를 기울일 수 없었다.

1935년 5월 프랑스·소련 협약이 체결됐다. 7월경에 프랑스 공산당과 사회당은 프랑스 부르주아 민주주의의 중추 정당인 급진당과 협정을 맺었고, 그리하여 1936년 4월에 이 세 정당들의 '인민전선'이 '집단 안보'와 개혁을 골자로 한 강령을 내걸고 총선에서 승리를 거뒀다. 공산당은 "강하고 자유롭고 행복한 프랑스를 위해"라는 구호를 내걸고 선거운동을 벌여 72석을 획득했고, 그리하여 사회당의 지도자이자 인민전선 정부의 총리인 레옹 블룸이 이끄는 의회 다수파의 핵심 부분이 됐다. 프랑스 공산당 사무총장 모리스 토레즈는 다음과 같이 주장할 수 있었다. "우리는 우리의 적들로부터 그들이 우리에게서 훔쳐 가 짓밟은 것을 과감하게 빼앗아 왔다. 우리는 라마르세예즈[프랑스 국가國歌]와 삼색기[프랑스 국기]를 되찾았다."

좌파가 선거에서 승리한 뒤에 대규모 파업과 점거 농성의 물결 — 1936년 6월에 노동자들 600만 명이 파업에 참가했다 — 이 일자, 전에 '혁명적 투쟁의 고양'을 옹호했던 사람들[공산당]이 공장점거 운동을 협소한 한계 내에 억제하고 '마티뇽 협약'에서 합의된 양보 조처들 (주요한 것으로는 주당 40시간 노동과 유급휴가)을 받아들이게 함으로써 운동을 끝내려고 애썼다. 그해 말에 공산당은 이제 사회민주주의자 동맹의 오른쪽에 서서 '인민전선'을 '프랑스인의 전선'으로 확대하자고 요구하고 있었다. 민족주의적 근거에서 독일에 강력히 반대하는 일부 우파 보수 세력을 통합하자는 것이었다.

프랑스와의 동맹이 스탈린의 대외 정책에서 가장 중요했기 때문에 프랑스 공산당이 이런 정책들을 선구적으로 추진해 나갔다. 그런데 코민테른 전체가 그런 정책들을 급속하게 채택했다. 1936년 7월 프랑코의 권력 장악 기도에 대응해 스페인 혁명이 분출했을 때, 스페인 공산당은 2월 선거에서 승리해 권력을 장악한 스페인 인민전선의 일부로서 전력을 기울여 운동을 '민주주의'의 틀 안에 가둬 두려 애썼다. 소련의 외교 활동과 사회민주주의자들의 도움으로 그런 노력은 성공했다. 스페인 공산당 일간지 편집자 헤수스 에르난데스는 다음과 같이 선언했다.

지금의 노동자 운동이 내전 종식 뒤 프롤레타리아 독재 수립을 목표로 삼는다는 것은 절대로 잘못된 것이다. … 우리 공산주의자들은 이런 가정을 최초로 부정한 사람들이다. 우리는 오직 민주공화국을 수호하고자 하는 염원 때문에 투쟁하고 있는 것이다.

스페인 공산당과 그들의 부르주아 동맹들은 이런 노선을 따라 공화국 정부의 정책을 점점 더 우파적 방향으로 밀고 나갔다. 오랫동안 지속된 내전 과정에서 공산당은 자신보다 좌파적인 정당인 마르크스주의통일노동자당POUM[이하 POUM]을 맨 먼저 정부에서 축출했다. 트로츠키는 POUM이 인민전선에 참여할 때부터 혹독하게 비판했다. POUM은 인민전선에 참여한 결과 정치적으로 무장해제를 당하고 공산당한테 '좌파적' 커버를 제공하게 됐다. 공산당은 POUM을 쫓아낸 다음 스페인 사회당 내 좌파 지도자들을 축출했다.

"공화국 질서를 수호하면서 재산을 보호하는 것"은 공화국 스페인에서 좌파에 대항한 공포정치를 불렀다. 그리고 트로츠키가 경고한 대로 이 덕분에 프랑코가 승리할 수 있었다. 1937년 12월에 트로츠키는 다음과 같이 썼다.

스페인 프롤레타리아는 일급의 군사적 자질을 갖추고 있음을 보여 줬다. 스페인의 경제생활에서 차지하는 고유한 비중에서, 또 정치와 문화 수준에서 스페인 프롤레타리아는 혁명 첫날부터 1917년 초의 러시아 프롤레타리아보다 한 수 아래가 아니라 한 수 위에 있었다. 승리로 나아가는 길에서 주로 프롤레타리아 자신의 조직들이 프롤레타리아의 전진을 가로막았다. 지령을 내리는 스탈린주의자 도당들은 자신들의 반혁명적 구실에 어울리게 고용주, 출세주의자, 탈계급화한 인자들, 그리고 일반으로 갖가지 사회적 쓰레기들로 이뤄져 있었다. 다른 노동자 조직들의 대표자들 — 구제 불능의 개혁주의자들, 아나키스트 공론가들, 마르크스주의통일노동자당의 가망 없는 중간주의자들 — 은 투덜거리고, 끙끙거리고, 우왕좌왕하고, 책략을 부리다가 결국에는 스탈린주의자들에게 순응했다. 그들이 공동 활동을 한 결과, 사회혁명 진영 — 노동자와 농민 — 은 부르주아지에게, 더 정확히 말하면 부르주아지의 그늘에 묻혀 버렸다. 혁명 진영은 몰락했고 혁명성도 잃어버렸다.

대중의 영웅적 투쟁이나 개별 혁명가들의 영웅적 행동이 없었던 것은 아니다. 그러나 대중은 자신들의 힘에만 의존해야 했던 한편, 혁명가들은 강령이나 행동 계획도 없이 분산돼 있었다. '공화국' 군대의 지휘관들은 군사적 승리를 이룩하는 것보다는 사회혁명을 분쇄하는 것에 더 많은 관심을 기울였다. 병사들은 더는 지휘관들을 신뢰하지 않았고, 대중은 정부를 믿지 않았다. 농민들은 한편으로 비켜섰고 노동자들은 기진맥진해져서 패배에 패배를 거듭해 갈수록 사기가 저하했다. 이 모든 것은 내전의 초기부터 예상할 수 있는 것이었다. 자본주의 체제 구출을 과제로 설정함으로써 인민전선은 군사적 패배를 자초했다. 볼셰비즘을 거꾸로 세움으로써 스탈린은 혁명의 무덤을 파는 자 노릇을 완전히 성공적으로 했다.

이런 중대한 문제들과 관련한 전략·전술에 대해 트로츠키가 쓴 저작들은 진정한 보고寶庫다. 아무런 과장을 하지 않고 말하건대, 1923년 이래 어느 누구도 트로츠키 저작들의 명석함과 심오함에 견줄 만한 저작을 쓰지 못했다. 그 저작들은 오늘날의 혁명가들에게 정말로 필수적이고 불가결한 것이다.

8장 호황, 불황, 파업의 상호작용

레온 트로츠키

1. 경제 위기, 호황, 혁명

경제 호황과 위기 그리고 혁명의 발전 사이의 상호 관계는 이론뿐 아니라 무엇보다 실천 면에서 매우 흥미로운 주제다. 마르크스와 엥겔스가 호황이 절정에 이른 1851년에 쓴 글에서 1848년 혁명이 끝났거나 적어도 다음번 경제 위기 때까지는 중단됐음을 알아야 한다고 말한 것을 기억할 것이다. 엥겔스는 1847년의 경제 위기는 혁명의 어

이 장은 트로츠키의 글 셋을 묶은 것이다. 첫째 글 "경제 위기, 호황, 혁명"은 트로츠키가 1921년 6월 23일 코민테른 3차 대회에서 발표한 "세계경제 위기와 코민테른의 새로운 과제에 대한 보고서"를 원용한 것이다. 둘째 글은 트로츠키가 1921년 말 〈프라우다〉에 기고한 "밀물: 경제적 국면 전환과 세계 노동운동" 1부의 발췌문과 2·3부의 전문이다. 셋째 글은 트로츠키가 1932년 여름에 독일을 주제로 쓴 유명한 소책자 《유일한 길》에서 경제와 노동자 투쟁의 관계를 다룬 부분을 발췌한 것이다.

머니였지만 1849~1851년의 호황은 반혁명 성공의 어머니였다고 썼다. 그렇지만 이 견해를 두고 경제 위기는 틀림없이 혁명적 행동을 낳는 반면 호황은 노동계급을 유순하게 만들고야 만다는 뜻으로 해석하는 것은 매우 일면적이고 완전히 잘못된 일이다. 1848년 혁명은 경제 위기가 낳은 것이 아니었다. 경제 위기는 최후의 자극제였을 뿐이다. 본질적으로 1848년 혁명은 자본주의 발전의 필요와 반†봉건적 사회·국가 체제의 족쇄 사이에 생긴 모순에서 비롯했다. 1848년 혁명은 갈팡질팡한 미완의 혁명이었음에도 길드와 농노제의 유산을 일소해 자본주의 발전의 틀을 확장했다. 이런 조건들 속에서, 그리고 이런 조건들 속에서만 1851년의 호황은 1873년까지 지속된 자본주의 번영기의 출발점일 수 있었다.

엥겔스를 인용할 때 이런 기초 사실들을 간과하는 것은 대단히 위험하다. 마르크스와 엥겔스가 사태를 관찰한 결과, 보통의 평탄한 시기가 시작된 게 아니라 1848년 혁명이 일군 토양에서 자본주의

첫째 글은 트로츠키의 *The First Five Years of the Communist International*, Vol 1, New Park Publications, 1973에 실려 있다. 둘째 글은 같은 책 Vol 2에 실려 있다. 셋째 글은 *International Socialism* 38/39, August/September 1969에 수록돼 있다.
트로츠키는 경제 상황과 산업 투쟁 수준 사이의 비교적 복잡한 관계를 설득력 있게 분석했다. 그럼에도 이 주제를 다룬 그의 저작들은 거의 알려져 있지 않다.
1920~1930년대와 오늘날은 중요한 차이가 있다. 트로츠키가 이 장 첫째·둘째 글의 서두에 언급하는 제한적 경기회복이 현재는 아직 뚜렷하지 않다. 또 셋째 글의 배경이 되는 상황과 달리 오늘날 사회주의자들과 노동조합원들이 거리에서 나치의 공격을 받는 일은 서구에도 그리 확연하지 않고 한국에는 아예 없다. 훨씬 중요한 차이도 있다. 현재 혁명적 사회주의 조직들은 1920년대의 공산당들에 견줄 수 없을 정도로 작다. 따라서 트로츠키가 권고한 행동을 오늘날 상황에 바로 적용할 수는 없다.
그럼에도 트로츠키의 글에 포함돼 있는 경제 상태와 노동자 투쟁의 관계 분석은 오늘날 상황에도 적절성이 있고, 많은 영감을 줄 수 있다.

가 질풍노도처럼 성장하는 시기가 시작된 때는 정확히 1850년 이후였기 때문이다. 이 점은 매우 중요하다. 위기는 파괴력이 약하고 금방 끝나지만 번영과 호황은 아주 확고했던 자본주의의 폭발적 성장기, 바로 이 질풍노도의 시기가 [지금은] 혁명으로 종료됐다. 여기서 쟁점은 경기 호전이 가능하냐가 아니라, 경기 변동이 상승 추세에 있냐 하락 추세에 있냐는 것이다. 이 문제가 다른 무엇보다 중요하다.

1919~1920년의 경기 반등이 [1851년의 호황과] 똑같은 효과를 내리라고 기대할 수 있을까? 결코 그럴 일은 없다. 지금은 자본주의 발전의 틀이 확장되고 있지 않다. 이 말은 상공업의 새로운 반등이 앞으로는, 심지어 가까운 앞날에도 불가능하다는 뜻일까? 결코 그렇지 않다! 나는 자본주의가 죽지 않는 한 인간이 숨을 들이마시고 내쉬듯이 호황과 불황을 오갈 것임을 이미 지적한 바 있다. 하지만 우리가 이제 막 진입한 이 시기, 즉 전쟁이 낳은 고갈과 파괴가 우리에게 앙갚음하고 하향 평준화가 벌어지는 시기의 경기 반등은 겉보기에만 회복인 데다가 주로 투기적 성격의 것일 뿐인 반면, 위기는 점점 더 장기화하고 심화할 것이다.

중서부 유럽에서는 역사적 사태 전개가 프롤레타리아 독재의 승리로 이어지지 않았다. 하지만 이를 보며 개혁주의자들처럼 자본주의 세계의 경제적 균형이 알게 모르게 회복됐다고 결론짓는 것은 극도로 뻔뻔한 동시에 어리석은 거짓이다. 심지어 가장 우둔한 반동분자들(예를 들어 독일의 회치 교수처럼 개중에 사고할 줄 아는 자들)조차 그렇게 주장하지 않는다. 1920년 한 해를 평가하며 회치는 사실상 혁명이 승리한 것도 자본주의 세계경제가 회복된 것도 아니라고 말한다. 그저 불안정하고 극히 일시적인 균형 상태일 뿐이라는 것이다. 프랑스의 샤베뇽이란 사람은 다음과 같이 말한다. "프랑스에서 우리는 국가 재정, 통화 인플레, 공공연한 파산 때문에 자본주의 경제가 더욱더 황폐해질 가능성만을 목격하고 있다." 나는 이 말이 무슨 뜻인지를 보여 주려고 앞서 애쓴 적이 있다. 또 자본주의 세계가 지금껏 겪지 못한 가장 첨예한 위기를 맞고 있음을 설명한 바 있다. 3~4주 전 친자본주의 언론은 경제 상황이 호전돼 번영의 시대가 도래할 것이라고 호들갑을 떨었다. 하지만 이 봄바람은 때 이른 것임이 이미 분명해졌다. 예컨대 금융 상황이 약간 나아졌지만 이전 수준에는 미치지 못한다. 시장가격이 하락했지만 무역이 회생한 것은 아니다. 주식시장은 교착상태에 있다. 생산의 퇴보는 계속되고 있다. 미국에서 금속업은 이제 3분의 1만 가동되고 있다. 영국에서는 마지막 용광로까지 가동을 멈췄다. 이는 생산 축소가 지속되고 있음을 보여 준다.

물론 이런 하향 추세가 일정한 속도로 끝없이 이어지지는 않을 것이다. 그럴 일은 절대로 없다. 자본주의라는 유기체가 숨 돌릴 틈은 반드시 찾아온다. 하지만 자본주의라는 유기체가 신선한 공기를 조금 들이마시고 사태가 개선되는 상황이 생기더라도, 그것이 번영으로 나아가리라고 결론 내리는 것은 여전히 성급한 일이다. 새 국면이 시작되면서 자본주의는 근본적 빈곤과 과잉 생산된 가상의 부 사이에 있는 모순을 제거하려 힘쓸 테지만, 그 후에는 경제적 유기체의 발작이 계속될 것이다. 지금까지 말했듯이, 이 모든 것은 심각한 경제 불황을 묘사한다.

이런 경제 불황의 토대 위에서 부르주아지는 노동계급을 갈수록 강하게 압박할 수밖에 없을 것이다. 이런 일은 임금 삭감이 미국과 영국(완전한 자본주의 국가들)에서 시작해 유럽 전역으로 확산하는 것에서 이미 드러났다. 이는 임금을 둘러싼 거대한 투쟁을 낳을 것이다. 우리의 과제는 경제 상황에 대한 명확한 이해를 토대로 이런 투쟁을 확산시키는 것이다. 이것은 더없이 명백하다. 임금을 둘러싼 위대한 투쟁의 고전적 본보기는 영국 광원 파업인데, 이런 투쟁이 필연적으로 세계혁명으로, 최종적 내전으로, 정치권력을 장악하는 투쟁으로 이어지겠느냐고 물을 수도 있다. 하지만 그런 식으로 묻는 것은 마르크스주의와 거리가 멀다. 우리는 사태가 자동으로 그렇게 전개되리라고 장담할 수 없다. 그런데 위기 뒤에 경기가 잠깐 호전되면, 이것은 사태 전개에 어떤 영향을 끼칠까? 많은 동지들은 지금 시기에 경기가 호전되면 혁명에 치명적 악영향을 줄 것이라고 말한다. 그러나 절대 그렇게 되지는 않을 것이다. 일반적으로 말해, 프롤레타리아 혁명운동은 경제 위기 때마다 자동적으로 일어나는 일이 아니다. 변증법적 상호작용이 있을 뿐이다. 이를 이해하는 것이 사활적으로 중요하다.

러시아에서 그 관계를 살펴보자. 1905년 혁명은 패배했다. 노동자들은 크나큰 희생을 치렀다. 1906년과 1907년에 혁명의 마지막 불꽃이 타올랐고, 1907년 가을쯤 거대한 세계경제 위기가 터졌다. 그 신호는 월가의 '검은 금요일'이었다. 1907년, 1908년, 1909년 내내 매우 혹독한 경제 위기가 러시아까지 강타했다. 이 경제 위기는 운동을 말살했다. 노동자들이 전에 투쟁하는 동안 너무나 큰 고통을 겪은 나머지 이 불황으로 낙담하기만 했기 때문이다. 혁명을 낳는 것은 무엇이냐, 즉 경제 위기냐 경기 호전이냐는 문제를 두고 우리는 숱하게 논쟁을 벌였다.

그때 우리 가운데 많은 이들은 러시아 혁명운동이 경제가 괜찮아지는 국면에서만 재건될 수 있다고 봤다. 그것은 현실이 됐다. 1910년, 1911년, 1912년에 러시아 경제 상황이 호전되며 경기가 괜찮아지자, 사기가 저하돼 활력을 잃었던 노동자들이 용기를 내 다시 결집했다. 노동자들은 자신이 생산과정에서 얼마나 중요한 존재인지를 다시 자각했고, 처음에는 경제 영역에서 나중에는 정치 영역에서도 공세를 퍼붓게 됐다. 호황기 덕분에 단단히 기운을 차린 러시아 노동계급은 제1차세계대전 직전에는 직접적 공격으로 넘어갈 수 있었다. 경제 위기와 거듭되는 투쟁으로 노동계급이 극도로 기진맥진한 데다 이길 수 있는 투쟁에서도 승리를 거두지 못하는 오늘날 우리의 조건을 보면, 경기가 호전돼 노동자들의 생활수준이 올라가는 것은 혁명에 해악적이기보다는 반대로 매우 좋은 효과를 낼 것이다. 그런 경기 호전은 장기적 번영기의 시작점일 경우에만 [혁명에] 해로운 결과를 낳을 것이다. 하지만 장기적 번영기는 시장 확대를 이뤘다는 것을 뜻할 텐데, 지금은 전혀 그렇지 않다. 무엇보다 자본주의 경제는 이제 지구 전체를 아우르고 있다. 유럽에서 빈곤이 확산되고 미국에서 거대한 전쟁 시장이 화려하게 부흥하고 있으므로, 중국·시베리아·남아메리카 등지의 자본주의 발전이 그런 번영기를 되살릴 수 없다는 결론은 확실해진다. 물론 이 지역들에서 미국 자본주의가 수출 시장을 찾거나 만들고 있지만, 그 규모는 유럽에 비할 바가 아니다. 즉, 우리는 반론의 여지 없이 불황기 전야 속에 있다.

이런 전망에 비춰 보면, 경제 위기 완화는 혁명에 치명타를 가하지 않을 것이다. 오히려 노동계급에게 숨 쉴 틈을 줄 것이고, 그러는 동안 노동계급은 더 확고한 발판 위에서 머잖아 공세로 나아가기 위해 전열을 가다듬을 수 있을 것이다. 이것은 여러 가능성 중 하나다. 또다른 가능성도 있다. 급성 경제 위기가 만성 경제 위기로 바뀌면서 위기가 더 깊어지고 한동안 지속되는 것이다. 둘은 모두 실현 가능한 일이다. 이런 상황에서는 노동계급이 자신의 마지막 남은 세력을 모으고, (경험으로 배워서) 가장 중요한 자본주의 나라들의 국가권력을 장악할 가능성도 열려 있다. 하나 확실한 건, 앞으로 몇 년 동안 자본주의가 새로운 토대와 경기 호전 속에서 균형을 회복하는 일이 자동으로 일어날 리는 없다는 것이다. 오늘날의 경제 정체라는 조건에서 그런 일은 절대 생겨날 수 없다.

2. 밀물: 경제적 국면 전환과 세계 노동운동

I

1920년의 상공업 위기는 봄여름에 터져 나왔다. 앞서 말했듯이, 그때 이미 노동계급 내에서 정치적·심리적 반발이 시작됐다. 위기 탓에 상당히 많은 노동자들이 불만을 갈수록 크게 느낄 수밖에 없었고, 여기저기서 그 불만이 격렬하게 표출됐다. 하지만 1919년의 공세가 실패하고 그 결과 [운동의] 분화가 일어난 뒤에 찾아온 경제 위기는, 그 자체로는 더는 운동에 필요한 단결을 부활시킬 수도, 운동의 성격을 새롭고 더욱 결연한 혁명적 공세로 전환시킬 수도 없었다. 이런 상황은, 경제 위기가 노동운동 과정에 미치는 영향이 (몇몇 사고가 단순한 사람들의 추측과 달리) 그렇게 일방적이지는 않다는 우리의 판단을 뒷받침해 준다. 경제 위기의 정치적 효과(위기의 영향력 정도뿐 아니라 그 방향)는 기존의 전반적 정치 상황에 따라, 위기에 선행하거나 동반되는 사건들 가운데 특히 위기에 앞선 전투에서 노동계급이 승리했느냐 패배했느냐에 따라 결정된다. 경제 위기는 어떤 조건에서는 노동 대중이 혁명적 활동에 나서도록 강력한 자극을 줄 수 있다. 다른 조건에서는 프롤레타리아의 공세를 완전히 마비시킬 수도 있다. 이럴 때 경제 위기가 너무 오래 지속되고 그 손실로 노동자들의 고충이 매우 커진다면, 노동계급의 공격 능력뿐 아니라 방어 능력도 극도로 약해질 수 있다.

II

오늘날 경제적 국면이 전환될 조짐이 있다는 것은 부정할 수 없는 사실이다. 현재의 위기가 [자본주의] 쇠퇴의 최종 위기라거나, 혁명적 시대를 향한 길을 닦고 있다거나, 프롤레타리아의 승리로만 끝날 수 있다거나 하는 주장이 흔하다. 이런 진부한 주장들은 경제적 사태 전개에 대한 구체적 분석과 거기서 도출되는 온갖 전술적 결론을 대신할 수 없음이 분명하다. 앞서 지적했듯이, 세계경제 위기는 사실올[1921년] 5월에 중단됐다. 경제 사정이 호전될 징후는 소비재 산업에서 먼저 나타났다. 그러자 곧 중공업에서도 그 징후가 나타났다. 오늘날 이런 징후들은 엄연한 사실이며 통계자료에도 잘 드러난다. 나는 이 통계자료들을 제시하지 않을 것이다. 독자들이 보편적 사고방식을 따르는 것을 어렵게 만들지 않기 위해서다.

이것은 자본주의 경제생활의 쇠퇴가 멈췄음을 뜻할까? 자본주의 경제가 균형을 되찾았다는 뜻일까? 혁명적 시기가 거의 끝났다는 뜻일까? 전혀 그렇지 않다. [현재] 산업 국면의 전환은 자본주의 경제의 쇠퇴와 혁명적 시기의 경로가 (사고가 단순한 사람들의 상상보다) 훨씬 복잡하다는 것을 의미한다.

경제 발전 동향은 서로 다른 배열의 두 곡선으로 나타난다. 첫 기본 곡선은 생산력의 일반적 발달, 상품유통, 외국무역, 은행 자금 운용 등의 움직임을 보여 준다. 대체로 이 곡선은 자본주의 발전 전체에 걸쳐 우상향으로 움직인다. 그것은 사회의 생산력과 인류의 부가 자본주의 아래서 증대했음을 표현한다. 하지만 이 기본 곡선이 평탄하게 우상향으로 움직이는 것은 아니다. 겨우 쥐꼬리만큼 상승하는 시기가 있는가 하면, 가파르게 상승하는 시기가 뒤따르기도 하고, 나중에는 오랫동안 평형을 유지하는 새 시기가 다가오기도 한다. 달리 말해, 자본주의 아래서 생산력이 점진적으로 성장하는 시기도 급속히 성장하는 시기도 있음을 역사가 보여 준다. 예컨대 영국의 외국무역을 살펴보면, 18세기 말부터 19세기 중엽까지는 매우 더디게 증가했음을 쉽게 알 수 있다. 그 뒤 20년 남짓(1851~1873년)한 동안은 매우 빠르게 증가했다. 그다음 시기(1873~1894년)에는 사실상 정체하다가 어느 순간부터 제1차세계대전 때까지 다시 가파르게 증가하는 모습을 보였다.

이를 그래프로 그려 보면, 자본주의 전체나 그중 한 국면의 발전 과정을 도식적으로 나타내는, 울퉁불퉁하지만 상승하는 곡선을 엿볼 수 있다.

그런데 우리는 자본주의 발전이 이른바 산업 순환을 거쳐 일어난다는 점을 알고 있다. 이 순환은 호황, 지체, 위기, 위기 중단, 호전에서 다시 호황, 지체 등으로 이어지는 경제적 국면의 연속으로 이뤄져 있다. 역사를 들여다보면 이 순환이 8~10년에 한 번씩 반복된다는 것을 알 수 있다. 이것도 그래프로 그리면, [앞서 말한] 자본주의 발전의 전반적 방향을 나타내는 기본 곡선 위에 주기적으로 오르내리는 파도 같은 곡선이 겹쳐지는 그림을 얻을 수 있다. 살아 있는 유기체가 심장박동을 내재하고 있는 것과 꼭 마찬가지로, 자본주의 경제는 경제적 국면의 주기적 변동을 내재하고 있다.

호황 뒤에 위기가 오고 위기 뒤에 호황이 오지만, 전체적으로 자본주의 곡선은 여러 세기 동안 우상향으로 움직였다. 호황으로 말미암은 이득이 위기로 말미암은 손실보다 컸음이 분명하다. 하지만 발전의 곡선은 시기마다 상이한 모습을 보였다. 정체기도 있었고, 주기적 진동도 멈추지 않았다. 그러나 대체로 자본주의가 계속 발전했으므로, 위기는 호황을 맞아 거의 상쇄됐다. 생산력이 급속히 증대하던 시기에도 주기적 진동이 거듭됐다. 하지만 각각의 호황이 경제를 전진시키는 정도는 그것에 뒤이은 각각의 위기가 경제를 후퇴시키는 정도보다 분명 더 컸다. 경제 발전의 곡선이 팽팽히 매달린 전선줄과 비슷하다고 본다면, 주기적 진동은 전선줄의 떨림에 비유할 수 있다. 물론 현실에서 경제 발전의 줄은 직선이 아니라 복잡한 곡선의 모습을 띤다.

위기와 호황이 끊임없이 교차하는 자본주의 발전의 내적 동역학만 봐도, 현재의 위기가 점점 심각해지면서 프롤레타리아 독재가 수립될 때(내년이든 3년 이상 지난 뒤이든 상관없이)까지 이어지리라는 생각이 얼마나 부정확하고 일면적이고 비과학적인지는 충분히 알 수 있다. 우리가 코민테른 3차 세계대회에 제출한 보고서와 결의문에서 반박했듯이, 주기적 진동은 자본주의 사회의 유년기, 성숙기, 쇠퇴기에 늘 나타난다. 인간이 죽음을 맞이하는 순간까지 심장박동이 멈추지 않는 것과 마찬가지로 말이다. 전반적 조건이 어떻든 경제적 쇠퇴가 얼마나 심대하든 상공업 위기는 잉여 상품과 잉여 생산력을 일소해 생산과 시장의 밀접한 연관성을 확립할 것이고, 바로 이 때문에 산업 회복의 가능성도 열릴 것이다.

산업 회복의 속도, 범위, 강도, 지속 기간 등은 자본주의의 생존 능력을 특징짓는 조건들 전체에 따라 달라진다. 경제 위기가 첫 장애물을 가격 폭등의 형태도 무너뜨린 뒤에 막 시작된 산업 회복이 현재의 세계적 조건 아래서는 이내 다른 수많은 장애물 — 미국과 유럽 사이의 경제적 균형이 매우 심각하게 붕괴된 상태, 중부 유럽과 동유럽의 빈곤화, 금융 체계의 장기적이고 심대한 와해 등등 — 에 부딪히리라고 이제 분명히 말할 수 있다(우리는 코민테른 3차 세계대회에서 이를 주장한 바 있다). 즉, 다음번 산업 호황은 결코 미래의 발전을 위한 조건을 제1차세계대전 이전과 비슷한 상태로 회복시킬 수는 없을 것이다. 그와 반대로, 첫 위기를 극복한 뒤에 찾아온 이번 호황은 전쟁이 파 놓은 경제적 참호에 걸려 넘어질 공산이 꽤 크다.

그래도 호황은 호황이다. 달리 말해, 상품 수요가 증가하고 생산이 확대되고 실업이 줄고 가격이 오를 것이며, 임금이 상승할 가능성도 있을 것이다. 그리고 특정한 역사적 조건 속에서 이 호황은 노동계급의 혁명적 투쟁을 무디게 만들기보다는 더욱 첨예하게 만들 것이다. 이는 앞서 말한 모든 것에서 도출되는 결론이기도 하다. 모든 자본주의 나라에서 노동계급 운동이 제1차세계대전 이후 최고조에 이르렀다가 (알다시피) 어느 정도 확연한 패배와 후퇴를 겪은 나머지, 노동계급 내의 단결은 깨졌다. 이런 정치적·심리적 전제 아래서 지속되는 경제 위기는 의심할 여지 없이 노동 대중(특히 실업자와 반*실업자)의 고통을 가중시키겠지만, 그럼에도 동시에 노동 대중의 활동을 약화시키기도 할 것이다. 노동 대중의 활동은 그들이 생산에서 하는 구실을 아무도 대체할 수 없음을 스스로 인식하고 있느냐와 밀접하게 연관돼 있기 때문이다.

혁명적인 정치적 공격과 퇴각의 시기에 뒤이은 장기 실업은 공산당에 전혀 유리하게 작용하지 않는다. 오히려 위기가 지속될수록 한편으로는 아나키즘적 정서와 다른 한편으로는 개혁주의적 정서가 자라날 수 있다. 제3인터내셔널에서 아나코신디컬리스트 그룹들이 분열해 나가고, 암스테르담인터내셔널과 제2.5인터내셔널이 통합하고, 세라티주의자들이 일시적으로 결집하고, 레비 그룹이 [독일] 공산당에서 분열한 것 등이 그 사례다.* 이와 반대로 산업 회복은 패배와 기

---

* 암스테르담인터내셔널은 개혁주의자들이 주도하는 국제노동조합연맹IFTU이었다. 제2.5인터내셔널은 제2인터내셔널에서는 떨어져 나왔지만 제3인터내셔널에는 가담하지 않은 정당들의 일시적 결집체였다. 세라티주의자들은 이탈리아 사회당 지

층의 분열로 약해져 있는 노동계급에게 무엇보다 자신감을 심어 줄 것이다. 또 공장들 곳곳에서 노동계급을 결속할 것이고, 한마음으로 투쟁적 행동에 나서고자 하는 염원도 드높일 것이다.

우리는 이 과정이 시작됐음을 이미 목격하고 있다. 노동 대중은 자신들이 딛고 있는 땅이 더 단단해졌다고 느낀다. 노동 대중은 기층을 결속하려 하고 있다. 노동 대중은 분열이 행동의 장애물임을 예민하게 감지한다. 노동 대중은 위기를 이유로 자본이 자행하는 공격에 더욱 일치된 저항을 벌이려 할 뿐 아니라, 산업 회복이라는 조건을 이용해 반격할 준비를 하려고도 힘쓰고 있다. 경제 위기는 희망을 꺾고 격분을 일으키는 시기인데, 그 격분이 무기력한 경우도 드물지 않다. 호황의 시작은 행동 속에서 그런 감정을 배출할 수단을 제공할 것이다. 바로 이것이 코민테른 3차 대회 결의문에서 우리가 주장한 것이다.

그런데 다소간 여러 나라에서 사태 전개의 속도가 늦춰지고 현 상공업 위기가 번영기로 바뀌더라도, 결코 '유기적' 시기가 시작되지는 않을 것이다. 자본주의가 존재하는 한 주기적 진동은 불가피하다. 주기적 진동은 자본주의의 유년기와 성숙기에는 물론이고 자본주의가 죽기 직전까지도 나타날 것이다. 현재 위기의 과정에서 프롤레타리아는 자본주의의 맹공을 받

도자 세라티의 지지자들이다. 세라티는 1919년에는 제3인터내셔널을 지지했지만 1921년에는 사회당에서 개혁주의자들을 추방하라는 제3인터내셔널의 명령을 거부했다. 마지막으로 파울 레비는 독일 공산당의 지도자였다가 1921년에 벌어진 초좌파적 3월 행동을 비판했다는 이유로 당에서 제명됐다. 그 후 중간주의를 거쳐 개혁주의로 재빨리 이동했다.

아 퇴각할 수밖에 없었지만, 국면이 조금이라도 호전되면 즉시 공격을 재개할 것이다. 그럴 경우 경제적 공격의 구호는 전쟁 시기의 온갖 속임수와 기만적으로 전가된 경제 위기의 고통을 모두 대갚음하자는 것이 될 수밖에 없다. 그리고 지금의 공세적 투쟁이 그렇듯이, 그런 경제적 공격은 공공연한 내전으로 전환되기 십상일 것이다.

III

친자본주의 언론은 경제 '부흥'이 성공하고 자본주의가 안정되는 새 시대가 열리기를 바라며 열렬히 선전한다. 이런 혼미한 도취 상태는, 계속 악화되는 위기 속에서 혁명이 생겨나고야 말 것이라고 철석같이 믿는 '좌파들'의 조바심과 다른 듯 보이지만 꼭 마찬가지로 터무니없다. 현실에서는 다가올 상공업의 번창이 상층 부르주아 집단에게 경제적으로 새로운 부를 가져다줄 테지만, 정치적 이점은 모두 우리 쪽에 생길 것이다. 노동계급 내에서 단결을 향하는 추세들은 행동하려는 의지가 강해짐을 나타낼 뿐이다. 노동자들이 오늘은 공산당에게 부르주아지와 맞서 싸우려면 독립사회민주당·사회민주당과 합의하라고 외칠 테지만, 내일은(운동이 대중적 규모로 성장하면) 공산당만이 혁명적 투쟁의 지도력을 제공한다고 확신하게 될 것이다. 밀물의 첫 물결은 노동자 조직들을 모두 부양하면서 이들이 서로 합의에 이르도록 몰아붙일 것이다. 하지만 사회민주당과 독립사회민주당은 똑같은 운명에 처할 텐데, 혁명적 밀물의 다음 물결이 잇따라 밀려오면 그 물결에 휩쓸려 버릴 것이다.

이 말은 (공세 이론 신봉자들과는 반대로) 경제 위기가 아니라 다가올 경기회복이야말로 곧바로 프롤레타리아의 승리로 이어지는 계기라는 뜻일까? 그런 단정적 주장은 근거 없는 말이다. 앞서 살펴봤듯이, 경제적 국면과 계급투쟁의 성격 사이의 관계는 기계적이지 않다. 복잡하고 변증법적인 상호의존관계로 봐야 한다. 우리가 미래를 이해하려면, 위기의 시기에 접어든 때보다 회복기에 접어드는 지금 훨씬 단단히 무장돼 있어야 한다는 것으로 족하다. 유럽 대륙의 가장 중요한 나라들에는 강력한 공산당이 있다. [경제적] 국면의 전환은 우리가 경제 영역뿐 아니라 정치 영역에서도 공격에 나설 가능성을 확실히 열어 줄 것이다. 지금부터 이 공격의 결말이 무엇일지 추측하느라 골몰하는 것은 헛된 일이다. 상황 변화는 이제 시작됐고 막 눈에 들어왔을 뿐이다.

궤변가들은 다음과 같이 이견을 내세울 것이다. "산업의 추가적 회복이 곧장 우리의 승리로 이어진다는 보장이 없다면 분명 새로운 산업 순환이 일어날 테고, 이는 자본주의가 균형이 회복되는 쪽으로 한 걸음 더 나아감을 뜻할 것이다. 그렇다면 사실은 자본주의 회복의 새 시대가 도래할 위험이 닥치는 게 아닐까?" 이런 질문에 다음과 같이 답변하는 사람이 있을 것이다. "공산당이 성장하지 못하면, 프롤레타리아가 경험을 쌓지 못하면, 프롤레타리아가 점점 더 원대하고 완강한 혁명적 방식으로 저항하지 못하면, 수세를 공세로 전환할 첫 기회를 놓쳐 버린다면, 그때는 결국 자본주의 발전의 동역학이 부르주아 국가가 부리는 권모술수의 보탬을 받아 작동할 것임이 틀림없다. 모든 나라가 경제적 야만상태로 휙 돌아설 것이다. 수많은 사람들이 굶어 죽을 것이고, 그들의 마음속에는 절망이 싹틀 것이다.

그들의 희생을 바탕으로 자본주의 세계는 새로운 종류의 균형 상태로 회복될 것이다." 하지만 이런 전망은 순전히 관념에 지나지 않는다. 이렇게 추상적인 자본주의 균형 회복의 길에는 커다란 장애물이 많다. 세계시장의 혼돈, 통화 체계의 붕괴, 군국주의 지배, 전쟁 위협, 미래에 대한 확신 결여 등. 자본주의의 기본적 힘들이 장애물 더미에서 빠져나올 길을 찾고 있지만, 바로 그 힘들이 노동계급을 채찍질해 전진하게끔 한다. 노동계급은 퇴각할 때조차 쉼 없이 발전한다. 진지를 빼앗기면서도 경험을 축적하고 자신의 정당을 강화하기 때문이다. 노동계급은 앞으로 진군한다. 노동계급은 사회 발전의 조건과 요소 가운데 하나인 데다 가장 중요한 요소다. 스스로 미래를 구현하기 때문이다.

산업 발전의 기본 곡선은 위로 향하는 길을 찾고 있다. 이 곡선의 동향은 주기적 변동 때문에 복잡해지는데, 전후의 조건에서는 경련이 일어나는 듯한 변동이 일어난다. 그래서 사태 전개의 어느 지점에서 주관적·객관적 조건들이 결합돼 혁명적 격변이 벌어질지 점치는 것은 당연히 불가능하다. 그런 일이 임박한 경기회복 과정에서 언제 벌어질지(초기일지 말기일지 아니면 새로운 순환의 시작과 더불어일지)를 점치는 것도 불가능하다. 그러나 사태 전개의 속도가 우리 자신, 우리 당, 우리 전술에 상당 부분 달려 있음은 분명하다. 경제적 [국면] 전환을 계산에 넣는 것이 매우 중요하다. 그런 전환은 기층 노동자들을 결속하고 성공적 공격을 준비할 새로운 무대를 열 수 있기 때문이다. 혁명적 정당이 이를 이해한다는 것은, 이미 그 자체로 온갖 시간 낭비를 줄이고 시일을 앞당긴다는 것을 뜻한다.

3. 유일한 길

우리는 순환의 상승 국면 덕분에 현재 후퇴하고 있는 프롤레타리아가 다시 활동에 나설 강력한 자극을 받게 될 것임을 아주 확실히 예측할 수 있다. 공장에서 노동자 해고가 멈추고 신규 채용이 이뤄질 때 노동자들의 자신감은 커진다. 노동자들이 다시 필수적 존재가 되기 때문이다. 눌렸던 용수철이 또다시 튀어 오르기 시작한다. 언제나 노동자들은 새로운 것을 쟁취하려는 투쟁보다 잃어버린 것을 되찾으려는 투쟁에 더 쉽게 나선다. 그리고 독일 노동자들은 너무 많이 잃었다. 국가비상사태 선포도 라이히스베어[독일 국가방위군] 투입도 경기 호전의 물결 위에서 펼쳐지는 대중파업을 해산시키지 못할 것이다. '사회적 휴전'을 통해서만 자신을 유지할 수 있는 보나파르트 체제는 이 순환의 상승 국면에서 첫 제물이 될 것이다.

독일은 그렇지 않지만 이미 여러 나라(벨기에, 영국, 폴란드, 미국 일부 등)에서 파업 투쟁이 증가하고 있다. 지금 발전하고 있는 대중파업을 세계적 경기순환의 맥락에서 평가하는 것은 쉬운 일이 아니다. 통계자료는 경기순환의 변동을 더디게 반영할 수밖에 없다. 경기 회복은 통계자료에 기록되기 전부터 어김없이 사실로 존재한다. 대체로 노동자들이 통계학자들보다 경제생활 회복을 더 빨리 감지한다. 새 질서가 등장하거나 그럴 조짐이라도 보일 때, 생산 확대나 적어도 노동자 해고 중단을 위해 기업들이 재조직에 나설 때, 곧바로 노동자들의 저항과 요구는 증강된다. [영국] 랭커셔주 섬유 노동자들이 벌인 방어적 성격의 파업은 섬유산업이 약간 호전된 덕분에 일어난 것임이 틀림없다. 벨기에서 터지고 있는 파업은 분명 채탄업의 위기가 여전히 심각한 상황에서 비롯한 것이다. 세계적 경기순환의 현 국면이 지니는 과도적·결정적 성격은 최근에 일어난 파업들의 기초가 된 다양한 경제적 자극과 밀접한 관계가 있다. 하지만 대개 대중운동의 성장은 막 감지되려던 경기 호전 추세를 먼저 드러내는 경우가 많다. 어떤 경우에도 경제활동의 실질적 회복은 그 첫 단계에서조차 대중 투쟁이 널리 급증하는 움직임을 불러올 것이다.

모든 나라의 지배계급은 산업 호전을 보며 기적을 바란다. 이미 일어나고 있는 주식 투기가 그 증거다. 자본주의가 새로운 번영 국면 또는 심지어 점진적이지만 지속적인 상승 국면에 실제로 접어들었다면 자본주의는 당연히 안정될 것이고, 파시즘이 약해짐과 동시에 개혁주의는 강해질 것이다. 하지만 (그것 자체는 필연적인) 경기회복이 세계경제와 특히 유럽 경제에 나타나는 전반적 쇠퇴 경향을 극복할 수 있으리라는 희망이나 두려움은 근거가 조금도 없다. 제1차세계대전 전의 자본주의가 상품생산 확대라는 공식에 따라 발전했다면, 현재의 자본주의는 주기적 등락에도 불구하고 고통과 재앙의 생산이 확대되는 모습을 나타낸다. 새로운 경기순환은 불가피하게 전체 자본가 진영뿐 아니라 개별 국가들 사이에서도 세력 재조정을 수반할 텐데, 그런 추세는 주로 미국으로 향하고 유럽에서는 멀어질 것이다. 하지만 아주 짧은 시간 안에 그것은 자본주의 세계가 해소할 수 없는 모순들에 직면할 것이고 새롭고 더욱더 끔찍한 경련에 시달릴 것이다.

우리는 오류의 위험 없이 다음과 같이 예측할 수 있다. 즉, 경기회복은 노동자들의 자신감을 충분히 강화하고 노동자들이 투쟁에 나서도록 새로운 자극을 줄 테지만, 자본주의(특히 유럽 자본주의)가 부활할 가능성은 적을 것이다.

자본주의가 쇠퇴하는 와중에 새로 나타난 순환의 상승 국면이 노동자 운동에 보장할 실질적 성과는 매우 제한적일 수밖에 없을 것이다. 경제활동이 새롭게 한창 회복되고 있는 독일 자본주의가 현 위기 이전에 노동계급이 누리던 조건들을 되찾아 줄 수 있을까? 그 무엇을 보더라도 이 질문에는 먼저 '아니요'라고 답할 수밖에 없다. 그러므로 깨어난 대중운동은 그만큼 더 빨리 정치[투쟁]의 길로 나아가야 할 것이다.

산업 호전의 바로 첫 단계조차 사회민주당에는 몹시 위험할 것이다. 노동자들은 빼앗긴 것을 되찾으려고 투쟁에 나설 것이다. 사회민주당 지도자들은 '정상적' 질서의 회복이라는 데에 다시 희망을 걸 것이다. 그들의 주된 관심사는 연립정부에 참여할 자격을 되찾는 게 될 것이다. 지도자들과 대중은 서로 반대 방향으로 끌어당길 것이다. 공산당이 개혁주의의 새 위기를 최대한 활용하려면 주기적 변동 속에서 올바른 방향을 정해야 하고, 실천적 행동 강령을 미리 충분하게 준비해야 한다. 그 시작은 무엇보다 노동자들이 위기 때 잃은 것을 되찾는 일이다. 경제투쟁을 정치투쟁으로 전환한다면 혁명적 프롤레타리아 정당의 힘과 영향력을 키울 최적의 순간을 맞이하게 될 것이다.

4부
민중주의와 인민전선

9장 민중주의란 무엇인가?

최일붕

2016년 총선이 다가오자 전략적 야권연대를 추구하는 사람들의 목소리가 커졌다. 전략적 야권연대는 '민중주의'를 바탕으로 한 점진적 집권 전략이다. 민중주의는 국민 가운데 한 줌밖에 안 되는 반민주적·비애국적 무리를 제외한 나머지가 계급을 초월해 단결해서, 그 반동적 극소수를 권좌에서 몰아내자는 사상이자 운동이다. '반동적 극소수'로 지목되는 집단은 독재 잔당과 '공안 세력', 냉전주의자, 재벌 등이다. 민중주의자가 즐겨 내놓는 구호는 "각계각층이 단결", "국민과 함께하는" 등이다.

민중주의는 '포퓰리즘'이라는 외래어의 순화어 중 하나다. 다른 순화어는 '대중영합주의'다. 대중영합주의는 최상위 엘리트 계층의 정치인이 마치 자신은 엘리트층의 정치인이 아닌 듯, 심지어 엘리트층에

출처: 〈노동자 연대〉 168호(2016년 3월 2일).

반대하는 체하면서 대중에게 영합하는 꼼수를 가리키는 말이다.

이 글에서는 뉘앙스를 고려해 민중주의와 대중영합주의를 구별하기로 한다. 즉, 민중주의는 진보 성향이고, 대중영합주의는 보수 성향인 것이다.

유럽에서는 경제 위기와 긴축재정을 틈타 우익 대중영합주의 정당이 등장해 활동하고 있다. 영국의 영국독립당UKIP, 네덜란드의 자유당PVV, 덴마크의 국민당DF 등이 그것이다. 이 당들의 핵심 정책은 이민자에 대한 인종차별로, 이 점에선 파시스트 정당과 유사하다. 그러나 우익 대중영합주의는 파시즘과 차이점이 있다. 그 차이점은 파시즘이 의회 민주주의와 모든 노동자 단체를 분쇄할 목적을 지니고 있다는 것이다.

민중주의는 제3세계의 역사적 경험을 반영한다

그러나 이 글의 관심사는 우익 포퓰리즘이 아니다. '진보'와 민족 자주를 표방하며 활동하는 종류의 포퓰리즘이 우리의 관심사다('진보적'이라는 말 자체가 이제는 민중주의를 의미하는 말이 돼 버린 듯하다).

민중주의는 외세의 지배와, 그와 결탁한 한 줌의 부패한 기득권층의 지배를 경험한 신흥국의 노동운동에서 매우 흔하게 볼 수 있는 현상이다. 일제 식민지, 외세(미국과 소련)로 말미암은 민족 분단과 전쟁, 외세(미국)가 후원한 독재 정권과 재벌의 지배 등 한국 현대사의 특성들 때문에 한국 민중과 노동계급 대중의 정서 속에는 민중주의적 경향이 자연스럽게 형성됐다.

민중주의는 흔히 진보적 민족주의 경향을 띤다. 진보적 민족주의의 핵심 강령은 남북한의 화해 협력과 궁극적 통일이다.

민중주의의 순차적 물결

민중주의 운동의 성격과 형태, 생존 능력은 시기와 조건에 따라 매우 달랐다.

1. 19세기 말과 20세기 초

러시아와 미국에서 민중주의 운동은 아예 농민에 기반을 뒀다. 제정러시아의 민중주의 농민운동은 나로드니키로 불렸고, 테러리즘 전략과 선거 전략을 결합해 추구했다.

미국의 민중주의 농민운동은 경제정책 — 특히 곡물 가격과 재벌(conglomerate, 거대 복합기업) 개혁, 은행 규제 문제를 놓고 수립되는 — 에 영향을 미치려 애썼고, 민중당(이하 서양사학계에서 통용되는 인민당으로 표기)을 창립해 지역에 따라 민주당이나 공화당과 제휴했다. 1894년 철도 파업 이후, 인민당의 일부는 파업 투쟁으로 등장한 노동운동가들과 연계하고 나중에는 다른 사회주의자들과도 연계해 미국 사회당을 창당한다.

러시아와 미국의 민중주의는 제1차세계대전 앞뒤의 거대한 노동계급 투쟁, 특히 러시아 혁명과 서구 혁명에 밀려 완전히 주변화됐다.

2. 1930년대 대불황기와 제2차세계대전 종전 직후 시기

민중주의의 두 번째 물결은 유럽과 라틴아메리카에서 일었다. 유럽의 프랑스와 스페인에서 민중주의는 인민전선이라는 가장 완성된 형태로 등장했다.

인민전선은 스탈린주의자들의 전략이다. 이 전략은 드러내 놓고 친자본주의적 정당과 선거로 연립정부를 세우는 것을 목표로 삼는 정책이다.

인민전선은 선거라는 면에서 보면 흔히 성공적인 방침일 수 있다. 그리고 부르주아 정당과의 협력을 위협하는 수준에 도달하지 않는 한에서 노동자 운동을 고무하는 효과도 낸다.

하지만 노동자 투쟁의 수위가 자본가들의 우려를 자아낼 수준으로 상승할 것 같으면 인민전선은 노동자 운동을 억압하는 효과를 낸다. 2000년 6·15 남북공동선언 국면에서 일어난 사회보험노조와 롯데호텔 노조 파업이 자민통계의 싸늘한 냉대를 받은 것이라든지, 이듬해 단병호 위원장이 7월로 예정된 민주노총 파업을 취소한 것, 그리고 최근에 다수 민주노총 지도자들이 [2016년] 총선을 의식해 국민의당·민주당의 (일부) 의원들과 공조하는 것을 우선시하는 바람에 현장조합원들은 동원 해제 상태에 있는 것 등을 들 수 있다.

라틴아메리카 민중주의는 제2차세계대전 종전 직후 아르헨티나 후안 페론의 집권 초기처럼 꽤 성공을 거둔 경우도 있다. 페론은 주요 기업을 국유화하고, 노동자에게 복지 혜택을 제공했다. 그러나 그는 강압적으로 노동조합을 국가에 통합시키고, 히틀러와 무솔리니를 찬양하면서 파시스트 전범들의 아르헨티나 이주를 환영하는 등 모순투성이 정책들을 펼쳤다.

한편, 멕시코의 라사로 카르데나스는 집권 중이던 1938년 멕시코 혁명당을 설립해, 멕시코 혁명(1910~1920년)의 유산을 이어받는 정당임을 표방했고, 집권당으로서 트로츠키의 망명을 허용하는 등 매우 좌파적인 자세를 취했다. 트로츠키의 망명은 스웨덴이나 노르웨이 같은 국가들도 거부하고 있었다.

라사로 카르데나스의 아들 콰우테목 카르데나스는 1988년 당(멕시코혁명당의 후신인 제도혁명당)을 탈당해 야당인 새로운 민중주의 정당 민주혁명당을 설립했는데, 이 당은 이후 멕시코판 사회민주주의 정당이 됐다.

3. 1949년부터 1979년까지

민중주의가 가장 성공적이던 시기는 민족 해방 혁명이 성공을 거두던 때였다. 중국 혁명부터 쿠바 혁명과 베트남 혁명을 거쳐 니카라과 혁명과 이란 혁명에 이르는 1949년부터 1979년까지가 그랬다.

이 혁명들에서 노동계급이 어느 정도의 구실을 했던 건 이란혁명밖에 없었다. 이란혁명에서도 민중주의는 초기에 노동자 운동을 자극했지만, 노동자 운동이 '쇼라'라는 민주적 노동자 권력기관을 창출하며 이슬람 성직자(물라)들의 주도권을 침해하는 듯하자, 물라들은 노동운동을 억제하기 시작했고, 마침내는 아예 분쇄하는 지경까지 나아갔다.

4. 1994년부터 지금까지

1994년 멕시코 치아파스주에서 봉기한 사파티스타는 최근의 민중주의 물결의 효시였다. 사파티스타는 혁명적인 민중주의 세력이었다. 같은 해 남아공에서 아프리카민족회의ANC가 선거로 집권한 것도 민중주의의 쇄도를 알리는 사건이었다. 동시에, 지난 20여 년간의 아프리카민족회의 집권은 혁명적 종류의 민중주의조차 그 계급 협력주의로 말미암아 결국에는 개혁주의의 성격을 띠게 됨을 잘 보여 준다.

2013년에 작고한 베네수엘라 전 대통령 우고 차베스와 현 볼리비아 대통령 에보 모랄레스도 최근 민중주의 물결의 일부라 할 수 있고, 스페인 포데모스도 그렇다고 할 수 있다. 좌파적 개혁주의 정당 포데모스의 주요 간부들은 에르네스토 라클라우 등의 포스트마르크스주의 이론에 근거한 민중주의를 지지한다.

오큐파이(점거하라) 운동도 민중주의의 최근 사례다. 미국 오클랜드의 오큐파이는 달랐지만 말이다. 거기서는 부두 노동자 등 조직노동자들이 주도하는 오큐파이 운동이 벌어졌다.

노동자 운동 안의 민중주의

한국 민중주의의 대표적 사례는 자민통계, (참여연대 같은) 진보적 엔지오, 정의당 등이다. 물론 정의당은 사회민주주의 정당이기도 하다. 스탈린주의 운동인 자민통계는 좌파적 민족주의 경향의 일부 — 핵심적 일부 — 지만, 좌파적 민족주의자가 모두 자민통계인 것은 아니다.

민주노총 내 국민파·전국회의·중앙파 등도 민중주의적 경향이다. 하지만 이보다 훨씬 더 많은 노동운동가들이 민중주의적 경향을 띤다.

노동운동 내의 민중주의는 남아공이나 브라질, 멕시코 등의 다른 신흥공업국에서처럼 중간계급과 — 때로는 지배계급 일부와도 — 계급 연합을 추구하는 경향을 말한다. 물론 노동계급은 중간계급의 일부를 자기편으로 만들어야 한다. 중간계급 가운데 특히 영세 소농이나 영세 노점상, 철거민, 빈민 등은 노동계급의 적이 아니다. 그들은 흔히 노동자의 가족일 뿐 아니라, 그들의 일부는 얼마 전까지 노동자였다가 실직한 사람이거나 경기가 좋아지면 다시 일자리를 얻을 수 있는 사람이다. 그들은 가족들의 노동력을 이용해 작은 사업을 운영하는 처지이기가 쉽다.

그러나 중간계급은 노동계급이 아니다. 전통적 중간계급의 전형은 소자영업자인데, 이들은 한편으로는 자기 자신을 착취하는 자본가 구실을 하고, 다른 한편으로는 자기 자신에게서 임금을 받는 노동자 구실을 하는 이중적 처지에 있다. 스스로 자산을 소유하므로 자본가들에게 동질성을 느낄 수도 있지만 스스로 일하므로 노동계급에게 동질성을 느낄 수도 있다. 이런 모순 때문에 구舊중간계급은 양대 계급 사이에서 오락가락하며 유동적이다. 오락가락과 유동성이 중간계급의 핵심 특징이다.

중간계급에는 이른바 '신중간계급'이 포함된다. 이 집단은 자본주의가 발전하면서 등장했다. 자본주의 초기에는 자본가가 직접 사업장을 운영하고 노동자들을 통제할 수 있었다. 그러나 자본주의 기업의 규모가 점점 커지면서, 자본가는 자기 대신 사업장을 운영할 특별한 임금노동자들을 고용하기 시작했다. 이 때문에 사업장 내에 경영직·관리직 등 관료층이 형성됐다.

이 관료층의 최상층은 자본가계급과 뒤섞이게 된다. 반면 관료층의 최하층은 겉보기에는 노동계급과 거의 구분되지 않는다. 이 계층에는 매우 모순된 처지에 있는 각양각색의 인자들이 있다. 그들은 자본주의 사회에서 부를 창출하고 체제를 운영하는 데 도움이 되는 생산적 구실을 하기도 하고, 노동자들을 더 심하게 쥐어짜고 단속하는 구실을 하기도 한다.

계급투쟁이 일어나면 이 집단도 양대 계급 중 어느 한쪽으로 이끌린다. 노동자 투쟁이 강력할수록 이 계층 하층의 일부 사람들은 노동자 편으로 이끌릴 가능성이 커진다. 엥겔스는 1848년 혁명 중에 프랑스 "중간계급은 견해가 엄청나게 자주 바뀐다"면서 다음과 같이 썼다.

프티부르주아지는 중재자 구실을 하며 비참한 역할을 했다. … 그들과 임시정부는 몹시 갈팡질팡했다. 만사가 조용하면 할수록 정부와 프티부르주아지는 대부르주아지 쪽으로 더욱 기울었다. 반면 상황이 격동하면 격동할수록 그들은 노동자 편을 들었다.

노동계급과 중간계급의 관계 문제가 진정한 쟁점이다

지배계급이 자본주의 경제 위기의 대가를 노동계급에 떠넘기는 과정에서 중간계급의 일자리도 불안정해지고 복지 혜택도 감축된다. 게다가 노동자의 이웃 주민으로서 그들의 환경도 파괴당한다. 그래서 중간계급의 일부도 자본주의의 일부 효과들에 적개심을 품게 될 수 있다.

그러나 중간계급 사람들은 개인주의적 해결책을 찾는 경향이 강하다. 승진, 창업, 귀농, 생존을 위한 무한 경쟁에서 그냥 뿔뿔이 낙오하기 등.

그리고 무엇보다도, 중간계급은 반자본주의적 운동이 미칠 일부 영향에 대해서는 두려워하거나 우려한다. 경제 위기 상황 속에서는 노동계급의 이익과 중간계급의 이익이 일부 상충할 수 있기 때문이다. 가령 임금이 상승한다거나, 노동조건 악화 없는 노동시간 단축이 이뤄진다거나 하는 개혁이 자영업 계층에는 불리한 조건이 된다. 그래서 중간계급은 보수적이기가 쉽다.

그러므로 노동계급이 중간계급의 더 많은 부분을 끌어당길 방안은 계급투쟁 역량과 능력을 십분 발휘하는 것밖에 없다. 그러려면 노동계급의 이해관계를 포기할 것이 아니라 오히려 계급 이해관계를 확고하게 추구해야 한다.

바로 이 지점에서 민중주의자와 사회주의자의 태도가 확연하게 구별되며 심지어 충돌한다. 민중주의자는 노동계급의 고유한 이해관계를 고집하지 말고 중간계급의 이해관계와 조율하라고 주장한다. 그래서 노동운동 안팎의 민중주의자들은 2015년 봄 전면에 불거진 공무원연금 방어 문제를 회피하는 대신에 그 문제를 공적연금 강화 문제로 치환하려 했다.

결국 민중주의자는 계급투쟁과 노동계급 투쟁의 결정적 중요성을 받아들이지 않는다. 민중주의자는 계급투쟁과 노동계급 투쟁이 부각되고 노동계급이 운동을 주도하면 민중이 내적으로 분열될 것이고, 운동 쪽으로 포섭될 잠재력이 있는 다른 사회 세력을 내치는 효과를 낼 것이라며 우려한다.

그러나 이런 우려는 기우일 뿐이다. 오히려 노동계급이 민중운동에서 주도권을 발휘할수록 민중도 더 강력해질 수 있다. 중간계급으로서는 사회적 권력과 집단적 힘과 규율을 갖춘 동맹을 얻게 된 셈이니까 말이다.

오히려 민중주의적 방식이야말로 민중을 이루는 계급들의 상이한 이해관계 때문에 결국에는 민중을 단결시키지 못할 것이다. 민중주의자가 그리는 단결한 민중이라는 이미지는 이상화된 것일 뿐이다.

민중주의냐, 노동자주의냐?

민중주의는 경제 위기에 직면해서도 민중운동이 계급투쟁으로 분화되지 못한 낮은 단계를 나타낸다고 할 수 있다. 노동계급 측에서 말한다면, 노동계급 의식 발전의 초보적 국면을 나타낸다고도 할 수 있다.

이 점에서 2015년 말부터 몇 달간 벌어진 민중총궐기는 박근혜 아래서 노동계급과 민중이 자신감 수준을 회복하기 시작했다는 좋은 징조로 볼 수 있다. 아직은 그 수준이 파업 투쟁으로 자본주의 이윤 자체를 공격할 의지 수준으로는 상승하지 못했지만 말이다.

동시에, 노동조합 지도자들의 소심함 때문에 파업 투쟁의 대용품으로 가두 항의가 활용됐다는 한계도 지닌다고 할 수 있다.

마르크스주의자는 이 모순을 봐야 한다. 전자를 보지 못하고 후자만 본다면 노동운동이 침체하고 있다는 그릇된 인상을 얻을 것이다. 후자를 보지 못하고 전자만 본다면 민중주의(그리고 그 계급 협력주의의 논리적 귀결인 개혁주의)에 대해 무방비 상태에 놓일 것이다.

사실, 한국의 노동운동가들은 노동조합 쟁점들을 다룰 땐 흔히 '노동자주의적으로'(즉, 전투적 노동조합주의의 전통에 따라) 사고하고, 사회적·국가적 쟁점들을 다룰 땐 민중주의적으로 사고하는 경향이 있다. 이는 민중을 이루는 다른 사회 계급들과 최소공배수적으로 계급 이해관계를 융합한다는 발상에 해당한다. 가령 공무원연금과 직접적 이해관계가 없는 듯한 부문에서 활동하는 노동운동가들 가운데는 공적연금 강화라는 민중주의자들의 대안에 매력을 느낀 사람들이 많았다.

민중주의적 노동운동가들은 또한 2015년 11월 민중총궐기에 민주노총 총파업을 직결시키는 방안을 원천적으로 배제했다. 총파업은 노동자들에 기초한 계급 고유의 투쟁 방법이다.

사실, 자민통계는 2015년 초부터 민중총궐기를 추진했지만, 상반기 내내 큰 반향을 일으키지 못했다. 민주노총 지도부가 2015년 4월말 선제 파업과 이후의 공무원연금 투쟁 때문에 그 안※에 전혀 관심을 기울이지 않았기 때문이다.

하지만 공무원연금 투쟁이 패배하고 7월 15일 민주노총 2차 파업이 존재감 없이 끝나자 민중총궐기 안은 탄력을 받기 시작했다. 자민통계뿐 아니라 국민파·중앙파 간부들도 이제 "사회적 고립 자초할 총파업 얘기 그만하고 국민적 지지를 받을" 싸움을 하자며 민중총궐기를 강력히 제안했다. 이들의 생각을 잘 대변한 한 민중주의적 논평은 다음과 같이 주장한다.

공무원연금 개악 등을 거치면서 민주노총의 줄어든 동력, 사회적 고립, 정파적 사분오열, 산업과 기업에 따른 부문주의는 거듭 드러났다. '노조 지도부가 국회 일정에 매달리며 계속 파업을 미루면서 동력이 사라졌다'는 좌파의 전통적 비판도 한상균 지도부의 1, 2차 선제파업을 거치면서 근거가 희미해졌다. … 파업의 동력이 충분히 존재함에도 불구하고, [노조 지도자들이] 계속 회피하며 그것을 사그라들게 만들었다고 보기는 힘들다. … 민주노총의 부족한 동력과 사회적 고립을 볼 때 이 투쟁[민주노총 총파업]은 처음부터 승산이 높지 않았다.

오히려 민중총궐기로 "저들[지배자들]이 결코 '진보당'으로 상징되는 저항운동의 뿌리를 제거하지 못했고, 여전히 공포에 시달리고 있다는 것을 보여 준다"는 것이다.

2차 민중총궐기(2015년 12월 5일)를 위한 토론에서도 민중주의자들은 '살인 진압 규탄과 민주주의 문제를 부각해 민주 세력을 모아내는 외연 확대를 기조로 범국민대회로 열자'고 주장했다. 그들은 특히 '노동개혁' 반대를 부각하면 시민 단체와 종교계 등의 참가가 어려워진다며 민주노총에 기조 변경을 강력히(그러나 헛되이) 요구했다.

혁명적 오솔길

그런데 대다수 노동운동가들이 노조 쟁점은 노동조합주의적으로 사고하고(때로 전투적일지라도), 더 폭넓은 정치 문제는 민중주의적으로 사고하는 식의 의식을 갖는 경향은 정치투쟁과 경제투쟁의 역할 분담과 비슷하다.

그래서 이 과정에서 개혁주의 정당이 성장하기 쉽다. 개혁주의 정당은 자본주의적 민주주의의 형식적 원리에 순응해, 노조 지도자들은 노동자들의 노동조건과 직접적 생활 조건의 문제들을 다루고 개혁주의 정치인들은 개혁 입법 활동을 하는 식의 분업을 당연시한다.

이는 극히 이례적인 경우가 아니라면 정치 운동에 노동자들의 경제적 힘(특히 파업 투쟁에서 나오는)을 사용하는 것을 선택 사항에서 배제하는 것을 뜻한다. 이는 세월호 참사 항의 운동에 민주노총 파업이 동원되는 게 어불성설로 취급되는 분위기를 설명해 준다.

이런 정서가 보편화되면 범좌파 개혁 정당이 대세가 된다. 그러나 경제 위기와 지정학적 위기라는 이중의 위기로 가느다랗게나마 급진적 조류가 노동계급과 청년·학생 속에 형성될 수 있다.

특히, 노동자들이 민중주의를 학습한 효과로 계급의식이 향상될 수도 있음을 알아야 한다. 이 점은 엥겔스가 미국 인민당의 일부 투사들이 철도 파업 투사들과 만나며 사회주의 운동을 구축하기 시작하는 것을 흐뭇하게 보며 지적한 점이기도 하다.

민중주의의 진화 속에서 노동계급의 자력 해방을 추구하는 사회주의적 조류에도 기회가 있는 것이다. 그런 조류에 지지를 보내는 사람들은 민중주의의 일정한 진보성을 인정하면서도, 위에서 인용한 논평가처럼 기회주의적으로 그에 끌리지 말고 그보다 더 급진적이고 좌파적인 전망에 헌신해야 할 것이다.

10장 민중주의의 고차원적 형태, 인민전선이란 무엇인가?

최일붕

1934년 10월 이래로 각국 공산당은, 어느 정당이 공산주의에 조금이라도 유화적이기만 하면 설사 자본주의를 한사코 지키겠다는 입장일지라도 그 당들에 투표 행위 이상의 종합적이고 무비판적인 지지를 제공해 왔다. 지금부터 자본주의적 정치 세력과 전략적 연대를 하는 노선의 위험성을 역사적 사례를 들어 설명하겠다.

1924년 소련에서는 '일국사회주의'론을 추구하는 스탈린이 득세하기 시작했다. 소련 일국에서 사회주의 사회를 이룩한다는 일국사회주의론은 소련 내에서는 망상이었지만, 국제적으로는 다음과 같은 기회주의 노선을 수반했다. 소련은 다른 나라의 혁명을 지지하기보다는 소련 한 나라 안에서 계급 없는 공산주의 사회를 건설하기 시

출처: 〈노동자 연대〉 204호(2017년 4월 11일).

작한다. 이를 위해 다른 나라 공산당들은 소련의 국경 수비대 구실을 한다. 후진적인 식민지·반*식민지 사회에서도 노동계급이 권력을 잡을 수 있다는 생각은 포기해야 한다. 심지어 선진국에서조차 노동자 권력이 아니라 반파시즘 또는 반독점 민중 연합이 대안이다.

1925년 3월 국제공산당(이하 코민테른) 집행위원회 5차 전원회의는 스탈린의 일국사회주의 노선에 따라 이전의 좌경 모험주의 노선을 폐기하고 매우 노골적인 우경 기회주의 노선으로 돌아서기로 했다.

일국사회주의론의 진정한 주창자 니콜라이 부하린이 새 정책들을 집행하기에 안성맞춤인 인물로 떠올랐다(그 직전 시기 코민테른의 지도자는 그리고리 지노비예프였다).

1926년 영국 총파업

스탈린과 부하린의 코민테른은 1926년 영국 총파업에 직면했다. 총파업이 정점에 도달하자 영국 노총^{TUC}은 더 나아가기를 원하는 투쟁적 현장조합원들에게 등을 돌렸다. 그런데도 코민테른은 영·소 노동조합위원회를 통해 노총을 지지했고, 영국 공산당에도 그렇게 하기를 강요했다. 이를 위해 코민테른은 노총에 대한 착각을 영국 공산당에 조장했고, 그럼으로써 결국 공산당을 정치적으로 마비시켰다. 그리하여 1926년 총파업에 대처하는 공산당의 구호는 "모든 권력을 노총 중앙집행위원회로!"였다. 결국 총파업은 패배로 끝났다.

그러다가 1927년 영국 정부가 소련과 외교 관계를 단절했다. 그러자 영국 노총은 자신의 친구 소련을 걷어차 버렸다. 정말로 손해 본 측은 영국 노동계급이었다. 그들은 방향감각을 잃었고, 크게 사기가 저하됐고, 사회주의를 깊이 불신하게 됐다. 바로 이때의 경험이 그 뒤 영국에서 개혁주의가 만연하게 된 결정적 요인이었다.

1925~1927년 중국 노동자 혁명

1925~1928년 시기 코민테른이 채택한 우경 기회주의 노선이 최악의 재앙을 가져다준 곳은 뭐니 뭐니 해도 중국이었다. 당시 중국은 영국과 일본의 반식민지였다. 중국의 중부 지역은 가장 강력한 친영 군벌인 우페이푸가 지배하고 있었고, 북부 지역은 그다음으로 강력한 친일 군벌 장쭤린이 지배하고 있었다.

남부 지역은 이들보다 약체인 장제스와 왕징웨이의 친소 국민당이 지배하고 있었다(그 밖에도 여러 군소 군벌들의 군웅할거 상태였다). 민족주의 정당인 국민당이 중국을 통일하려면 무기가 필요했는데, 바로 소련이 군사원조를 제공했다.

일국사회주의 노선에 따라 소련도 우방이 필요했으므로, 군사고문단까지 보내며 국민당을 지지했다. 그뿐 아니라, 창당한 지 2년밖에 안 된 중국 공산당을 국민당에 입당시켰다. 이를 정당화하려고 스탈린·부하린의 코민테른은 국민당이 부르주아(친자본주의) 정당이 아니라 노동자, 농민, 지식인, 중소 규모 자본가 등의 '4계급 블록'이라는 민중주의적 개념을 고안해 냈다.

1925년 5월 30일 영국이 지배하는 상하이 경찰이 시위대에 발포해 12명을 살해했다. 이에 항의하는 총파업이 상하이에서 일어나 거의 40만 명의 노동자들이 파업에 참가했다. 6월 11일 한커우에서 영국 군대가 시위대에 발포해 8명이 살해당했고, 6월 23일 광둥에서 영국·프랑스 군대가 시위대 52명을 살해했다. 총파업은 더욱 확산돼 홍콩으로까지 번졌다. 1924년에는 1000명밖에 안 되던 공산당은 이제 3만 당원 규모로 커졌다.

국민당은 민족주의 정당이었으므로 5월 30일의 반영 항의 시위를 지지했다. 그러나 국민당은 또한 **부르주아** 정당이었으므로, 처음에는 총파업에 미온적으로 대하다가 이내 커다란 적대감을 드러냈다. 1926년 3월 광둥에서 장제스가 쿠데타를 일으켜 그 지역 공산당 지도자들과 파업위원회 주도 노동자들을 구속했다.

그런데도 스탈린·부하린의 코민테른은 국민당을 탈당하지 말고 묵종하라고 중국 공산당에 명령했다. 한술 더 떠 코민테른은 국민당의 코민테른 가입을 승인했다!

장제스는 소련의 스탈린주의 관료가 추구하고 있는 게 뭔지 매우 잘 알고 있었으므로, 더 자신만만해져 1927년 3월 쿠데타를 일으킬 듯 위협하며 세간의 여론을 떠봤다.

그럼에도 코민테른은 저항하지 말라고 명령해 중국 공산당을 무장해제시킨 채로 놔뒀다.

1927년 4월 12일 드디어 장제스가 군사 쿠데타를 일으켰다. 이번 쿠데타는 1926년 3월의 광둥 쿠데타와 달리 대량 학살로 끝났다.

미처 대비하지 못한 데다가 국민당에 발이 묶인 공산당은 꼼짝없이 당했다. 그리고 혁명적 노동자들과 함께 피바다에 빠져 버렸다.

그런데도 코민테른은 아직도 정신을 못 차리고 이번에는 왕징웨이 쪽에 붙었다. 왕징웨이는 국민당 좌파이므로 장제스 같은 우파와는 다르다는 것이 정당화 논리였다. 그러나 왕징웨이도 우한에 정부를 세운 뒤 곧 공산당을 배신하고는 친일파로 변신해 버렸다.

영국에서처럼 중국에서도 1927년의 참패 경험은 그 뒤 중국 노동 계급의 수동성에 결정적으로 이바지했다.

1934년 10월 이후 인민전선

1933년 1월 독일에서 히틀러가 승리했다. 그 뒤에도 1년 넘게 소련과 독일 공산당은 사회민주당이 '사회파시즘'이라는 견해를 계속 고수하며 나치 독재는 "프롤레타리아 혁명으로 향하는 독일의 전진을 가속시키고 있다"고 강변했다. '사회파시즘'은 '사회주의적 파시즘'의 준말로, 사회민주주의가 파시즘의 변형일 뿐이라는 뜻의 용어였다. 이 황당무계한 말은 1928~1934년 기간 코민테른의 초좌파적 종파주의 노선을 대표했다.

그러나 1934년 10월 코민테른은 180도 선회해 1925~1928년의 '사회 애국주의' 노선으로 되돌아가는 우경화를 시작했다. 사실, 이런 우경화의 위험은 1928~1934년의 초좌파적 종파주의 기간에도 나타난 바 있다. 독일 공산당은 파시스트들의 이데올로기적 외피를 훔쳐 입어 보려는 파렴치한 시도로, 프롤레타리아 혁명이 아니라 독일

의 '민족 해방'을 요구하며 독일 '국민'의 혁명을 말하기 시작했다.[*]

1934년 10월 이후 코민테른의 인민전선 정책은 계급 협력이라는 본질 면에서 1925~1928년 노선(위에서 설명됨)의 재연이었다. 인민전선은 파시즘에 대항해 부르주아(친자본주의) 정치 세력까지 포함한 모든 '민주' 세력의 대연합을 이룬다는 것이다. 그러나 부르주아 정당과 동맹하는 정책은 노동계급이 반동에 저항할 능력을 발휘하지 못하도록 마비시킨다.

인민전선은 공동전선과 전혀 다른 것이다. 공동전선은 코민테른 3·4차 대회(각각 1921년과 1922년)에서 레닌과 트로츠키가 발의한 정책이고, 1930년대 초 트로츠키가 독일 반파시즘 운동의 전술로 다시금 강조한 것이다.

공동전선은 노동계급 정당들의 **부분적 행동 통일**을 위한 전술인 반면, 인민전선은 부르주아 정당까지도 포함하는 **종합적인 계급 협력** 전략이다.

공동전선은 **구체적인 특정 목표**를 위해 함께 싸운다는 실용적 합의에 바탕을 두는 반면, 인민전선은 자본주의 정부 수립 강령을 바탕으로 활동한다.

공동전선의 전제 조건은 **혁명적 조직의 완전한 정치적 독립성과 비판의 자유**인 반면, 인민전선 속의 공산당은 동맹한 다른 정당들을 비판하지 않는다(또는 못한다).

———

[*]   L Trotsky, "Against National Communism", *The Struggle Against Fascism in Germany*, pp 93~114.

마지막으로 공동전선은 혁명적 정당이 계속 다른 활동을 하면서 병행하는, 당 활동의 한 갈래일 뿐인 반면, 인민전선은 스탈린주의 정당에게 총체적 전략이다.

1936년 프랑스와 스페인

이제 인민전선이 어떻게 끝나고 말았는지 알아보자. 프랑스에서는 1934년 봄부터 공산당과 사회당과 급진당 사이에 인민전선 활동이 이뤄지기 시작했다. 급진당은 당명과 달리 자유주의적 정당이었다. 다만 당원의 대다수가 중간계급 성원들이었다.

1935~1936년의 노동자 운동 고양에 힘입어 프랑스 인민전선은 1936년 5월 선거에서 승리해 새 정부를 구성했다. 그러자 6월 총파업과 대대적 공장점거 운동이 일어났다. 프랑스에서는 파리코뮌 이래 최대 규모의 노동자 운동이었다. 이 대규모 노동쟁의는 인민전선 정부의 지향을 넘어 자본주의 체제에 대한 도전으로 발전하고 있었다.

인민전선 정부의 수반인 사회당 지도자 레옹 블룸과 공산당은 어떻게든 이 투쟁을 규제해 질서를 회복하려 했다. 공산당 지도자 모리스 토레즈는 노동자들에게 다음과 같이 말했다. "인민전선은 혁명이 아닙니다. 파업을 시작했으면 끝낼 줄도 알아야 합니다."

공산당과 사회당의 계급 협력 방침 때문에 방향감각을 잃은 노동자들은 사기 저하돼 업무에 복귀했다. 환멸과 냉소에 빠진 프랑스 노동계급은 결국 1940년 나치의 점령에 제대로 저항하지 못하게 된다.

이 사태의 책임은 노동계급의 전위를 자처한 공산당이 져야 한다.

스페인에서는 1931년 왕정을 타도한 혁명이 계속 전진해 가고 있었다. 그리하여 이 파고波高 위에 올라탄 인민전선이 1936년 2월 선거에서 이겨 새 정부를 구성했다. 인민전선은 공산당과 사회당, 마르크스주의통일노동자당POUM[이하 POUM] 등 노동자 정당들과 두 부르주아 정당 사이에 구축됐다.

그해 7월 파시스트인 프랑코 장군이 군사 쿠데타를 일으켰다. 그리하여 내전이 시작됐다. 노동자들은 즉각 대응해 주요 도시, 특히 바르셀로나에서 노동자 권력을 창출했다. 파시스트들은 곳곳에서 격퇴되기 시작했다.

그러나 코민테른은 스페인 사회가 선진 자본주의가 아니고 또 파시즘의 위협이 당면하고 있으므로, 눈앞에서 전진하고 있던 노동자 혁명을 퇴각시키고, 후진해서 부르주아 민주주의 혁명부터 완수해야 한다고 주장했다. 2단계 혁명론이 혁명 상황에서는 반혁명적임을 보여 주는 산 증거가 중국에 이어 스페인에서도 나타난 것이다.

당시 스페인의 최대 노동자 정당은 전국노동조합총연맹CNT[이하 CNT]이었다. 이 아나코신디컬리스트 조직은 지역별로 인민전선 정부에 들어가기 시작했다. 이는 인민전선 정부가 노동자 혁명을 부르주아 민주주의로 돌려놔 '정상화'시키려는 것에 CNT가 협력한다는 것을 뜻했다.

코민테른의 논리는 간단했다. 프랑코부터 퇴치하고, 그다음에야 비로소 노동자 혁명에 착수하자는 것이다.

그러나 프랑코를 격퇴할 수 있는 힘은 바로 눈앞에서 힘을 발휘하고 있는 노동자 권력이었다. 그런데 이것을 인민전선 정부가 억눌렀으니 프랑코를 도대체 어떻게 격퇴한다는 말인가.

게다가 스탈린주의자들은 소련에서 벌어지고 있던 유혈 숙청을 스페인에서도 재현했다. 스페인 스탈린주의자들의 물리적 마녀사냥은 트로츠키주의자들을 넘어 POUM과 CNT의 당원들까지 겨냥했다.

프랑코를 물리치려면 노동자 권력이 노동자들의 혁명적 투쟁을 고무하고, 농민에게 토지를 주고, 모로코 독립을 허용했어야 했다. 그러나 혁명가들이 부르주아 정당들도 포함된 인민전선 속에서 손발이 묶여 버렸으니, 노동자 권력은 확장될 수도 존속할 수도 없었다. 1937년 6월 이후 프랑코의 승리가 눈에 보이기 시작했다.

트로츠키의 비판

트로츠키는 인민전선을 신랄하게 비판했다. 그는 인민전선을 "부르주아지와의 동맹을 위해 프롤레타리아를 배신하는 것"이라고 규정했다.

트로츠키는 아나코신디컬리스트 조직 CNT와 중간주의적(혁명적 입장과 개혁주의 입장 사이에서 동요하는) 조직 POUM도 인민전선에 참여했음을 주목했다. 이를 보며 그는 인민전선을 프롤레타리아 계급 전략의 일종이라고 봤다. 그러므로 단순히 폭로만 할 것이 아니라 이론적 논박이 필요하다고 봤다.

트로츠키가 다룬 첫 번째 이론적 논점은 인민전선이 멘셰비즘의 변형이라는 것이었다. 그는 1930년대 공산당과 사회당을 1917년

2월혁명과 10월혁명 사이 러시아의 멘셰비키와 사회혁명당에 비유했다. 1917년 멘셰비키와 사회혁명당은 카데트(입헌민주당)를 포함한 상시적 동맹을 형성하고 임시정부라는 연립정부를 구성하고 있었다.

반면, 볼셰비키는 임시정부에 참여하지 않고 소비에트에 참여하고 있었다. 그리고 볼셰비키는 임시정부에 타협하지 않았다. 볼셰비키의 요구는 임시정부라는 인민전선을 결국에는 분쇄하는 것, 카데트와의 동맹을 파괴하는 것, 그리고 노동자 정부를 수립하는 것이었다.

인민전선은 사회주의 혁명으로 나아가는 길을 가로막는 **장애물일** 뿐 아니라, 반파시즘 투쟁의 효과적 무기도 전혀 되지 못하는 도구다. 트로츠키는 다음과 같이 지적했다.

인민전선 이론가들은 산수의 가장 기초인 덧셈을 넘어서지 못한다. '공산당+사회당+아나키스트+자유주의자 > 그 각각의 단순한 합'이라는 부등식이 그들 지혜의 전부다. 그러나 산수만으로는 불충분하다. 역학도 필요하다. 힘의 합성을 뜻하는 평행사변형에서 합성되는 힘들이 서로 다른 방향을 향하면 합력(合力)은 그만큼 짧아진다. 정치적 동맹들이 서로 반대 방향으로 나아가려 한다면 합력은 0이 될 수도 있다.

때때로 공통의 정치 문제를 해결하기 위해 여러 노동계급 정치조직들의 동맹이 꼭 필요할 때가 있다. 특정 상황에서 그런 블록은 프롤레타리아의 이해관계와 엇비슷한 이해관계가 있는 천대받는 프티부르주아 대중을 끌어당길 수 있다. 그런 블록의 연합된 힘은 각 구성 부분 힘들의 단순한 합계보다 훨씬 더 클 수 있다. 그러나 프롤레타리아와 부르주아지 사이의 정치 연합은 그 기본 이해관계가 180도 반대인 두 계급 사이의 동맹이므로, 프롤레타리아의 혁명 세력을 마비시키는 데만 이바지할 뿐이다.

내전에서는 적나라한 강압이 효과를 거의 못 거두므로 내전의 두 당사자들에게 최고의 자기 절제심이 필요하다. 그런데 노동자와 농민은 자신의 해방을 위해 싸울 때만 승리를 확신할 수 있다. 이런 상황에서 프롤레타리아를 부르주아지의 지도에 예속시키는 것은 미리부터 패배를 확신시키는 것이 된다.

트로츠키가 다룬 두 번째 이론적 논점은 후진국 노동계급이 농민이나 도시 프티부르주아지와 동맹하는 문제였다. 그는 자본주의적 정당과의 동맹으로는 노동계급이 프티부르주아지를 자기편으로 끌어당길 수 없다고 주장했다. 부르주아 정당이 선거에서 주로 프티부르주아지로부터 표를 끌어모으기 때문이다.

프롤레타리아와 도시·농촌 중간계급의 동맹은 그들의 전통적 의회 내 대변체[즉 자본주의적 정당]와 비타협적으로 싸울 때만 실현될 수 있다. 농민을 노동자 편으로 끌어당기려면 농민을 급진당 정치인들에게서 떼어 내야 한다.

프티부르주아지는 극단주의에 놀라 뒤로 나가떨어지기는커녕 오히려 가장 강력하고 가장 결연한 지도를 제공하는 사회 세력에 끌린다. 그러므로 중간계급을 견인하려면 노동계급이 파시스트들보다 강력해야 하는데, 그리되려면 노동계급이 자신의 힘에 자신감을 가져야 한다. 그러므로 노동계급의 혁명적 투쟁을 약화시키는 것은 중간계급을 반동 편에 넘겨주는 것이다.

트로츠키가 다룬 세 번째 이론적 논점은 **자본가 지배계급의 구조**와 관련된다. 스탈린의 코민테른은 파시즘을 "금융자본[또는 독점자본]의 테러 독재"라고 규정했다. 이것은 파시즘이 자본가계급의 단지 일부의 이익을 대변하는 것이라는 견해에서 나온 명제다. 그리하여 자본의 다른 부분은 프롤레타리아의 반파시즘 동맹 세력이 될 수 있다는 것이다. 흔히 말하는 광범한 '민주대연합'이나 '반독점 [민중민주] 동맹' 따위의 이론적 근거가 바로 여기에 있다. 프랑스의 인민전선은 "200대 가문에 맞서는 국민의 투쟁"을 주장했다.

트로츠키는 다음과 같이 비판했다.

물론 인구의 95퍼센트, 심지어는 98퍼센트가 금융자본의 착취를 받고 있다. 그런데 이 착취는 위계적으로 조직돼 있다. 착취자 — 하위 착취자 — 하위 착취자의 하위 착취자 등등의 식으로 말이다. 이 위계 체계를 통해 최상위 착취자들이 국민의 대다수를 예속시킬 수 있다. 국민이 하나의 계급적 핵심을 중심으로 재편되려면 이데올로기적으로 재편돼야 하는데, 이것은 프롤레타리아가 '민중'이나 '국민'이나 '민족'으로 용해되지 않을 때만 이룰 수 있는 일이다.

급진당 정치인들이 프랑스를 지배하는 200대 가문에 선전포고를 할 수 있는 듯 말하는 것은 대중을 파렴치하게 기만하는 행위다. 그 200대 가문은 공중에 붕 떠 있는 게 아니라 금융자본 체계의 최고 위치를 차지하고 있다. 200대 가문을 타도하려면 경제·정치 체제를 전복해야 한다. 그런데 급진당 정치인 에리오와 달라디에는 플랑댕이나 들라로크* 못지않게 그 체제의 유지가 득이 된다. 프랑스 공산당의 주장과 달리, 한 줌밖에 안 되는 재벌에 맞서는 국민적 투쟁이 아니라 부르주아계급에 맞서는 프롤레타리아계급의 투쟁이 있어야 한다. 즉, 계급투쟁이 문제이며 이것은 오직 혁명으로만 해결될 수 있다.

하나의 계급 전략으로서 인민전선이 전제로 깔고 있는 이론적 근거를 분쇄하고자 트로츠키가 살펴본 위의 세 가지 이론적 논점들을 종합해 한마디로 요약하면 이렇다. 부르주아적 정당과 연합하는 정책은 노동계급이 반동에 저항할 수 없게 마비시켜 버린다.

짧은 맺음말

인민전선 정책은 모든 시기, 모든 나라에서 실패로 끝나고 말았다. 소련의 몰락 이후 전 세계적으로 스탈린주의 정당은 대부분 사멸하거나 크게 변신했다. 그러나 한국은 북한의 존재 때문에 사정이 다소 다르다. 비록 자민통계는 과거에 비해 현저히 현장(일터와 캠퍼스) 통제력이 약화됐지만, 일부 대기업과 일부 지역에서는 여전히 강력하다.

---

* 플랑댕과 들라로크는 둘 다 인민전선 정부 등장 앞뒤로 유력했던 주류 우파 정치인이었다.

게다가 다른 좌파가 강력하지도 않다. 박근혜 정권 퇴진 운동 속에서도 겪었지만, 민중주의가 운동 안에서 여전히 강력해, 운동의 적극적 지지자의 다수가 노동계급이었는데도 운동이 민주주의 투쟁의 한계를 돌파해 계급투쟁으로 승화되지 못했다.

인민전선은 민중주의 사상을 바탕으로 구축되는 고차원의 정치적 연합이다. 새 정부 수립을 목표로 하는 종합적인 개혁주의 전략인 것이다. 특히 자민통계가 기층에서 강력하면 강력할수록 인민전선, 즉 계급을 초월한 국민 연합은 효과를 낸다.

물론 인민전선은 선거에는 흔히 유용하다. 하지만 설사 부르주아 정당에 대한 투표가 필요할지라도 단지 투표 행위에만 국한하지 않고 전반적인 정치적 동맹으로까지 나아간다는 것은 아래로부터의 노동자 투쟁에 제동을 거는 효과를 낸다는 점을 명심해야 한다.

사회주의자는 선거투표의 비중을 부차화하고 아래로부터의 계급투쟁에 헌신해야 한다.

11장 독일·스페인 파시즘과 공동전선

최일붕

독일 파시즘의 승리

독일에서 파시즘이 승리한 주된 이유 하나는 공산당이 파시즘 문제를 두고 '순수주의적' 태도를 취한 것이었다. 공산당은 파시즘을 분쇄할 수 있는 유일한 길은 즉각적 혁명을 통해 자본주의를 전복하는 것이라고 주장했다.

매우 공업화한 나라였던 독일에는 경험 있고 조직됐으며 각성한 노동계급의 운동이 존재했다. 독일 노동계급은 개혁주의적인 독일 사회민주당SPD(아래는 때때로 사민당으로 줄일 것임)의 지도를 받았고, 그 당이 주도하는 노조총연맹ADGB으로 조직돼 있었다. 또 공산

출처: "독일 파시즘과 공동전선", 《공동전선: 이론과 실천》, 국제사회주의자들IS, 1994.

당KPD도 상당한 영향력을 미쳤다. 가장 반동적이고 야만적인 형태의 파시즘이 노동계급의 어떤 실질적 저항도 없이 이 나라에서 승리했다는 사실은 역사상 가장 큰 비극으로, "어떻게 그런 일이 일어날 수 있었는가?" 하는 물음을 우리에게 던진다.

독일은 당시 가장 선진적인 공업 자본주의 국가 가운데 하나였는데도 전통적 중간계급(프티부르주아지)의 비중이 꽤 컸다. 인구에서 공장노동자는 약 30퍼센트였고, 농업 노동자 등을 포함한 전체 육체 노동자는 인구의 대략 절반이었다. 나머지 절반 가운데 20퍼센트는 사무·서비스 노동자들이, 30퍼센트는 전통적 프티부르주아 계급이 점하고 있었다. 파시스트들이 대중운동을 건설하기에 충분한 역량만 갖추고 있다면, 이런 조건은 파시스트 운동에 실질적 기초가 될 수 있는 것이었다.

노동계급은 당시 기준으로 보면 잘 조직돼 있었다고 말할 수 있지만, 실상을 들여다보면 많이 취약했다. 육체 노동자의 4분의 1만이 노동조합으로 조직돼 있었고, 사회민주당은 약 100만 당원을 확보하고 있었다고는 하나 기회주의적 정당에 불과했다. 사민당은 1918~1923년 혁명 과정에서 발전해 나가던 노동계급 혁명을, 자신들이 수용할 수 있는 형태의 부르주아 민주주의로 되돌려 놓으려 온갖 노력을 다한 바 있다. 또 그 당은 전직 장교들로 이뤄진 무장 테러 조직인 자유군단Freikorps을 육성해 1919년 한 해 동안 노동자들을 살해하도록 시켰고 당시 등장하던 노동자 평의회(레테Räte)를 분쇄하라고도 시켰다. 이때 로자 룩셈부르크를 비롯한 독일 노동계급의 최상급 지도자들이 살해됐다. 이따위 당이 반파시스트 투쟁을 진지하게 수행할 리는 만무했다.

한편, 사무·서비스 노동자의 노조 조직화 수준은 낮았다. 노조 비슷한 것에라도 가입한 사람들이 결코 10분의 1을 넘지 않았다. 게다가 이 비율은 1929~1931년 공황이 심화하자 더욱 떨어졌다. 따라서 노동조합에 속해 있던 소수의 화이트칼라들만이 노동운동 또는 노동운동 기구에 속해 있었다고 말할 수 있다.

사민당은 노동운동 기구를 많이 통제하고 있었다. 또 대규모 협동조합과 거대한 관료 기구, 심지어는 사무 설비를 공급하는 회사 등 자기 회사들도 소유하고 있었다. 사민당이 수립한 바이마르공화국은 역사상 유례없이 탄탄한 계급 협조 기구였다. 바이마르공화국은 의무로 가입해야 하는 공장회의, 그리고 노동법원, 사회보장위원회, 경제기획위원회 등을 설치했으며, 사민당이 이것들을 철저히 통제하고 있었다. 한마디로 독일 사회민주당은 부르주아 민주주의 유지에 철두철미 투신하던 정당이었다.

그 결과, 1920년대 말 공황이 시작되자 사민당은 마각을 드러내 자신의 지지자들에게 경제적 공격을 가하기 시작했다. 임금 삭감, 사회보장 혜택 축소, 대자본가와 대농장주에게 거액의 보조금 제공하기 등의 압박이 시작됐다. 당시 경제 사정은 절박했다. 1929년과 1932년 사이에 공업 생산은 42퍼센트 하락했고 2000만 노동인구 가운데 실업자는 600만을 넘겼다. 사민당은 자기 지지자들의 생활 수준을 떨어뜨리는 공격을 자행함으로써 공황에 대처하려 했다.

다른 한편에서는 나치가 급성장하고 있었다. 이들의 득표율은 1928년 2.6퍼센트에서 1932년 7월 37.4퍼센트로 껑충 뛰었다. 돌격대SA는 이제 약 40만의 제복 입은 살인자 집단이 돼 있었다. 전통적 프티부르주아지 전체와 사무·서비스 노동자의 일부가 전통적 반동정당들을 외면하고 나치를 지지했다. 그들의 뒤를 쫓아 많은 실업자와 심지어 일부 공업 노동자도 나치에 환호했다. 명백히 나치는 사민당과 그 지도를 받는 노조총연맹, 여타 계급 협조 기관들에 대한 위협이었다.

이 상황에서는 나치에 대항한 통일된 공격이 필요했다. 물론 대중 역량의 폭발적 분출을 두려워하는 사민당·노조총연맹 지도부가 선제공격을 할 리는 만무했다. 그러므로 선제 행동은 혁명가들에게서 나왔어야 했는데, 이들은 공산당으로 조직돼 있었다.

독일 공산당은 1919년 1월에 창설돼 곧 코민테른에 가입했다. 1919~1923년 혁명 과정에서 공산당은 주요 투쟁들을 여럿 지도했지만, 경험 부족과 거듭된 잘못 때문에 자신들에게 유리했던 상황을 노동자 혁명으로 이끌지 못했다. 1923년 이후부터는 코민테른 본부(즉, 스탈린과 그의 지지자들)한테 더욱더 직접적인 통제를 받았다. 스탈린 일파의 정책은 한마디로 요약하면 '일국사회주의' 노선이었는데, 이에 따르면 우선순위에 놓이는 것은 다른 자본주의 국가에 혁명을 확산시키는 것이 아니라 소련 국경을 방위하는 것이므로, 다른 나라 공산당들이 추구하는 모든 정책은 소련의 국익이라는 관점에서 판단됐다.

세계 대공황이 시작될 무렵, 스탈린은 세계 자본주의가 전반적 위기에 처했다고 규정하면서 각국 공산당에 당면한 노동자 혁명을 대비하라고 지시했다. 이 판단은 다소 낙관적인 것이기는 했지만, 재앙을 불러올 정도로 그릇된 것은 아니었다. 실로 잘못된 것은 그런 판단에 부수된 이론인 '사회파시즘'론이었다.

코민테른 창립 10주년 기념 선언문에서 코민테른 집행위원회는 다음과 같이 공언했다.

부르주아지는 고양되는 혁명적 위기에 맞선 투쟁에서 사회민주당이라는 충실한 동맹자를 발견했다. 지난 10년 동안, 사회민주당이 마침내 마르크스주의와 결별해 자본주의 체제를 유지하고 공고화하도록 임명된 부르주아적 노동당으로 전락해 버렸다는 사실이 의심할 나위 없이 확인됐다. 대외 정책 분야에서 사회민주당은 평화주의자의 언사를 쓰며 행동하지만, 실제로는 새로운 제국주의 전쟁을 준비하는 것과 최초의 노동자 국가에 대항한 십자군을 조직하는 것을 적극적으로 돕고 있다. 대내적으로 사회민주당은 자본주의가 합리화 정책을 수행하면서 노동계급에게 굴레를 씌우는 것을 돕고 있다. 코민테른이야말로 프롤레타리아의 자본주의 타도 투쟁을 지도할 수 있는 유일한 세력이자 마르크스주의의 유일한 대표자다.

이 분석이 말하고 있는 바 못지않게 이 분석에서 빠진 것이 중요하다. 코민테른이 제아무리 "지난 10년 동안, 사회민주당이 마침내 마르크스주의와 결별해 자본주의 체제를 유지하고 공고화하도록 임명된 부르주아적 노동당으로 전락해 버렸다는 사실"을 확인했을지라도, 그것은 코민테른과 그 정책을 추종하는 사람들에게만 확인된 것이었다. 대다수 독일 노동자들은 사회민주당이 자신들의 이해관계를 가장 잘 대변하는 정당이라고 여전히 믿고 있었다. 코민테른이

도처에서 자기 깃발 아래 노동자들이 집결하고 있다고 아무리 크게 선포해도, 사민당은 여전히 독일 노동계급의 상당한 지지를 받는 정당이었다. 자본주의 전복이 즉각적 일정에 올라 있는 것이었다면, 그런 노동자들이 사민당에 대한 신뢰를 내팽개치고 공산당을 지지하게끔 하는 것이 사활적으로 중요한 문제였을 것이다.

이렇게 되게 하는 가장 좋은 방법이 '공동전선'임은 명백했다. 그런 통일된 투쟁의 바탕은 광범위했다. 실업 반대 투쟁, 임금 삭감 반대 투쟁, 파시스트들의 공격에 맞서 노동자 조직을 방어하는 투쟁 등등. 1930년쯤 나치는 이미 상당한 세력이 돼 있었으므로, 그들에 대항해 공산당과 사회민주당이 협력했어야 함은 틀림없었다.

그러나 코민테른은 이와 다르게 생각했다. 1929년 7월 코민테른은 다음과 같이 말했다.

사회민주당이 강한 나라에서는 파시즘이 사회파시즘이라는 특별한 형태를 취하는데, 사회파시즘은 파시스트 독재에 대항해 투쟁하는 대중의 활동을 마비시키는 도구로서 갈수록 부르주아지에게 봉사하고 있다.

위의 논지는 다음과 같이 귀결된다. 즉, 대중이 '사회파시즘'에 품고 있는 환상과 그것에 부여한 신용 때문에 '사회파시스트'들이야말로 대중의 반히틀러 투쟁이 더욱 진군하는 데 방해가 되고 있으므로, '주적'은 사회민주당이라는 것이다. 그리하여 독일 공산당의 역량 중 많은 부분이 사민당을 공격하는 데 투여됐다. 사민당원인 베를린 경찰 수뇌가 1929년 메이데이 시위대에 발포할 것을 명령한 적이 있을 정도로 사민당이 아무리 반동적이었다고 해도, 사민당은 여전히 노동자 대중의 당이었지 파시스트는 아니었다. 사민당을 '사회파시스트'로 매도하는 것은 공산당원들이 사민당원들과 진지하게 토론하는 것을 애당초 불가능하게 만들었다. 설상가상으로 공산당은 한 술 더 떴다.

많은 경우에 독일 공산당은 '주적'인 사민당(!)에 대항해 실제로 나치와 협력하기도 했다. 1931년 8월 프로이센주에서 나치의 주 정부 해체 제안에 대한 찬반을 묻는 주민 투표가 있었는데, 공산당은 나치와 더불어 찬성표를 요구했다. 공산당이 제아무리 자신은 파시스트들과 다른 이유로 사회민주당에 반대하는 투표를 하고 있다고 주장해도, 사회민주당 소속 노동자들의 눈에는 공산당이 나치의 협력자로 보였다. 이런 광기에는 공산당 지지 노동자들도 반발했던지 공산당은 투표에서 패배했다.

이 사건에 대한 공산당 지도자 에른스트 텔만의 의견서 가운데 일부는 다음과 같다.

우리[공산당]는 혁명적 노동자 가운데서도 브라운·제베링 사회민주당 정부가 히틀러·괴벨스 정부보다는 상대적으로 작은 악₩이라는 견해를 밝힌 사람들이 프로이센에 있었음을 인정해야 한다. 그 이상 말하지는 않겠지만, 사실 이것은 계급의식이 불충분함을 보여 준다.

그 이상 말하지는 않겠지만, 사실 이것은 프로이센 노동자들이 독일 공산당 지도부보다 자신들의 기본적 계급 이익을 훨씬 잘 인식하고 있었음을 보여 준다!

나치와의 협력 정책은 투표 행위에 제한되지 않았다. 1932년에 공산당 지도부는 자신들조차 걱정스럽게 만드는 보고서들을 받았는데, 자기 당원들이 직장에서 사민당 노동자들보다 나치 노동자들과 죽이 더 잘 맞는다는 것이었다. 그러나 이것도 부족한지, 그들은 정책을 바꾸지 않았다. 그러긴커녕 결사적으로 옹호할 줄만 알았다.

그런 정책은 당 활동의 최저 차원에서도 수행됐다. 한 공산당원이 1931년 초의 상황을 훗날 이렇게 묘사했다.

1931년 봄 (브레멘에서) 사회민주당을 지지하는 운수노조가 독일 서부의 모든 주요 항구에서 일하는 선박·부두 노동자의 대표들이 참석하는 협의회를 열었다. 그것은 공개 집회였으므로 일반 노동자들도 초대받았다. 공산당은 나치 본부에 전령을 보내 그 노조 협의회를 함께 무산시켜 버리자고 요청했다. 늘 그랬듯이 히틀러 추종자들은 그 제안에 동의했다.

회합이 열렸을 때 복도 방청석에 200~300명의 공산당원과 나치가 있었다. 공산당 측 공작 책임자는 나였고, 나치 측 책임자는 돌격대장인 발터 트리코프였다. 2분도 채 안 돼 구체적 행동 계획이 합의됐다. 회합이 시작되자마자 내가 일어서서 열변을 토했다. 다른 쪽에서 트리코프가 똑같이 했다. 의장이 우리 둘을 쫓아내라고 명령했다.

처음으로 노조 대의원 하나가 우리 몸에 손을 대자마자 우리 일행이 일어서서 소동을 피우기 시작했다. 우리는 눈에 보이는 대로 부쉈고 닥치는 대로 두들겨 팼다. 집회장은 순식간에 아수라장이 돼 버렸다. 다음 날 나치 신문과 우리 당의 신문은 모두 1면 머리기사로 부패한 지도자들의 '배반 행위'에 분노한 사회민주당 노동자들이 어떻게 그들에게 철저한 '프롤레타리아식 마사지'를 해 줬는지에 대해 보도했다.

그러므로 독일 공산당은 '주적'을 공격할 때 나치와 함께 노동조합 조직들을 물리적으로 타격할 정도로 나치와 동맹할 자세가 돼 있던 것이다.

이런 종류의 정책을 취했으니, 공산당이 사회민주당원들을 견인하지 못했다는 사실이 별로 놀라운 일은 아닐 것이다. 그러나 이것도 충분하지 않았던지, 그들의 광기는 '적색 노조'를 건설하려고 기존 노조를 분열시키는 전술도 서슴없이 채택할 정도에 이르렀다. 물론 이 전술도 역시 '사회파시즘'론에서 도출된 것이었다.

1929년 7월에 코민테른이 제출한 보고서에는 혁명적 노조를 건설하려는 욕구와 그것이 어렵고 위험한 문제라는 인식 사이의 모순이 표출됐다. 게다가 독일은 그것이 가장 어려운 나라 가운데 하나라고 지적됐다. 그 문제가 그렇게 어려운 것이라면 도대체 왜 제안했는가? 노조 분리 문제는 그것이 대다수 노동자들에게 어쩔 수 없는 대안으로 채택되지 않으면 안 되는 극단적 상황에서만 고려하는 것이 올발랐을 텐데 말이다.

코민테른은 1931년에도 "독일의 자주적인 혁명적 노조 건설에 관해 5차 적색노동조합인터내셔널[프로핀테른] 대회가 제시한 일반 노선"이 성공적으로 실현됐다며 허풍을 떨고 있었다. 그러나 코민테른이 내세운 숫자만 봐도, 독일 제2노조[RGO][혁명적 반대파 노조]는 1930년 선거에서 공산당에 표를 던진 400만~500만의 노동자들은 말할 것도 없고 심지어는 공산당원(당시 총 18만 명)조차 조직하지 못했다. '적색 노조'는 대안적 조직으로서 한 걸음도 나아가지 못했던 것이다.

오히려 그것은 부정적 효과를 낳았다. 즉, 가장 선진적인 공산당원 투사들이 개혁주의적 노조를 탈퇴함으로써, 그 개혁주의적 노조에 남아 있기는 하지만 개혁주의적 노조 관료에 맞서 싸우려 하는 노동자들이 노조 내부 활동의 구심을 상실하게 됐다는 점이다. 그리하여 공산당은 노동자 대중의 노동조합 투쟁에서 고립됐다.

코민테른은 파시즘과 부르주아 민주주의의 본질이 똑같다고 봤으므로, 이 점이 인식되기만 한다면 양자에 대항한 투쟁이 모두 진전될 수 있다고 생각했다. 그러므로 사민당 대중이 사민당과 나치 사이에는 아무런 근본적 차이가 없다는 명확한 인식을 얻게 되면, "아래로부터 혁명적으로" 동원돼 자기 자신의 지도부에 반대해서 싸울 수 있다는 것이었다! 이런 정책을 제시한 독일 공산당에 별 실질적 지지가 없었다는 것은 별로 놀랄 만한 일이 아닐 것이다.

사회민주당 조직들은 파시즘이 권력을 장악하면 전멸당하게 돼 있었다. 바로 이 때문에, 사회민주당의 소극적 **지도자들**에게조차 파시스트에 맞서는 공동 행동을 강요하는 것이 사활적으로 필요했던 동시에 가능했던 것이다. 그러나 공산당이 추구한 '아래로부터의 공동전선'론은 사회민주당 지도자들이 파시스트 독재를 확립하려는 지배계급의 노력을 아예 지지한다는 생각에 바탕을 뒀다(사실 공산당은 사회민주당 노동자들과 그들의 당 지도자들을 구분하지도 않았다).

결국 이런 주장은 단 하나의 사실만을 뜻한다. 즉, 사회민주당은 공산당과 공동 행동을 취할 수 있게 되기도 전에 공산당이 사회민주당에 관해 옳은 견해를 갖고 있다고 인정해야 한다는 것이다. 그러므로 공동전선의 요구는 "독일 공산당에 입당하라"고 말하는 것과 전혀 다름없었다.

물론, 공동전선이 혁명가들에게 가져다주는 주된 이점은 노동자 대중을 "아래로부터" 동원해 낼 수 있다는 점이었다. 진정한 공동전선 사업이 이뤄지는 곳은 바로 "하층"이다. 진정한 혁명적 사회주의자라면 노동자 대중의 지도자가 아닌 몇몇 사회민주당 대표자들을 정치적·이념적으로 전향시키는 데 관심을 두지 않는다. 그러나 노동자 대중을 동원하려면 노동자 당의 지도자인 사회민주당 지도자들에게 접근해야 했고, 파시스트에 맞서는 진정한 공동 활동이라는 기초 위에서 그들에게 접근해야 했다. 만약 사민당 지도자들이 이런 제안을 거절한다면 자신을 지지하는 노동자들의 신뢰를 잃어버리게 될 것이었다.

사민당 당원들이 파시스트의 위협을 잘 알고 있는데도 지도부가 그런 제안을 거절했다면, **바로 그때** 공산당은 사민당원들의 지지를 획득해 그들이 자기 지도자들에게서 독립된 행동을 취하도록 이끌 수 있었다. 만약 지도부가 받아들였다면 그때는 공산당과 사민당의 상이한 정책이 대중투쟁에서 검증됐을 텐데, 이는 공산당에 유리하게 작용할 것이었다.

독일 공산당이 초좌파적으로 공동전선을 사실상 배격한 것이야말로 독일에서 파시즘이 승리할 수 있었던 주된 이유 가운데 하나였다. 개혁주의 지도자들은 큰 부담을 안고 있었지만, 대중투쟁을 회피하는 것 말고는 그들에게 기대할 것이 없었다. 그러므로 파시즘에 대항해 노동계급을 동원해야 할 책임은 결국 혁명 투사들의 어깨에 지워졌다. 이들 역시 그 책임을 회피한다면 가장 잘 조직돼 있고 가장 투쟁적인 노동자들조차 패배를 겪을 수밖에 없는 것이다.

이런 범죄적 정책으로 말미암아 독일 공산당은 한때 30만 당원을 지닌 정당으로 성장했어도 노동계급 대중을 동원할 수 없었다. 그 대신 공산당은 당원의 4분의 3 이상이 실업자인 정당으로 급변했다. 이 사실은 비록 그들이 시끄러운 가두시위와 대규모 행동을 실행할 수는 있었어도, 취업해 있는 사회민주당 노동자들한테서는 그럴수록 더욱 괴리됐음을 뜻했다.

1933년 초에 히틀러가 총리로 임명됐을 때 독일 공산당은 총파업을 요구했다. 모든 독일 노동자들이 히틀러가 총리가 된 데에 두려움을 느꼈지만 총파업 요구에는 응답하지 않았다. 독일 공산당이 노동계급 운동의 광신적 과격파로 전락하는 것을 자초함으로써, 노동계급 조직들의 생명 그 자체가 걸려 있는 극단적 암흑기에조차 아무도 공산당의 말에 귀를 기울이려 하지 않았기 때문이다.

문제는 공산당이 나치와 싸우려 하지 않았다는 것이 아니다. 공산당은 나치와 싸웠고, 때로 매우 격렬하고 영웅적으로 싸웠다. 1932년 7월 17일 함부르크 근처의 알토나에서 나치 돌격대와 벌인 격투는 좋은 예다. 그러나 이런 일은 흔하지도 않았을뿐더러, 그나마 대중투쟁이 아니라 무장단끼리의 투쟁이었고 그런 의미에서 테러리즘적이었다. 더 흔한 일은 나치의 권력 장악 직전인 1933년 1월 22

일 베를린에서 일어난 것과 같은 사건이었다. 나치가 '카를 리프크네히트 공회당'에 있는 공산당 본부 쪽으로 행진했는데, 공산당은 코민테른의 지령을 따라 나치의 행진에 반대하는 행동을 취소했고, 그리하여 나치는 의기양양하게 행진할 수 있었다. 이 사건은 독일 부르주아지에게 나치에 대한 확실한 신뢰를 심어 주는 데 결정적으로 이바지했다.

공산당과 나치의 별로 빈번하지 않았던 싸움에서 승리자는 항상 나치일 수밖에 없었다. 나치 조직은 기본적으로 테러 조직이었으므로 그런 싸움의 결과는 뻔했기 때문이다. 싸움에서 이기려면 공산당은 **계급**(독일 노동계급)을 동원했어야 한다. 그들이 일반적으로 그러지 못했다는 것은 그들이 일반적으로 **대중**행동으로부터 유리돼 있었음을 뜻한다. 소집단의 영웅 정신이 문제는 아니었던 것이다.

나치가 집권한 뒤에도 공산당의 초좌파적 종파주의는 (사민당 지도자들이 단 한 번이라도 싸울 생각조차 안 하고 저버린) 사민당 노동자들과 단결해 나치의 공격에 맞서 싸우기를 거부했다. 1933년 2월 19일 국제 사회민주당 조직인 제2인터내셔널이 코민테른에 반나치 공동 저항을 제안하자, 코민테른은 노동계급이 직면하고 있는 모든 경제 문제를 망라한 합의를 이뤄야 한다는 조건을 달고, "자본과 파시즘에 맞서 싸우는 동안 공산당들이 사회민주당과 그 조직들에 대한 공격을 삼가도록* 추천하는** 것이 가능하다고 여긴다"며 회피하

---

* 조건이 충족되지 않는다면 계속 공격 — 우리가 앞서 봤듯이 물리적 타격도 포함해서 — 하겠다는 위협을 암시하고 있지 않은가?
** 코민테른이 '명령'이나 했지 '추천'하는 것 봤는가?

고 주저하고 에두르는 답변을 하면서도, "반파시스트 단결"이 요청된다는 입에 발린 말만큼은 잊지 않았다. 그리고 독일 상황에 대한 코민테른 보고서(1933년 4월)는 "독일 공산당 중앙위원회가 추구한 정치 노선과 조직 정책이 완전히 옳았음을 코민테른 집행위원회는 언명한다"고 밝힘으로써, 아직도 잘못을 깨닫지 못하고 있음을 보여 줬다. 또 코민테른은 여전히 책임을 사회민주당에 전가했다. 사민당이 코민테른의 "혁명적 공동전선"을 "공산당에 맞서는 부르주아지와의 반동적 공동전선"으로 전락시켜 버렸다는 것이다.

그러나 이렇게 말하는 것은 자기 자신의 잘못을 확인시켜 줄 뿐이다. "혁명적" 공동전선이란 그 정의상 혁명을 위해 투쟁할 태세가 돼 있는 사람들(곧 자기들)만을 포함할 수 있다. 개혁주의적 노동자들은 그 정의상 혁명적이지 않다. 공산당이 반히틀러 투쟁을 위해 허용할 만한 조건이 있다면 그것은 오직 자신이 제시한 조건인 '사회주의를 위한 투쟁'이었다. 공산당은 자신의 전략 전반에 동의하는 사람들만을 동원할 태세가 돼 있었다.

코민테른의 오판은 이에 그치지 않았다. 히틀러의 승리가 독일 노동계급에게 유리한 조건을 조성해 준다고 강변하기까지 했다. "노골적 파시스트 독재의 확립은 민주주의에 대한 대중의 모든 환상을 분쇄하고 대중을 사회민주당의 영향력에서 해방시킴으로써 프롤레타리아 혁명을 향한 독일의 진군 속도를 더할 것이다." 여기서는 100년에 걸친 노동자 투쟁이 이뤄 놓은, 노조와 정당 건설을 포함한 엄청난 성과들의 분쇄를 "해방"이라고 주장하고 있다. 또 파시스트들의 강타가 독일 노동자들을 사회민주당의 영향력에서 자유롭게 만든다고 암시하기도 한다.

나치가 승리한 지 10개월이 지나서도 여전히 코민테른은 반파시스트 투쟁이 '사회파시즘'에 반대한 투쟁에 비해 부차적 중요성만을 지니는 것으로 여기고 있었다. 그리고 공동 투쟁을 위한 어떤 행동도 "폭로 전술"로써의 가치만을 고려해 제안했다. 또 낯익은 옛 용어인 '사회파시즘'을 다시 등장시키면서 "사회민주당의 일반 노선이 부르주아 독재의 파시즘화로 향하고 있다"고 우겼다. 그리고 파시스트의 승리가 공산당의 정치 활동을 용이하게 해 준다는 주장을 또다시 언명했다. 코민테른은 파국을 겪고도 전혀 배우지 못했던 것이다.

교훈을 이끌어 내는 것은 결국 우리의 문제가 됐다. 독일 노동자 운동은 중대한 저항 없이 파시즘에 패배했다. 만약 독일 노동자 운동이 하나의 통일된 전체로서 맞서 싸웠더라면 파시스트들을 사소한 애물 다루듯 제쳐 버릴 수 있었을 것이다. 사회민주당은 투쟁을 지도할 수₩와 힘이 있었지만, 그 전반적 지향성은 대중행동에서 벗어나 있었다. 그 지도자들은 하도 집요하게 부르주아 민주주의에 대한 환상을 좇고 있었던 나머지, 자기 조직들이 투쟁을 위해 동원되기보다는 차라리 파괴되는 것을 보고자 했다. 문제는 그들에게 싸우라고 강제하느냐 아니면 그들을 추종하는 노동자 대중의 지지를 획득하느냐 하는 것이었다. 그렇게 할 수 있었던 유일한 당은 공산당이었다.

그러나 독일 공산당은 공동전선을 사회민주당 노동자들에게 그들의 조직을 포기하고 공산당을 따르라고 촉구하는 것으로만 이해했다. 공산당은 반파시스트 공동전선이 아니라 혁명을 위한 공동전선을 제안했고, 이와 더불어 사회민주당 지도자들의 정치노선뿐 아니라 사회민주당 조직들에 대해서도 극렬히 공격을 가했다.

물론 그런 조직들은 독일 혁명이 넘어야 할 장애물이었다. 확실히 그것들은 제거돼야 했다. 그러나 돌격대의 맹타에 직면해 정치적으로 살아남아야 한다는 지상명령은, 파시스트들에 맞서는 공동 행동을 위해 공산당이 모든 노력을 기울여야 함을 가리키고 있었다. 그런 공동 행동은 제한적이고 단기적일 테지만, 일취월장하는 대중행동의 파고波高를 촉발할 수 있었을 것이다. 설사 그런 공동 행동이 단순히 나치를 분쇄하는 데서 즉시 멈췄을지라도, 그것은 공산당이 사회민주당 대중의 지지를 획득할 수 있는 좋은 조건을 마련해 줬을 것이다.

반파시즘 공동전선은 파시스트의 위협에 직면해 있는 어느 노동계급에게나 필요하다. 사회민주당이 "주적"이라거나 "주된 장애물"이라거나 "파시즘의 앞잡이"라고 말하는 것은 어리석은 짓이다. 그런 짓은 혁명적 소수가 계속 소수로 남을 수 밖에 없도록 만든다. 또 계급투쟁과 혁명이 자신들이 가야 할 길이라고 믿지 않는 노동자 대중에게서 혁명가들이 절연되게 만든다. 그리고 사회민주당 지지자들이 더욱더 단단히 자기 지도자들에게 매이게 함으로써, 후자가 혁명적 소수파를 노동계급 운동에 아무런 영향도 못 미치는 광신적 과격파로 몰아 추방하는 일을 정당화해 준다.

스페인 인민전선의 패배

코민테른은 1934년 메이데이 선언 당시에도 자신의 초좌파적 종파주의 정책이 옳았다고 믿고 있었다. 그러나 같은 해 11월에는 "파시즘에 맞서 모든 노동자들의 공동 행동이 필요하다"며 급속히 우회전하기 시작했다. 이제는 행동 통일을 위해 심지어 모든 것을 희생할 태세였다.

1935년 3월 프랑스 공산당의 모리스 토레즈가 제안한 인민전선 정책이 디미트로프* 주도로 같은 해 8월 코민테른 7차 대회에서 "공식적"으로 채택된 후, 이제 관심은 어떤 방식으로 노동계급이 반파시스트 투쟁의 동맹 세력들을 획득하느냐는 문제에 집중됐다. 새로운 정책의 출발점은 파시즘에 대항해 노동계급의 단결이 필요하다는 사실이었다. 이 점에서 코민테른은 의심의 여지 없이 옳았다. 코민테른은 '사회파시즘'론을 폐기했고, 많은 노력을 들였던 적색 노조를 해산했으며, 지지를 받든 못 받든 관계없이 다른 수많은 조직도 해체해 버렸다. 그런데 노동계급 조직의 단결을 하도 강력하게 추진한 나머지, 코민테른의 우두머리인 디미트로프는 공동전선을 지지하는 모든 노동계급 조직에 대해 비판을 유보할 태세가 돼 있다고 주장했다.

그러나 코민테른이 제출한 공동전선은 두 적대적 정당 사이의 투쟁적 통일이 아니라, 어떤 대가를 치르더라도 이뤄야 하는 통일이었

---

* 게오르기 디미트로프(1882~1949) 1935~1943년 코민테른 서기장이었고 반파시즘 인민전선 노선을 주장했다. 훗날 불가리아 총리를 지냈다.

다. 그래서 코민테른은 "국가적 자유와 민족적 독립을 지키려고 모든 진보 세력들의 단결['계급'은 사상해 버렸다!]"을 추구하는 데까지 나아갔다. 이제 지난날의 초좌파주의는 "모든 국민의 광범위한 전선"을 강조하는 우경적 기회주의로 대체됐다. 영국 제국주의에 맞서는 인도의 "자유"와 아무런 차이도 두지 않고, 또 다른 제국주의에 맞서는 영국의 "자유"까지 옹호하라는 지령이었다.

단기적으로 이 정책 덕분에 코민테른은 많은 지지자를 획득할 수 있었고, 프랑스와 스페인의 인민전선은 선거에서 승리할 수 있었다. 당시 살아 있던 투사들은 그 방침이 노동 대중에게 향하는 마술적 왕도를 열어 줄 것으로 봤다. 노동계급 국제주의를 팽개치거나 '계급' 대신 '민중'을 말하는 것 따위의 '몇몇 사소한 타협'을 해서라도 대중의 지지를 받을 수만 있다면, 파시즘의 궁극적 패배는 눈앞에 닥친 것으로 보였다.

스페인의 비극적 경험은 독일에서 당한 패배 이상으로 반파시즘 투쟁이 막다른 골목에 접어들었음을 입증했다.

스페인은 독일보다 훨씬 낙후된 나라였다. 경제활동인구 약 1100만 명 가운데 소장인小匠人이 100만, 농업 노동자가 200만~300만, 공업 노동자가 200만~300만, 소농小農이 200만, 중간계급이 200만, 기생적 계층(관리, 신부, 군 장교, 인텔리, 대토지 소유자, 상층 부르주아지 등)이 100만이었다.

1936년 2월 16일 스페인 인민전선은 의회 선거에서 승리해 다수를 차지했다. 인민전선은 두 부르주아 정당, 사회당, 공산당, 아나코신디컬리스트 정당, 독립 마르크스주의 정당인 마르크스주의통일노동자당POUM[이하 POUM]으로 이뤄져 있었다. 최대 규모의 정당이며 아나키스트 노동조합인 전국노동조합총연맹CNT[이하 CNT]은 인민전선에 포함되지 않았다. CNT는 원칙상으로는 선거에 반대했지만, 상당히 양보해 실제로는 투표에 반대하는 운동을 삼갔다. 인민전선의 강령은 온건한 부르주아적 개혁 강령이었으므로 산업 국유화나 노동자 통제는 의도적으로 배제됐다.

호세 마리아 힐로블레스[스페인우익자치동맹 지도자]와 팔랑헤당이* 조직한 파시스트들은 노동자와 농민에 대한 무장 테러 등으로 인민전선을 끊임없이 위협했다. 노농 대중은 선거를 중요하게 생각했고, 선거 전 반동기에 구속된 정치범들을 석방하라고 요구했다. 또 농민은 토지를 수용하기 시작했고, 노동자는 사용자를 공격하기 시작했다. 이제 스페인에서는 온건한 인민전선 강령의 한계를 훨씬 넘어서려는 분위기가 무르익고 있었다.

그러나 반동도 조직되고 있었다. 1936년 7월 17일 [당시 프랑스·스페인 등의 지배를 받던] 모로코에서 군부의 음모가 드러났다. 이틀 후 그것은 반혁명 쿠데타로 발전했다.

노동계급과 농민의 저항은 치열했고, 반란군이 장악한 도시에는 노동자들의 시체가 산더미를 이뤘다. 그러나 공업 중심지인 바르셀로나를 비롯한 여러 곳에서 반란군은 패배했다. 7월 20일 저녁 때쯤 전선이 형성됐다. 내전이 시작된 것이다. 노농 대중은 처절히, 그렇지

---

* 1933년 창당한 스페인의 파시스트 정당. 1937년에 다른 우익 정당들과 통합해 프랑코 독재의 길을 닦았다.

만 영웅적으로 싸웠다. 정부는 주저했으며, 군부는 극히 일부만이 정부에 충성했다. 공화국(인민전선 정부) 편에 선 자본가와 지주는 거의 없었다.

노농 대중이 파시스트 군대를 물리친 곳에서는 기존 국가기관이 분쇄됐다. 그들은 그 자리에 지역 노동자위원회를 세웠다. 어떤 노동자위원회는 러시아의 소비에트와 흡사했고, 어떤 것은 그저 지역 정당 지도자들의 위원회였다. 이 위원회들은 어떤 지역에서는 거리나 소도시 전체를 통제했고, 다른 지역에서는 토지와 공장을 접수하기 시작했다. 지역에 따라 노동자위원회의 사회적 구성과 역량이 다르고 불균등했던 것이다. 아무튼 공화파 통제 지역에서 부르주아지의 재산과 권력은 파괴됐고, 그 대신 노동자와 농민의 권력이 수립됐다.

그러나 이런 대중 권력이 확산되고 공고해지려면 중앙 국가기구 장악이 사활적으로 중요하다. 대중 권력이 고립되고 지역에 머물러 있는 한, 궁극적 권력은 중앙집권제 국가기구가 노동자의 것이 되느냐 아니면 부르주아지의 것이 되느냐에 달려 있다.

결국 자본주의 국가가 부르주아 공화국의 형태로 재건됐다. 스페인이 부르주아 민주주의로 남아 있어야 한다는 스탈린과 코민테른의 정책을 추종하던 공산당이 그 과정에서 주도적 구실을 했다(물론 소련의 원조와 군사 고문관의 도움도 컸다). 게다가 다른 좌파 정당인 POUM과 CNT조차 부르주아 국가 재건을 이런저런 방식으로 돕거나 방관했다. 이들은 모두 자신의 행동을 반파시스트 단결을 유지할(노동자들의 계급적 요구를 내던져서라도) 필요성이라는 취지에서 정당화했다.

한 저자는 당시 스페인 사정을 다음과 같이 요약했다.

코민테른과 스페인 공산당의 지도를 받는 카탈루냐통일사회당PSUC은 인민전선 정부를 지키려고 노동자와 자본가의 동맹을 고집했다. 혁명은 뒷전으로 밀려났다. 반면, 아나키스트들인 CNT와 좌파공산주의자들인 POUM은 파시스트와 자유주의 자본가 둘 다에 대항해 혁명전쟁을 벌일 것을 주장했다. 노동자들의 힘은 코민테른과 카탈루냐통일사회당이 평가하던 만큼 미약하지 않았다. 많은 토지와 산업체가 접수됐고, 여러 지역에서 이중권력이 형성됐다. 히틀러와 무솔리니는 프랑코를 도울 무기와 군대를 보내 줬다. 1년 전인 1935년 무솔리니가 아비시니아(현 에티오피아)를 침공했을 때 석유 공급을 지원한 스탈린은 몇 달 동안 엄격한 "비개입" 원칙을 고수하다가 마침내 파병했다. 그러나 독일에 대항하기 위해 영국·프랑스의 "신용"을 잃는 일은 할 수 없었다. 그러므로 유일한 대안은 파시즘을 타도하되, 동시에 혁명도 차단하는 것이었다. 그 결과 스탈린의 대외 정책은 CNT·POUM 소속 노동자들과 대립하게 됐다.
결국, 스탈린이 보낸 무기들과 장교들은 (카탈루냐통일사회당의 적극적 협조 아래) 인민전선 정부를 무장시키고 그 편에 서서 CNT·POUM 소속 노동자들의 무장을 해제하기 시작했다. 그럼에도 노동자들은 파시스트들에게 대항해 인민전선 정부를 옹호하는 것이 여전히 의미 있다고 믿고 인민전선 정부에 복종하기로 했다. 그런데 소련 내에서 막 시작된 스탈린의 대숙청이 이제 바야흐로 스페인에도 마수를 뻗쳤고, 1936년 12월부터 소

런의 게페우* 출신 공작원들과 카탈루냐통일사회당 지도자들의 지시로 인민전선 정부는 CNT·POUM 소속 노동자들을 투옥하고 처형하기 시작했다(그들에게 붙은 죄목은 "파시스트"였다).

적을 앞에 두고 분열하는 것은 범죄적 광기가 아니냐고 반문할 수 있다. 인민전선 공화국이 파시스트 군대에 저항하려면 중앙집권화한 효율적 국가·군사 기구가 필요하지 않았겠냐고 물을 수도 있다. 동맹할 수 있는 모든 세력을 대동단결시키는 것이 프랑코가 파 놓은 공동묘지에 들어가는 것보다 낫지 않았겠냐고 물을 수도 있다.

그러나 문제를 좀 더 면밀히 고찰해 보면 이런 평면적 주장은 별 근거가 없음을 알 수 있다. "민주적 의회 공화국"은 파시스트의 쿠데타로 이미 박살 나 버렸다. 공화국 군대는 대부분 프랑코 진영으로 넘어갔다. 지방 행정기관도 분쇄됐다. 옛 국가권력 대신에 노동계급 권력의 지역위원회와 다양한 무장 민병대가 그물처럼 존재했다.

적에 대처하려면 국가가 재건돼야 했다. 그러나 여기에는 선택지가 놓여 있었다. 하나는 노동자와 농민이 거둔 성과들이 확대·심화돼 지역위원회들이 새로운 중앙집권적 국가로 나아가는 것이었고, 다른 하나는 중앙정부가 옛 부르주아 국가 구조를 재건하는 데 전력을 다하는 것이었다. 스페인의 좌파 정당들은 후자를 택했다. 바로 이 잘못 때문에 그들은 코민테른의 과오를 극복하지 못했다.

"산업체의 국유화는 공화국 방어라는 이해관계에 따라 결정돼야

---

* 옛 소련의 비밀경찰인 국가 정치 보안부.

한다"는 코민테른의 주장을 살펴보자.

첫째, 많은 지역에서 산업은 "국유화"돼 있었던 게 아니라 노동계급에게 장악돼 있었다. 만약 새 국가가 파시스트로 밝혀진 소유주의 산업체만 접수한다는 방침을 세운다면, 노동자들에게 스스로 손안에 넣은 공장들을 되돌려 주라고 설득해야 한다는 말이 된다.

둘째 반론은 이렇다. 코민테른의 주장에 따르면, 전시 생산은 국가적 계획과 노동자 통제에 기초하기보다는 생산의 사적 소유에 기초해야 더 효율적으로 관리될 수 있다. 만약 계약을 통해 최대한의 이윤을 가로채는 사적 자본가들이 "공화국 방어라는 이해관계"를 더 잘 충족할 수 있고 그것이 양질의 제품을 정규적으로 또 높은 생산성으로 만들 수 있는 더 나은 방법이라면, 논리적 결론은 자본주의가 사회주의보다 더 좋은 경제 운용 방식이라는 것이 된다!

토지를 놓고도 비슷한 이야기를 할 수 있다. 해방된 지역마다 농민이 토지를 장악했다. 어떤 지역에서는 접수한 토지를 자신들끼리 분할했고, 다른 지역에서는 집단 경작을 하기로 결정했다. 농촌의 근로대중은 몇 세대에 걸친 열망을 실현한 것이다. 그러나 코민테른은 농민의 이런 자주적 봉기를 즉시 중지시켜야 한다고 지령했다. 토지 분배나 집산화는 농민의 소망이 아니라 국가의 관료적 지침에 따라 결정됐다.

무장력 문제도 빼놓을 수 없다. 새로 재건된 부르주아 국가권력과 노농 대중이 얻은 성과 사이의 갈등은 "설득"이라는 단순한 문제보다 훨씬 첨예한 모습을 띠었다. 노동자든 농민이든 어느 누구도 그렇게 많은 희생을 치르고 차지한 위치를 선뜻 포기하고 공장과 농토를 공화국의 일시적 친구일 뿐인 자들에게 되돌려 주려 하지 않았다. 파시스트들은 예외적 경우들 말고는 지주와 자본가의 사유재산을 위협하지 않았다. 스페인 노동계급은 이 "기생적 계층"에게 도덕적으로 호소하기 위해 자신들의 계급적 요구를 포기하라는 요청을 받았다.

결국 노동자와 농민은 자신들이 거둔 성과를 포기할 수밖에 없었다. 그러나 노동자와 농민은 무장하고 조직돼 있었으므로 오직 무장력만이 그들을 '확실히' 단념시킬 수 있었다. 따라서 공화국 정부는 반파시스트 내전의 소용돌이 한가운데서 마드리드 방어가 아니라 노농 대중 분쇄에 매진하며 최상급 군대까지 파견했다. 국가 재건은 실제로는 반파시스트 전쟁 수행이 부르주아 통제 재도입에 비해 부차적이라는 것을 뜻했다. 아무튼 내전 와중에 전선의 사병들보다 더 우수한 내부 경찰을 갖춘다는 것은 결코 정당화될 수 없다. 이를 정당화하려 한다면, 인민전선 공화정부에게는 노동계급의 조직력을 분쇄하는 것이 프랑코를 분쇄하는 것보다 더 중요했다는 사실을 시인하는 꼴이 될 것이다.

적에 맞선 투쟁보다 주민 통제가 더 중요한 전쟁에서는 가장 우수한 장비와 인력이 경찰 업무에 배치된다. 부르주아 공화국 재건은 노동계급 분쇄를 뜻했을 뿐 아니라, 파시스트와 싸우는 데 필요한 희소 자원들이 내부 통제에 이용됐음을 뜻했다. 1937년 5월 무렵 바르셀로나에서는 경찰 테러가 극에 달해 노동자들은 염탐꾼과 밀정의 이목을 피해 숨어야 했다. 특히 아나키스트들과 POUM 당원들이 사냥 대상이었는데, 이들은 잡히면 바로 수감돼 재판을 받거나 즉결 처형을 당했다. 처형당하던 순간에도 이들은 인터내셔널가를 불렀다.

이런 테러 정책은 코민테른 지역 대표자들의 지나친 열성과 몽상이 낳은 국지적 탈선이 결코 아니었다. 그것은 스탈린과 코민테른이 스스로 칭찬하고 고무한 정책이었다.

독일에서와 마찬가지로 스페인 좌파의 용기와 헌신이 문제가 아니었다는 점을 지적해야 한다. 그들이 채택한 정치 노선이 승리를 가져다줬느냐 하는 게 진정한 문제였다. 답은 또다시 "아니요!"다.

프랑코를 지지해 싸우던 세력들을 어떻게 약화시킬 수 있었을까 하는 문제도 검토해야 한다. 토지가 공화국 정부의 계급적 쟁점이 아니었기 때문에 농민에게 프랑코를 물리치면 토지 소유를 보장하겠다고 약속할 수 없었고, 그리하여 징집된 농민에게 프랑코와 싸우라고 요구할 수 없었다. 또, 프랑코 군대에서 탈영하는 것을 농민을 위한 계급적 쟁점으로 만들 수도 없었다.

정부의 식민지 정책은 훨씬 불행한 결과를 불러왔다. 인민전선이 진정한 노동자 정부였다면 제국의 피억압 민족에게 독립권을 부여해야 했을 것이다. 프랑코 군대의 최우수 부대들은 식민지 모로코 출신의 사병들로 구성돼 있었다. 정부가 모로코 독립을 선언하고 모로코 민족주의자들을 지원했다면, 그것이 즉각적 결과를 가져오지는 않았을지라도 분명 파시스트의 기반을 약화시켰을 것이다(게다가 프랑코의 기지는 모로코에 있었다). 그러므로 모로코 독립과 지원을 전쟁의 우선순위로 삼는 명확한 조치가 있어야 했다.

그러나 인민전선 정부는 반파시스트 연합 성격의 부르주아 정부였다. 그런 단결을 위해 모로코 민중의 민족적 요구는 희생돼야 했다. 모로코 민족주의자들은 공화국 정부의 지원을 얻으러 발렌시아에 갔다가 퇴짜를 맞았다. 정부는 영국·프랑스 제국주의에 영토 재분할을 제안하기까지 했다. 자국과 영국·프랑스(코민테른과 스페인 공산당은 이들을 "평화를 애호하는 제국주의" 국가라고 불렀다)의 자본가들에게서 "신뢰"를 잃지 않으려는 절박한 노력 때문에, 공화정부는 가장 강력한 무기의 하나가 될 법한 것을 사용하지 않았다.

이것이 오늘날 우리에게 주는 교훈은 아주 뚜렷하다. 스페인의 경험은 "모든 진보적·민주적 세력의 단결"이 정확히 무엇을 뜻하는지를 보여 줬다. 그것은 파국을 초래했다.

노동자와 농민은 자신들의 요구를 제출하고 자신들의 방식대로 세력을 동원했다. 선택지는 명확했다. 자신의 성과물들을 반파시즘 투쟁의 기초로 삼고 그 기초 위에서 노동계급이 다른 동맹 세력들을 결집할지, 다른 계급들의 일부와 동맹을 맺으려는 시도에 투쟁 자체를 종속시킬지, 둘 중 하나였던 것이다. 전자를 택했다면, 노동자들의 활력과 선제공격을 바탕으로 주저하고 동요하는 자들을 끌어당길 수 있었을 것이다. 하지만 그런 활력과 선제공격은 결코 바람직하지 못한 것으로 취급받았다. 그것은 단지 개인들로서 반파시즘 투쟁 편에 설 바로 그 계급의 사회적 위치를 위협하는 것이었기 때문이다.

결국 그런 계급들은 변덕스러운 동맹자였음이 판명됐다. 그들은 노동자와 농민을 프랑코의 손아귀에 넘겨주고 평화를 청원했다. 노동자는 다니던 공장으로 돌아가 파시스트의 철의 규율 아래 놓이게 됐다. 농민은 농토로 돌아가 지주와 마름의 채찍 아래 놓이게 됐다.

프랑코의 승리로 말미암아 노동자와 농민은 저마다 '계급'으로서 고통을 받았던 것이다.

반파시즘 인민전선이 파국을 초래할 수밖에 없는 것은 파시즘에 맞서는 투쟁의 성격 때문이다. 파시스트에게 계급적 패배를 당할 처지에 놓여 있는 유일한 계급은 노동계급이다. 스페인은 상황이 후진적이었으니 여기에 빈농이나 토지 없는 농촌 노동자들을 덧붙여야 한다. 그러므로 반파시즘 투쟁의 기초는 반드시 이 계급들의 단결이어야 했다. 이것이 그저 반파시즘 동맹일지라도 그 계급들이 투쟁하는 방식은 불가피하게 그들을 착취자들과 갈등하는 쪽으로 이끈다. 파시즘에 맞서는 대중파업은 바로 자본가의 이윤에 타격을 입힌다. 파시즘과 싸우는 노동자 조직들을 강화하는 것은 바로 노동자들의 전반적 입지를 강화하는 것이다. 파시스트들과 맞서 싸운 경험에서 얻은 확신은 다른 적들(자본가들과 그들의 국가)과 맞서는 투쟁으로 번진다.

단결한 노동계급이 주도하는 반파시즘 투쟁은 좀 더 일반적인 정치적 문제를 제기하기 마련이다. 이 때문에 개혁주의 지도자들은 자기 목숨을 노리는 적인 파시즘과 맞설 때조차 그렇게 주저주저하는 것이다. 그런 대중 봉기의 결과가 미리 정해져 있는 것은 아니다. 혁명가들이 단결과 독립성이라는 원칙에 기초한 정책을 펼 준비가 돼 있다면, 그리고 파시즘에 대항해 시작된 투쟁을 끝까지 앞장서 이끌 준비가 돼 있다면, 노동계급 속에서 혁명적 영향력을 강화해 자본주의 국가를 파괴하고 그 자리에 노동자 국가를 수립해 자본주의와 파시즘을 완전히 끝장낼 수도 있을 것이다.

그러나 노동계급 내에서 가장 잘 조직돼 있고 가장 의식적인 부분이 자신의 힘을 노동계급을 억제하는 데 쓴다면, 즉 노동자·농민의 투쟁을 지배계급이 설정한 한계 속에 가두려고 온갖 체계적 노력(스페인의 무장력 사용 같은)을 기울인다면, 노동계급의 사기 저하와 가장 훌륭한 투사들의 고립, 반파시스트 투쟁의 약화만을 자초하게될 것이다.

'공동전선'이 성공하려면 항상 노동계급 조직들 사이의 합의에 바탕을 둬야 한다는 점이 가장 중요하다. 어떤 부차적 조직이나 사회집단이 합류해도 그것은 보너스일 뿐 공동전선의 목적은 아니다. 노동계급의 투쟁력은 몇몇 부르주아 인텔리가 들어오든 빠지든 결정적으로 달라지는 게 아니므로, 이런 소집단들을 끌어당기려고 노동자의 계급적 단결을 깨뜨려서는 안 된다. 독일 공산당의 초좌파주의처럼, 스페인 인민전선의 기회주의도 노동계급 공동전선이라는 개념과는 거리가 먼 것이었다.

결론

공동전선은 반파시즘 투쟁에만 적용되는 전술 개념이 아니다. 그것은 혁명가들과 대중투쟁이 조우할 수 있는 모든 차원에서 적합성을 지니는 정책이다. 혁명적 권력 장악에 못 미치는 모든 투쟁은 '부분적'이라고 규정될 수 있다. 공동전선은 바로 이런 부분적 요구들을 둘러싸고 형성될 것이다. 그러므로 공동전선 전술에는 혁명가들과 개혁주의자들 사이의 동맹이 수반될 수밖에 없다. 반파시스트 투쟁의 경우에는, 공동전선 전술이 혁명가들에게 노동계급 운동 내부의 여타 다양한 세력뿐 아니라 때때로 노동자 운동 외부에서 움직이는 세력과도 공동 활동을 전개할 것을 요구한다.

혁명적 사회주의의 공동전선 전술과 스탈린주의의 인민전선 전술 사이의 결정적 차이는 반파시스트 단결이 파시스트와 싸울 태세가 돼 있는 모든 사람을 포함한다는 점에 있는 것이 아니라, 반파시스트 단결이 혁명적 정당의 유일한 활동이 돼서는 안 된다는 점에 있다. 반파시즘 공동전선은 비록 노동계급 조직들 사이에서 운영될지라도 만약 따로 떨어져 다른 활동 분야들과 대립하게 된다면, 그것은 여전히 인민전선과 똑같은 잘못을 저지르고 있는 것이라고 비난받아 마땅하다. 문제는 반파시즘 공동전선을 계속 유지하면서도 — 심지어 노동자 조직이 아닌 조직들과도 — 그 밖의 다른 계급적 쟁점들을 중심으로 한 독자적 또는 심지어 공동전선적 활동을 계속할 수 있느냐는 데 있다. 즉 '대동단결' 자체가 문제가 아니라, '대동단결'의 전제인 계급 동학에 근거해 활동을 다각화하려는 전체적 시각으로 임하느냐는 점이 문제인 것이다.

이렇게 본다면, 파시스트들에 맞섰던 '초좌파'와 '우파'의 전술상 오류는 그들의 전술이 제안했던 바에 있기보다는 그것이 배제했던 바에 있다는 주장이 성립된다. 추상적 구호로 자신들의 순수주의적 이상을 나타내는 데 탐닉한 '초좌파'는 반파시즘 통일 행동의 가능성을 배제했다. 반면, '우파'는 노동계급의 즉각적 요구를 위한, 계급에 근거한 투쟁 분야가 반파시즘 투쟁에 덧붙여져 있을 수 있음을 간과했다.

그러므로 반파시즘 투쟁의 관건은, 파시즘을 노동계급이 살고 싸우는 조건을 바꾸지 못하는 단순한 정치적 편향 정도로 보고 무시해 버리는 것도 아니요, 그 반대로 계급이 직면한 유일무이한 위험으로 격상시키는 것도 아니다. 오히려 진짜 관건은 파시즘과 자본주의 둘 다에 대항해 싸우는 길을 모색해야 한다는 어려움에 있다. 이렇게 하지 않은 것이 1930년대 유럽 노동계급 운동이 패배한 이유다.

12장 스페인 혁명과 〈랜드 앤 프리덤〉

최일붕

"지금까지 모든 사회의 역사는 계급투쟁의 역사다." 《공산당 선언》의 첫 장은 이렇게 시작한다. 켄 로치 감독의 영화 〈랜드 앤 프리덤〉의 배경에도 계급들 사이의 투쟁이 있었다.

1936년 7월 프랑코의 군사 반란으로 즉시 내전이 일어난 것은 그 전의 계급 세력 관계 때문이었다.

20세기의 첫 30년 동안 스페인 자본주의는 더디지만 확실히 발전해, 산업 노동자 계급이 1910~1930년에 두 배 이상으로 성장했다. 하지만 이런 진보는 정치체제 근대화를 동반하지 않았다. 왕정의 사

이 글은 켄 로치 감독의 영화 〈랜드 앤 프리덤〉(토지와 자유)이 국내 개봉된 1996년, 당시 국제사회주의자들IS이 발간한 〈사회주의 노동자〉 46호(1996년 6월 11일)에 실렸다. 독자들 가운데 스페인 내전에 관해 더 알고 싶은 사람은 조지 오웰의 《카탈로니아 찬가》(민음사, 2001)를 읽는 것에서 시작하면 좋다. 이보다 더 나은 저작 중에 《레온 트로츠키의 스페인혁명》(풀무질, 2008)은 번역·출간돼 있고, 필릭스 모로가 지은 *Revolution and Counter-Revolution in Spain*(스페인 혁명과 반혁명)은 아쉽게도 우리말로 번역돼 있지 않다.

이비 의회 민주주의는 노동자와 빈농에게 정치적 대표성을 허용하지 않았다. 그것은 농업을 지배하고 있던 소수 집권자들만의 민주주의라는 본래의 한계를 넘지 않았던 것이다.

일찍이 1917년에 촉발된 위기는 1923년부터 1930년까지 프리모 데리베라 독재(왕정의 지지를 받았다) 덕분에 지연됐으나 이 정부가 무너지자 곧 다시 등장했다. 혼란에 빠진 지배계급은 왕정이 정당성을 상실해 자신들의 이익을 더는 효과적으로 보호해 줄 수 없다고 느끼고 왕정을 포기했다. 그들이 선택한 새로운 방도는 공화정이었다.

1931년에 수립된 제2공화국은 지배계급의 이런 위기를 나타낸 것이면서 동시에 그들이 시도한 해결책이었다. 하지만 위기가 몹시 심각해지자 지배계급은 새로운 정치과정을 완전히 장악하지 못한 채 사태가 자기 손아귀를 벗어날까 봐 전전긍긍했다. 별다른 대안이 없었던 그들은 처음에는 해결책을 중간계급에 속하는 좌파 공화주의자들에게 맡길 수밖에 없었다.

공화주의자들의 임무는 정치 개혁을 성취하는 것이었는데, 개혁의 목표는 자본주의 생산관계들을 근대화하는 것과 노동자 혁명을 예방하는 것이었다. 개혁이 성공했다면 지배계급은 정당성을 얻었을 것이고 노동계급과 민족주의적 중간계급을 체제 안으로 통합하기가 쉬워졌을 것이다.

새 정권은 자유민주주의(부르주아 민주주의)로의 전환에 착수했다. 이것은 부분적으로 성공했다. 정교분리가 이뤄지고, 보통선거가 시행되고, 내각이 의회에 책임을 지게 되고, 교육제도가 교회(가톨릭)

에서 독립하고, 이혼이 합법화됐다.

그러나 첫 두 해 동안(1931~1933년) 연립했던 공화주의자·사회주의자 동거 정부가 근대화의 성공에 반드시 필요하다고 봤던 다른 네 개혁은 토지, 교회, 군부, 지방자치 개혁이었다. 이 개혁 조치들은 부분적으로 또는 총체적으로 실패했다.

농업 개혁은 농촌 부르주아지를 놀래 주기만 했지 그들의 토지를 수용하지는 못했다. 토지 없는 농민은 계속 불만에 차 있을 수밖에 없었다. 종교 정책은 지배계급의 이데올로기 지배에서 중요한 비중을 차지하는 분야인 종교교육을 섣불리 건드렸다가 반동 세력이 다시 규합되는 데 좋은 빌미가 될 뿐이었다. 군 개혁은 군 상층부에 근본적 영향을 못 미쳤다. 지방자치제는 카탈루냐에서는 시행됐지만 바스크에서는 시행되지 않았다.

정치권력은 연립정부의 수중에 있었지만, 자본가들의 투자 거부나 자본도피로 경제 권력은 정부의 손아귀에서 빠져나갔다.

정부는 사회당PSOE의 협조 덕분에 조직 노동계급의 절반을 한동안 통합했으나 나머지 절반인 아나키스트(아나코신디컬리스트)들은 새 정권에 공개적 선전포고를 하고 2년 동안 세 번에 걸쳐 봉기를 일으켰다. 사회당의 연정 참여로 두 주요 노동자 조직 사이의 해묵은 갈등이 심화되는 한편, 아나키스트들의 정당인 전국노동조합총연맹CNT[이하 CNT]의 입지가 강화됐다.

그리고 이처럼 사회당이 노동자 대중의 열망을 외면하고 새 부르주아 민주주의 정권을 방어한 것은 1934년쯤에 대중이 좌경화하고 사회당도 그 뒤를 쫓음에 따라 CNT 안에서 초좌파적 봉기 지상주의 노선이 득세하는 데도 이바지했다.

이런 상황은 체제를 불안정에 빠뜨리는 데 큰 구실을 했다. 그러나 문제는 사회당이나 CNT나 모두 체제 불안정을 넘어 진정한 혁명적 시각을 제시하는 데는 성공하지 못했다는 것이다.

1933년: 반동 세력의 전열 재정비

대중이 사회당의 대정부 협조 노선과 아나키스트들의 초좌파적 봉기 노선 사이에서 표류하는 동안 반동 세력이 대열을 다시 가다듬을 시간을 벌고 있었다. 그러나 이들이 가톨릭교회의 우익 정당 스페인우익자치동맹CEDA[이하 우익자치동맹]을 통해 대정부 채널을, 그것도 불확실한 채널을 마련하기까지는 2년이나 걸렸다. 혁명을 두려워하는 부르주아지가 과연 공화정부가 혁명의 위험을 봉쇄할 것인지 아니면 촉진할 것인지 확신하는 데 시간이 필요했기 때문이다.

봉쇄할 것으로 본다면 부르주아지는 위기 해결책으로 의회제를 지지할 것이다. 물론 부르주아 민주주의의 선진적 형태가 아닌 단지 의회적 형태만을 지지할 것이다. 그러나 스페인 지배계급은 의회를 통한 동의에 기초해 피지배계급들을 지배하기보다는 힘으로 지배하는 데 더 익숙했다. 그래서 억압 권력을 잃을까 봐 다른 서유럽 부르주아지보다 더 벌벌 떨었다.

이는 19세기 후반 스페인 부르주아 혁명이 옛 지주계급과 대부르주아지만의 민주주의를 낳은 데서 비롯한 것이다. 스페인 부르주아 혁명은 완전히 새로운 부르주아 이데올로기를 내놓지 못하고 옛 지배계급 이데올로기를 수용했다. 종교(가톨릭)는 빈농을 포함한 피지배계급들을 묶는 이데올로기적 접착제였다.

반동 세력은 자신의 경제적 지배는 물론 이데올로기적 지배까지 위협하는 개혁에 맞서 싸우려고 가톨릭교회에 기댔다. 종교 수호는 재산 수호, 가정 수호, 사회질서 수호와 맞물려 있었다.

그리하여 스페인에서 부르주아 민주주의는 부르주아지 없이 이뤄질 수 있을 뿐 아니라, 부르주아지에 반대해야만 이뤄질 수 있었다.

우익자치동맹의 장기적 전망은 서로 다른 계급들이 단일한 구조 안에서 협조함으로써 계급투쟁을 '지양'하는 코퍼러티즘(계급협조주의) 국가 설립이었는데, 우익자치동맹은 의회제라는 수단으로 이를 성취할 수 있다고 봤다. 그러나 1936년 총선에서 패배한 부르주아지는 의회제라는 방안이 더는 혁명을 확실히 예방하지 못할 것으로 보이자 우익자치동맹을 저버렸다.

인민전선 정부의 탄생

1934년쯤에 지배계급에게는 길이 열려 있는 반면 피지배계급에게는 더는 그렇지 못한 듯 보였다. 이런 반감에 떠밀려 10월에 사회당은 봉기를 (서투르게) 조직했다. 아스투리아스에서 일어난 이 봉기로 부르주아지는 크게 놀랐지만, 자신들의 이익을 전통적으로 수호해 준 군부가 이번 진압에도 결정적 구실을 한 데에 꽤 안도했다. 장차 혁명이 일어난다 해도 군부가 분쇄해 줄 것임을 확신하게 된 그들은 곧 자신감을 되찾았다.

그러나 봉기 실패에 뒤이은 정부의 탄압에 반격을 가함으로써 인민전선 정부가 탄생했다. 1936년 2월 총선에서 인민전선(두 부르주아 정당과 사회당, 공산당, 아나코신디컬리스트 정당인 이베리아아나키스트연맹FAI, 마르크스주의통일노동자당으로 이뤄짐)이 근소한 차이로 이긴 것이다.

출범 초에 정부 자체는 좌파 공화주의자들(부르주아 정당들)로만 구성됐고 사회당과 공산당 등은 정부 밖에서 정부를 확고히 지지했다. 9월 4일부터는 사회당의 라르고 카바예로가 주축이 돼 (공산당, 공화파와 함께) 정부를 구성했다.

인민전선 정부는 부르주아지 가운데 반파시스트 무리와 협력하려고 자유주의적 관점에서 반자본주의적 요구들을 배격하는 합의서를 작성했다. 곧 노동계급의 주도성(헤게모니)에 관한 스탈린주의자들(예컨대 공산당 사무총장 호세 디아스나 공산당 소속 의원 헤수스 에르난데스)의 언명은 단순한 미사여구에 지나지 않음이 드러났다.

"노동자와 농민이 지도하는 부르주아 민주주의 혁명"을 위한 투쟁은 "파시즘에 반대하는 민주주의"를 위한 투쟁 때문에 빛이 바랬는데, 후자를 이루려면 노동계급은 프티부르주아지와 일부 부르주아지를 반파시스트 진영으로 끌어들여야 하고 이들에게 가능한 한 모든 양보 조치를 취할 태세가 돼 있어야 한다는 것이었다. 때때로 사안에 따라 그런 제휴는 필요했다. 하지만 문제는 투쟁 지도 자체가 그런 부르주아지한테 맡겨지게 된다는 점이었다.

혁명적 상황을 향해

1936년 4월 12일에 쓴 논설에서 트로츠키는 "스페인 상황이 다시금 혁명적이 됐다"고 선언했다. 그러나 엄밀히 따지자면 '혁명 직전 상황'이라고 하는 게 더 정확할 것이다.

노동자와 빈농 등 피억압 민중 사이에서 희망과 의심이 교차했다. 개혁 정부가 들어서서 진정한 개혁 조치가 실행될 수 있게 됐다는 희망과 좌파 공화주의자들만으로 과연 그것을 이룰 수 있을까 하는 의심이 공존했던 것이다.

한편, 농촌 부르주아지는 농업 개혁이 실제로 진전된다면 자기 재산이 크게 위협받으리라는 점을 분명히 깨닫고 있었다. 농업 개혁이 "부르주아 민주주의적"(소토지 분할)이냐 아니면 "사회주의적"(집산화)이냐 하는 문제는 그들에게 현학이었다. 민주주의는 어쨌든 그들의 해결책이 돼 본 적이 한 번도 없었다. 정부의 농업부 장관 마리아노 루이스푸네스는 "농업 개혁을 거치며 계급투쟁이 벌어지고 있다"고 말했다.

전에도 군사 반란이 일어난 적은 있었지만 내전으로 비화한 적은 없었다. 농촌 부르주아지가 원한 것은 법과 질서를 회복할, 즉 자기 생명과 재산을 보호할 군부 정권을 세우려고 신속히 쿠데타를 일으키는 것이었다. 따라서 그들은 의회 바깥의 세력에게 기댔다. 군부와 팔랑헤당, 돈 카를로스* 당, 왕정복고파 따위의 예비군이 그런 세

---

* **돈 카를로스**(1788~1855) 스페인의 왕자. 형인 페르난도 7세가 죽은 후 왕위 계승권을 박탈당하자 1833년 내란을 일으켰다.

력으로, 이들은 한결같이 코퍼러티즘 국가를 통한 계급투쟁 지양을 표방했다.

스페인 노동계급은 유럽 노동운동의 가장 선진적인 부분이기는 했지만 아쉽게도 단단히 결속돼 있지는 못했다. 1934년 여름 농업 노동자 파업은 공업 노동자의 지지를 받지 못했고 1934년 10월 사회당 봉기는 농업 노동자의 지지를 받지 못했다. 이런 분리는 내전이 벌어지자 전선의 식료품 공급에 차질을 빚는 데 한몫했다.

노동자와 빈농이 공장과 농장을 혁명적으로 장악한 곳에서 정당이나 노동조합의 지도부가 그 일에 선제 행동을 취한 것은 아니었다. 예를 들어, CNT 지역위원회든 바르셀로나 지역연맹이든 그런 지시를 내린 바가 없었다.

실제로 아나키스트 지도자들은 혁명을 수행하지 않았고 오히려 혁명을 제어하려고 인민전선 정부에 협력했다. 평범한 노동자들이 이미 혁명에 돌입했는데도 말이다. CNT는 사실상 권력이었지만 권력 잡기를 거부했다.

스페인 혁명은 내전에서 이기기 위해 혁명을 밀어붙이는 데 필요한 조건들이 없었기 때문에 실패했다. 그 가운데 가장 중요한 조건은 부르주아 국가의 잔존물을 깨부술 혁명적 권력을 파편화돼 있는 지방 권력들로부터 창출해 내는 것이었다. 이를 이루려면 내전 승리라는 과제에 노동자와 빈농 대중을 총동원해야 했다. 내전은 **혁명적 인민 전쟁**이 돼야만 했다.

그러나 스탈린주의자들(스탈린, 코민테른, 스페인 공산당)은 정규군(인민군)으로 내전을 치르고 혁명은 프티부르주아지와의 동맹과 민주공화국이라는 틀 안에 가둬 두는 전략을 추구했다. 외국의 부르주아 민주주의 정부들과 선린외교를 유지한다는 대외 정책도 이런 편협한 전략 수립에 일조했다.

민중과 무장 세력은 하나로 융합되지 못하고 분리됐으며, 말 그대로 전쟁 따로 혁명 따로 놀았다. 마드리드에서 벌어진 고전苦戰이 이를 뚜렷이 보여 줬다. 공화정부 지지자들이 장악한 지역에서 어느 계급도 민주공화국인 국가를 전면으로 장악하지 못했다.

이렇게 불안정한 체제 안에서 부르주아지 내 반파시스트 무리와 노동계급의 동맹은 투쟁을 부르주아지가 지도하는 것으로 끝내기 십상이었다. 이 점은 1937년 5월 바르셀로나에서 공산당이 마르크스주의 통일노동자당과 아나키스트들을 공격하고 곧이어 정부 수반이 라르고 카바예로에서 후안 네그린으로* 바뀌자 의심의 여지 없이 드러났다.

사실상 전선에서 치르는 전쟁과 군사적 승리에만 역점을 뒀던 공산당은 후방을 등한시했고 결국 대중의 사기 저하는 불 보듯 뻔한 일이었다.

집산화 문제

영화 〈랜드 앤 프리덤〉의 가장 인상 깊은 장면 하나는 마을 토

---

* **후안 네그린**(1892~1956) 1929년에 사회당에 입당한 뒤 1936년 9월 재무부 장관이 됐다. 1937년 5월에는 총리가 됐는데, 스탈린주의자들과 관계가 깊은 사회당 우파로 볼 수 있었다.

지를 집산화할 것인가 아니면 분할해 각 농민 가정에 분배할 것인가 하는 문제를 놓고 의용군(영화는 '시민군'으로 번역했고 흔히 '민병대'라고도 한다)이 열띤 논쟁을 벌이는 광경이다.

이 장면이 암시하듯이, 스페인 내전에서 진정한 문제는 후방에서 성취한 혁명적 성과를 정치적으로 통제하는 일이었다. 바로 그 혁명적 성과 덕분에 내전 초기 노동계급과 빈농은 투쟁이 의미가 있음을 알게 됐고, 전쟁이 끝난 뒤 누리게 될 계급 억압 없는 삶을 동경하면서 지금 전쟁에서는 희생을 참아 낼 수 있었다. 또 그런 일종의 전시 공산주의에 기초해 투기와 매점매석을 제한할 수 있었고, 전선에 배치된 부대 몫으로 잉여생산물을 확보해 놓을 수 있었다.

카탈루냐 지방과 영화의 주요 무대가 된 아라곤 지방에서는 대체로 집산화가 실행됐지만, 그 밖의 지역에서는 고르게 실행되지 않았다. 안달루시아의 공화정부 통제 지역에서 아나코신디컬리스트 집단농장은 단지 버려진 토지에만 건설됐고, 집단농장에 동참하기를 거부한 소토지 보유 농민(소농)은 자기 땅을 직접 경작할 수 있었다.

그러나 내전이 32개월이나 지속될 수 있었던 것은 희생을 감수하면서까지 노동자와 빈농이 집산화된 생산을 유지했기 때문이다. 결국 후방의 혁명은 전방의 전쟁을 뒷받침하지 못했다. 혁명과 전쟁은 이론상으로는 그러지 않았을지 몰라도 실제로는 따로따로 놀았다.

전쟁과 혁명의 상호 관계에 대한 서로 다른 의견들로 노동자 조직들은 더 크게 분열했다.

1936년 7월 공산당은 "1931년 4월 14일에 수립돼 1936년 2월 16일에 부활한 민주공화국"을 수호한다는 견해를 밝혔다. 1937년 3월에는 혁명이 공화정부 통제 지역에서 옛 지배계급을 파괴하고, 전쟁 전 공화국의 한계를 넘어 "심오한 사회적 내용을 지닌 새로운 유형의 민주 의회 공화국"을 창출하고 있다고 지적하면서, 농촌과 도시의 프티부르주아지를 결연히 방어했다.

더욱이 군사 반란에 연루된 지주들의 토지만을 수용하는 것이 옳다고 본 그 스탈린주의자들은 노동자를 고용하는 자본가적 농민과, 비록 군사 반란에 연루되지는 않았지만 전쟁 전에 노동자와 빈농을 착취하고 탄압했던 호족(토호)에 대해서도 아무런 조처를 취하지 않았다.

집산화 문제보다 더 근본적인 문제는 혁명에 대한 **정치적 통제**를 둘러싼 것이었다. 예를 들어, 스탈린주의자들은 아라곤에서 이뤄진 집산화를 폐지하지 않았다. 하지만 그들은 아라곤 평의회를 폐지함으로써 그 지방에 대한 아나키스트들의 통제를 폐지했다.

정치적 주도권을 쟁취하려 한 공산당은 극좌파(아나키스트와 마르크스주의통일노동자당이 주축을 이룸)에 대해 무자비하고 종파적이며 유혈 낭자한 투쟁을 벌였다. 스탈린주의자들은 사회당의 주류 개혁주의자, 사회당이 통제하는 노동조합인 노동조합총연합UGT, 공화파 자유주의자 등에게 기대려고 혁명을 봉쇄하면서, 전쟁의 관점에서 봤을 때 혁명이 필요함을 이해한 CNT 당원과 사회당 당원 일부를 제거했다.

이렇게 혁명적 잠재력을 경시하고 질식시킴으로써 공산당은 노동계급 안에 내재해 왔던 역사적 분열을 심화했고, 전쟁 승리에 반드시 필요했던 목표의 단일성을 확보하지 못했다. 물론 이런 실책은 스페인 공산당이 소련과 코민테른에 의존한 데서 비롯한 것으로, 따라서 더욱더 치명적인 잘못이었다.

좌파 진영에서 혁명과 전쟁이 일치하지 않았다면 우파 진영에서는 전쟁과 반혁명이 통일됐다.

프랑코가 통제하는 지역에서 계급투쟁은 차갑게 계산된 야만적 탄압을 받았다. 대중이 쓰라린 패배를 거듭하지 않는 한 속전속결은 프랑코에게 불리했다. 오히려 지구전이 파시스트에게 유리했다. 또 파시스트에게는 오직 섬멸전과 무조건 항복만이 의미 있는 것이었다. 그게 아니라면 그들의 승리는 언제나 공화파의 반격으로 역습당하는 취약한 것이었다.

이 때문에도 후방의 계급투쟁은 중요했다.

13장 프랑스 인민전선

크리스 뱀버리

최근 몇 달 동안 《마르크시즘 투데이》는* 이른바 '대처리즘'을** 저지하려면 광범한 동맹이 필요하다는 운동을 벌이고 있다. 《마르크시즘 투데이》는 노동운동이 중간계급 유권자를 대표하는 정당인 사회민주당SDP과 자유당,*** 심지어 '진보적' 보수당원들과도 동맹을 맺어야 한다고 주장한다. 대처리즘은 민족주의, 법질서에 대한 위협, 선택의 자유 같은 사상을 이용해 대중적 지지를 얻은 우파적 경향으로 새로운 현상이기 때문에 이런 동맹이 필요하다고 말한다.

영국 공산당 당원은 갈수록 줄고 있지만 《마르크시즘 투데이》의

출처: "The Popular Front", *Socialist Worker Review* 74, March 1985.

* 1957~1991년에 발간된 영국 공산당 이론지.

** 1980년대 영국 총리 마거릿 대처의 통치와 정책(민영화, 복지 축소 등)을 이르는 말.

*** 사회민주당은 1981년 데이비드 오언 등 노동당 우파가 탈당해 만든 우파 사회민주주의 정당으로 1988년 자유주의 정당인 자유당과 통합해 자유민주당이 됐다.

이런 주장은 폭넓은 청중을 끌어당겼다. 그러나 이런 주장은 새로운 것이 아니다. 《마르크시즘 투데이》가 스스로 언급하듯 이들이 '민주 대연합'의 모범으로 꼽는 것이 있는데, 바로 1935년 여름에 형성된 프랑스 인민전선이다.

인민전선이 등장한 이면에는 공산당의 다음과 같은 사고가 자리 잡고 있었다. 당시 유럽은 파시즘 물결이 차오르고 있었다. 이탈리아에서는 무솔리니가 1920년대부터 권력을 장악했고, 독일에서는 히틀러 정권이 막 들어섰으며, 영국과 스페인과 프랑스에서도 파시스트들이 세력을 키워 나갔다. 프랑스 공산당의 지도자인 모리스 토레즈는 파시스트들이 민족주의 같은 사상의 흡인력을 이용해 지지를 얻고 있으니 좌파는 이런 사상을 가로채 자기 것으로 만들어야 한다고 주장했다.

토레즈는 인민전선 전략을 다음과 같이 설명했다.

우리는 적들이 우리에게서 훔쳐 가 짓밟은 것을 과감하게 빼앗았다. 라마르세예즈[프랑스 국가]와 삼색기[프랑스 국기]를 되찾았다.

한 선거 방송에서는 청취자들에게 다음과 같이 이야기했다.

우리는 '불의 십자가Croix-de-Feu'에 속한 민족의용대원이나 재향군인에게 손을 내밉니다. 여러분은 민중의 아들이며 우리처럼 무질서와 부패로 고통

---

* '불의 십자가'는 제1차세계대전 참전 군인 중심의 파시스트 단체였고, 산하 단체인 민족의용대는 민간인으로 구성된 준군사조직이었다.

받기 때문이고, 우리처럼 나라가 파국이나 재앙으로 나아가는 것을 막고 싶어 하기 때문입니다.

인민전선이 형성된 직후, 토레즈는 독일의 위협으로부터 '조국'을 지키기 위해 우익 정당들도 포함한 '프랑스인의 전선' 결성을 요구했다. 토레즈는 노동계급 혼자서는 파시즘의 위협을 저지할 수 없다며 이 모든 것을 정당화했다.

프랑스에서 파시즘의 위협은 실질적인 것이었다. 가지각색의 파시스트 단체들은 구성원이 총 100만 명이나 된다고 주장했다. 1934년 2월, 파시스트들은 급진당 정부를 내쫓으려고 프랑스 의회에 전면 공격을 감행할 만큼 자신감에 차 있었다. 급진당의 에두아르 달라디에 총리가 사임했으며, 그 자리에 '강경 우익' 정부가 들어서서 파시즘을 향하는 길을 닦아 주는 듯했다.

이에 대응해 사회당과 주요 노조 연맹인 노동조합총연맹CGT은 하루 총파업을 호소했다. 파리에서만 100만 명의 노동자들이 파업에 참가했다. 그날 두 시위대가 파리의 동쪽 끝에서 행진을 시작했다. 하나는 사회당과 노동조합총연맹 지도자들이 이끌었고, 다른 하나는 공산당이 이끌었다. 행진로를 따라가다가 두 행렬이 마주쳤다. 잠시 그들은 서로 바라봤다. 그리고는 "단결, 단결!" 하는 외침과 함께 합류해서 파리를 휩쓸고 지나갔다.

그런 단결된 시위로 좌파에게 새로운 장이 열리는 듯했다. 독일에서는 좌파가 분열해서 [파시즘에] 제대로 대항하지 못했기 때문에 히틀러가 정권을 장악할 수 있었다. 이제 유럽의 다른 정당들과 함께 프랑스 사회당도 강력한 급진화를 경험하고 있었다. 사회당 내 좌파는 당원 가운데 3분의 1의 지지를 받고 있었다. 특히 그들은 파리의 중요한 지구당들을 통제했다.

1934년 7월 사회당과 공산당은 '공동 행동 협정'을 맺었다. 그해 10월, 토레즈는 (급진당이 중간계급을 대표한다고 주장하며) 급진당을 포함한 '광범한 인민의 전선'을 호소했다. 긴 협상 끝에 새로운 인민전선이 1935년 7월 14일(프랑스 혁명 기념일) 거대한 행렬과 더불어 출범했다.

1936년 5월 인민전선 정부가 당선했다. 선거 전에는 동맹을 대표해 급진당이 총리직을 맡기로 합의돼 있었다. 그러나 선거 결과 급진당의 득표수는 급감했다. 그 대신 사회당이 원내 제1당으로 떠올랐고, 그리하여 사회당 지도자인 레옹 블룸이 총리가 됐다. 공산당도 눈부신 성적을 거뒀다.

선거를 계기로 노동계급 역사상 가장 거대한 파업 운동이 펼쳐졌다. 1년 전 브레스트와 툴롱의 해군 조선소 파업은 노동자들의 자신감이 높아짐을 알리는 신호였다. 이것은 1934년의 사건들 이후 좌파가 파시즘을 물리쳤다는 생각과 밀접히 연관돼 있었다. 이런 급진화는 사회당에도 반영됐다. 당내 좌파는 조직적으로는 [당내 우파와] 단결해 있었지만 정치적으로는 분열하게 됐다. 그중 한 그룹은 공산당의 정치 노선을 공유하면서 블룸을 충실히 후원했다. 마르소 피베르가 지도하는, '혁명적 좌파'라고 불린 다른 그룹은 혁명적 사회주의와 비슷한 견해를 취하기 시작했다.

피베르는 "모든 것이 가능하다"고 선언했다. 그는 인민전선 강령

내에서 모든 것을 말한 것이지만 그 구호는 노동계급의 정서와 들어맞았다. 프랑스 전역에서 공장들이 점거됐다. 미조직 사무 노동자들과 심지어 폴리베르제르[파리에서 가장 오래된 음악당]에 있는 무용수들도 파업에 동참했다.

토레즈는 "아니다. 모든 것이 가능하지는 않다" 하고 단언한 뒤 "파업을 끝낼 줄도 알아야 한다"고 훈계했다. 공산당 기관지 〈뤼마니테〉는 다음과 같은 표제를 1면에 실었다. "공산당은 질서를 뜻한다."

그 뒤 레옹 블룸은 다음과 같이 썼다. "거대한 개혁만이 혁명을 막을 수 있다." 노동조합 지도자들은 임금 인상과 노동시간 단축, 유급휴가가 포함된 협상안에 서둘러 서명했다. 아래로부터의 저항에도 아랑곳없이 파업은 철회됐다. 1937년 3월 사회당 소속 내무부 장관은 파시스트 집회장 바깥에서 항의하던 시위대를 향해 발포하라고 경찰에 명령했다. 네 사람이 총에 맞아 죽었다.

1934년의 사건들 이전, 즉 사회당과 공산당이 파시즘에 맞서 함께 싸우기를 거부했을 때, 망명 중이던 레온 트로츠키는 노동계급 조직들의 공동전선을 요구했다. 그러나 이제 그는 비판의 화살을 새로운 인민전선 전략 쪽으로 돌렸다.

1934년 이전, 스탈린의 지령을 따르던 공산당들의 정책은 사회(민주)당이 '사회파시스트'라는 것이었다. 트로츠키는 이것을 비판했는데, 공산당의 그런 정책이 개혁주의 사상을 받아들인 노동자들과의 공동 행동을 배제하는 것이었기 때문이다. 그것은 히틀러를 물리치는 데 필요한 노동자 대중 동원을 가로막았다. 이제 트로츠키는 프랑스 제국주의의 주요 정당인 급진당과의 인민전선도 똑같은 결과를 낳을 것이라고 지적했다.

트로츠키는 개혁주의적 노동자들과 혁명적 노동자들을 모두 동원할 수 있는 공동전선을 외쳤다. 이것과 달리 인민전선은 그 지지자들의 활동을 엄격히 제한하는 강령을 바탕으로 삼고 있었다. 트로츠키는 다음과 같이 썼다. "프랑스 인민전선은 처음부터 사회당과 공산당이 자신들의 정치 활동을 급진당의 통제 아래 뒀음을 나타낸다."

인민전선 강령은 너무 온건해서 일부 급진당원조차 비난할 정도였다. 파시즘 문제를 두고 인민전선은 파시스트 조직에 대한 국가의 금지령을 주장하는 데 그쳤다. 특히 인민전선은 프랑스의 재무장을 지지했다. [인민전선이 결성되기] 바로 두 달 전에 소련은 프랑스와 군사협정을* 체결한 바 있었다. 인민전선은 노동자들을 공동 행동으로 결속하는 것이 아니라 대중 위에 군림하는 지도자들 사이의 합의였을 뿐이다. 그 지도자들은 서로 아무 비판도 하지 않기로 합의함으로써, 자신들의 행동에 대한 모든 비판을 효과적으로 잠재웠다.

트로츠키는 노동계급 바깥의 집단과 동맹하는 것을 배제하지 않았다. 실제로 그는 러시아 혁명이 농민의 지지 없이는 성공할 수 없었다고 지적했다. 그런데 토레즈는 급진당과의 동맹이 노동계급과 중간계급과 농민 사이의 단결을 나타낸다고 주장했다. 트로츠키는 이에 답변하며 다음과 같이 꼬집었다. "프롤레타리아와 도시·농촌 소소유자들 사이의 동맹은 프티부르주아지의 전통적 의회 대표들에게

---

* 1935년 5월에 체결한 프랑스·소련 상호 지원 협정. 스탈린은 독일의 침공에 대비해 프랑스·영국 제국주의와 군사동맹을 추진했고, 프랑스의 재무장 정책을 지지했다.

반대하는 비타협적 투쟁 속에서만 실현될 수 있다."

트로츠키는 중간계급을 두 주요 계급(프롤레타리아와 부르주아지) 사이에서 어느 한편으로 이끌리는 집단으로 묘사했다. 위기의 시기마다 중간계급은 필사적으로 해결책을 찾았다. 파산한 상점 주인이나 빚 때문에 땅을 잃게 된 농민은 은행가들의 권력을 제한하기를 원했다. 그런 상황에서 중간계급은 극우나 극좌 가운데 문제를 해결할 수 있을 듯한 어느 한편으로 이끌릴 수 있다. 그러나 인민전선은 중간계급이 등 돌린 바로 그 정치인들을 지지하면서 단결을 추구했다. 트로츠키의 말을 빌리면, 급진당은 중간계급을 은행가나 다국적 금융 자본가에게 얽어맨 정당이었다.

트로츠키는 (만약 성취된다면) 노동자들의 이익을 증진할 제한된 요구를 둘러싼 단결이 필요하다고 주장했다. 그런 단결 속에서 모든 조직은 자신의 정치적 견해를 유지하며 다른 조직을 비판할 자유를 누릴 것이었다. 무엇보다 그것의 목적은 대중투쟁과 참여를 불러일으키는 것이었다. 반면에 인민전선은 대중운동을 억제하는 브레이크와 같다고 트로츠키는 주장했다.

사회당의 일부였던 피베르의 '혁명적 좌파'만이 인민전선 정부를 반대했다. 그러나 그들의 정치사상은 뒤죽박죽이었다. 그들은 '투쟁하는 인민전선'을 요구했다. 피베르는 '혁명적 행동위원회'를 제안하는 운동을 벌였다. 그렇지만 파업이 한창일 때 그는 총리실 홍보수석이 됐다!

한 피베르 지지자는 다음과 같이 썼다. "제2의 인민전선[투쟁하는 인민전선 — 지은이]을 위해 우리는 제1의 인민전선에 충실히 참가할 수밖에 없었다. 우리는 이 타협을 놓고 그럴듯하게 변명할 구실을 찾아냈다. 제1의 인민전선을 진전시키려면 거기에 속해야 한다는 것이었다."
그와 비슷하게, 피베르는 레닌의 노선에 따라 건설되는 혁명적 정당을
주장하면서도 사회당을 내부에서 그렇게 바꿀 수 있다고 강변했다.

피베르 그룹은 진짜로 혁명적 사상에 이끌렸다. 그러나 트로츠키
는 이들이 블룸과의 단절이나 프랑스 노동계급의 관료적 지도자에
대한 도전을 거부한다고 다음과 같이 무자비하게 비판했다.

> 마르소 피베르는 이런저런 혁명적 구호를 되풀이하지만, 그 구호를 '조직
> 적 단절'이라는 추상적 원칙에 종속시킨다. … 피베르 경향의 본질은 바로
> 이것이다. '혁명적' 구호를 받아들이지만 그것에서 필연적 결론을 이끌어
> 내지는 않는 것. … 이렇게 되면 온갖 '혁명적' 구호는 공허한 것이 된다.
> 현 단계에서 피베르의 선동은 혁명적 노동자들에게 일종의 아편 구실을
> 한다. 피베르는 혁명적 노동자들에게 혁명적 투쟁이나 '혁명적 행동'에 찬
> 성하면서도 … 동시에 국수주의자 같은 인간쓰레기들과 친한 관계를 유
> 지할 수 있다고 가르치려 한다.

피베르는 사회당에 집착함으로써 '인민전선 체계 안으로' 들어갔다.

블룸은 뒤로 물러나 공산당과 사회당 좌파 내의 공산당 동맹자
들이 피베르를 공격하는 것을 보며 흐뭇해했다. 그는 노동자 투쟁이
퇴조해 피베르가 고립될 때까지 기다렸다가 '혁명적 좌파'를 출당했
다. 피베르는 새로운 정당을 창당하려 했지만, 이미 사회당에 남아
있어야 한다고 선언한 뒤라 소수의 지지자만을 획득했을 뿐이었다.

인민전선은 사회당 지도부가 계급 전투성 고양기를 무사통과하는

수단이 됐다. 계급 전투성이 가라앉자 그들은 자신의 좌파 동맹자들을 저버렸다. 특히 블룸은 자기 당의 좌파를 고립시키고 파괴하려는 수단으로 공산당이 제기한 주장 — 사회주의를 내팽개치는 데 쓰인 좌파적 겉치레 — 을 사용했다.

프랑스 인민전선은 어떤 실질적 의미에서도 결코 대중운동이 되지 못했다. 1936년 6월의 파업 물결이 거세질수록 급진당은 점점 더 겁먹었다. 급진당을 인민전선 동맹 속에 계속 묶어 놓기 위해 점차 공산당은 모든 것이 인민전선 강령에 따라 설정된 한계, 즉 급진당이 그어 둔 선 안에서 이뤄져야 한다고 요구했다.

1938년 6월, 단독으로 정부를 다시 통제하게 된 급진당은 노동자들이 1936년 파업으로 쟁취한 주 40시간 노동제와 여타 성과물을 폐기했다. 공산당이 이끈 노조들은 처음에 협상을 시도하다가 결국 하루 파업을 호소했다. 그 파업은 무엇보다 공산당의 영향력이 건재함을 보여 주는 데 목적이 있었다. 200만 노동자들이 파업했지만 파업 조직자들은 이날의 행동이 '비정치적' 항의라고 강변했다. 파리 경찰은 파업 참가자들을 물리적으로 공격했다. 정부는 파업이 실패했다고 선언하며 노동자들에게 일터로 돌아가라고 말했다.

그동안 잠시나마 좌파에게 희망을 걸었던 중간계급은 인민전선이 너무나 낯익은 정책을 수행하고 있음을 봤다. 다시 한 번 그들은 우익 정당을 지지하는 쪽으로 옮겨 갔다.

오늘날 유러코뮤니즘 이론가들은 인민전선이 성공했다고 강변하며 이런저런 주장을 내놓는다.

우선, 프랑스에서 사회주의는 가능하지 않았기 때문에 이 모든 것이 필연적이었다고 이야기한다. 만약 노동계급이 권력을 장악하려 했다면, 영국 제국주의는 물론 나치 독일이나 파시스트 이탈리아 등이 모두 개입했을 거라는 것이다. 게다가 이런 일이 정말 일어났다면 150만 명이나 되는 급진당 지지자들이 두려움에 차 파시즘의 품으로 들어갔을 거라는 것이다.

1917년 러시아에서 그런 주장들이 볼셰비키 사이에 만연했다면(러시아 노동계급은 1936년의 프랑스 노동계급보다 훨씬 약했고 국경선 코앞에 닥친 적과 대치하고 있었다), 레닌은 제네바에 그냥 머물러 있었을 것이다. 유러코뮤니스트들이 놓치고 있는 더욱 중요한 사실은, 거의 모든 논평가들이 언급했듯이 1936년 여름의 파업과 공장점 거가 중간계급의 일부에게서 상당한 동조를 얻었다는 점이다.

그들의 주장은 그해 여름 피레네산맥 너머 스페인의 카탈루냐와 주요 도시들에서 노동계급이 사실상 권력을 잡았다는 점도 간과한다. 스페인 내전을 부른 혁명의 물결은, 프랑스처럼 공산당과 사회당이 중간계급 공화주의자들과 맺은 동맹인 스페인 인민전선 정부가 1년 뒤 노동자 민병대의 무장을 해제하고 '질서를 회복'하자 가라앉게 된다. 또 프랑스 인민전선이 파시즘에 얼마나 열심히 반대하는지는 [스페인 혁명가들에] 프랑코의 파시스트 군대에 맞선 싸움에서 군사원조를 요청했을 때 드러났다. 프랑스 의회에서 인민전선이 스페인에 개입하지 않기로 결정하는 사이, 블룸은 독일·이탈리아와 '불간섭 협정'을 체결했다(곧 독일과 이탈리아는 협정을 무시한다).

인민전선을 옹호하는 사람들은 인민전선 덕분에 좌파가 대중의 지지를 다시 얻었다고 주장한다. 그때 프랑스와 그 밖의 다른 나라에서 공산당이 성장했다는 점은 의심의 여지가 없다. 100만 명이 안 되던 프랑스 노동조합원 수도 1936년 여름 800만 명으로 증가했다. 그러나 조합원 수는 3년 뒤 다시 100만 명으로 줄었다. 이것은 사용자들의 공세를 나타내는 지표였다. 1939년 제2차세계대전이 일어났을 때 프랑스 좌파는 혼란에 빠졌다. 한때 강했던 사회당 좌파는 산산조각이 났다.

프랑스 공산당은 극우의 대중적 흡인력을 '잠식'하려고 정말 애썼다. 인민전선이 해체되자 공산당은 "법 존중, 민족경제 보호, 조국의 자유와 독립 수호"에 바탕을 둔 새로운 동맹을 제안했다. 말할 필요도 없이 이 요구는 파시스트나 우익의 사상을 받아들인 사람들에게서 별다른 반응을 얻지 못했다. 반면, 1936년 여름 대중파업은 전에 파시스트 집단에 지지를 보내던 많은 노동자들을 실제로 끌어당겼다.

마지막으로, 과연 인민전선은 파시즘 저지라는 스스로 공언한 목표를 이뤘는가?

1933년 독일 지배계급은 노동계급이 효과적으로 저항할 수 없다고 확신했기 때문에 히틀러를 선택했다. 1934년 초 프랑스 부르주아지는 파시스트의 집권을 후원하는 것을 진지하게 고려하고 있었다. 1936년 공장점거로 절정에 달한 노동계급의 거의 자생적 대응이 이런 생각을 그만두게 했다.

그러나 부르주아지는 사회주의의 위협을 목격했다. 사회주의는 의제에 올라 있지 않다고 토레즈와 공산당이 확언했지만, 부르주아지는 노동계급을 쳐부술 방법을 찾기 시작했다. 급진당과 다른 부르주아 정당들은 너무 취약해서 이런 일을 할 수 없었다. 1940년 6월 프랑스 지배계급은 국경 밖에서 구세주를 발견했다. 바로 아돌프 히틀러였다. 독일군의 침공으로 프랑스 노동운동 지도자의 대부분이 체포돼 수감됐다. 많은 사람들이 나치 강제수용소에서 생을 마쳤다.

좌파가 급진당이나 사회당 우파와의 동맹에 묶여 프랑스 노동자에게 실질적 지도를 조금치도 제공할 수 없는 처지에 있었다는 것이 비극이었다. 프랑스 역사상 가장 커다란 파업에 참가한 그 노동자들에게 말이다.

하나를 더 지적해야 한다. 이 모든 문제에서 오늘날 유러코뮤니스트들은 인민전선 전략을 그 전에 개혁주의적 노동자들을 '사회파시스트'라고 비난한 초좌파 정책과 대비한다. 그들은 이 초좌파 정책을 스탈린 탓으로 돌린다. 또 당시 스탈린의 주장을 극복하는 데 성공했다며 토레즈와 디미트로프를 영웅으로 대접한다.

즉, 오늘날 유러코뮤니즘의 과거(스탈린주의) 청산은 이미 50년 전에 있었다는 것이다. 그러나 토레즈와 디미트로프는 둘 다 스탈린의 충실한 추종자들이었다. 이들은 '사회파시스트'를 비난하는 초좌파주의로 정책이 바뀌었을 때 순순히 따랐던 것처럼, 모스크바가 다시 방침을 변경하자 인민전선 노선을 고분고분 받아들였던 것이다.

역사는 때때로 되풀이된다. 그러나 1935년의 인민전선이 비극으로 끝났다면, 유러코뮤니스트인 《마르크시즘 투데이》 편집진과 사회민주당의 데이비드 오언 또는 보수당의 에드워드 히스* 사이의 동맹이라는 발상은 웃음거리밖에 되지 않는다.

---

* 에드워드 히스(1916~2005) 1970~1974년 영국 총리를 지낸 보수당 정치인.

5부
대안 — 공동전선

14장 단결이 힘을 발휘할 때

새비 사갈

소수의 혁명적 사회주의자들이 어떻게 하면 많은 노동자를 설득하고 마침내는 노동자 대다수를 끌어들여 혁명의 필요성을 깨닫게 할 수 있을까? 이것은 사회주의자들이 역사적으로 늘 직면한 중요한 물음이고, 자본주의가 심각한 위기에 빠지거나 수많은 노동자들이 급진화할 때마다 거듭 제기된 문제다. 1917년 러시아 혁명을 중심으로 성장한 혁명적 전통은 그런 간극을 메우기 위해 공동전선이라는 전술을 주로 사용했다.

공동전선은 [혁명가보다] 훨씬 많은 노동자들에게 혁명적 사상을 이해시키고 궁극적으로는 이들이 개혁주의 사상·조직과 갈라서도록 설득하려는 수단이다. 혁명가들은 부분적으로는 혁명적 사상을 통해, 결정적으로는 특정 쟁점들을 둘러싼 일상의 투쟁에서 다른 노동자

출처: "When unity is strength", *Socialist Review* 241, May 2000.

와 단결함으로써 이런 목적을 이루려 한다.

1917년 러시아 혁명 와중에 우익 장군 코르닐로프가 위태위태한 케렌스키 정부를 전복하려고 했던 8월, 레닌은 이 전술을 처음으로 발전시켰다. 볼셰비키가 케렌스키에게서 박해를 받았음에도 레닌은 주저하지 않고 자신들과 그 억압자(케렌스키 정부) 사이의 동맹을 호소했다. 볼셰비키는 케렌스키와의 정치적 차이를 숨기지 않았고, 케렌스키 지원의 전제 조건으로 정치적 요구들을* 내놨다. 이런 공동전선 덕분에 코르닐로프 쿠데타가 실패했고, 그 직접적 결과로 볼셰비키는 전 러시아 소비에트에서 다수를 차지했다. 하지만 1920년대 초반에 세계 자본주의는 유럽을 휩쓸었던 혁명적 폭풍을 무사히 헤쳐 나갔다. 그다음 20년 동안 잇따라 깊어졌던 경제 위기 때 지배계급은 노동자들의 공세를 물리쳤을 뿐 아니라 스스로 공격에 나서기까지 했다.

이런 공격에 어떻게 저항할 수 있었을까? 유럽 공산당들은 대중조직이기는 했지만 그럼에도 소수였다. 수많은 노동자들은 여전히 옛 개혁주의 정당(영국 노동당 등)이나 개혁과 혁명 사이를 오락가락하는 신생 '중간주의' 조직을 지지했다. 혁명가들은 다수의 노동자들이 기존 조직으로는 사용자의 공세를 격퇴할 수 없고 자신이 거둔 성과를 방어할 수도 없다는 점을 스스로 경험해서 깨달아야만 개혁주의와 결별할 것이라고 생각했다. 어떤 공동 행동으로 제일 의식적인 노동자들이

---

* 볼셰비키는 코르닐로프에 맞서 케렌스키와 함께 싸웠지만 케렌스키의 약점을 들춰내는 등 독자적 목소리를 감추지 않았다. 당시에 케렌스키뿐 아니라 투쟁하는 대중에게 제출한 요구들은 "밀류코프[입헌민주당 소속의 외무부 장관]를 체포하라!", "페트로그라드 노동자들을 무장시켜라!", "노동자 통제 도입하라!" 등이 있었다.

바라던 단결을 가장 분명하게 표현할 것인지가 핵심 문제였다.

공동전선은 특정 쟁점, 예컨대 임금 삭감이나 실업 증대에 반대하는 (보통은 방어적인) 요구를 제기하면서 운동을 건설하는 것을 뜻했다. 이런 요구는 다른 정당의 노동자들이나 소속 정당이 없는 노동자들도 실천에서 단결시킬 수 있는 것이었다. 개혁주의적 노동자들은 실천의 검증을 통해, [혁명가들의] 사상과 주장은 올바르고 자신의 공식 지도자들은 이런 요구를 내걸고 투쟁하는 데서 전혀 진지하지 않다는 점을 확신할 것이었다.

이 때문에 레닌과 트로츠키는 혁명가들이 공동전선 내에서 정치적 독자성을 반드시 유지해야 한다고 역설했다. 혁명가들은 동맹 상대를 비판할 자유를 보장받고, 자신의 간행물을 계속 펴내고, 필요하다면 독립적으로 행동해야 했다. 트로츠키가 썼듯이, "우리는 공동전선에 참가하지만 단 한순간도 공동전선에 용해돼서는 안 된다. 우리는 공동전선에서 독립적 파견부대 구실을 한다."

또 공동전선은 특정하고 제한된 쟁점들을 중심으로 조직돼야 했다. 따라서 예컨대 의회의 본질 같은 실질적이고 중요한 정치적 차이들을 감춰서는 안 됐다. 공동전선은 [강령이 아니라] 행동을 통일하려는 것이었다.

트로츠키에 따르면, 특정한 문제를 두고 폭넓은 투쟁만을 원하는 비혁명적 노동자들에게 혁명적 강령 전체를 동의하라고 혁명가들이 미리 요구해서는 안 됐다. 이는 공동전선의 제한적 성격에서 비롯했다. 혁명가들은 개혁주의적 노동자들을 공동 행동에 끌어들여야만 이들을 혁명적 사상 쪽으로 이끌 수 있다. 따라서 혁명가들은 합의

된 쟁점에 대한 행동만을 제안해야 한다.

트로츠키는 공동전선이 비슷한 규모의 조직들 사이에서 이뤄져야 한다는 것도 강조했다. 각 동맹자들은 공동의 운동에 아무리 작더라도 뭔가를 내놔야 하며, 이는 그 동맹자들이 명부상의 숫자가 아니라 진짜 세력을 대표해야 한다는 것을 의미한다. 그래서 노동당이 야당이던 시절에[*] 영국 사회주의노동자당이 노동당 전체를 상대로 공동전선을 호소하는 것은 의미 없는 제스처였을 것이다. 즉, 동맹한 단체들이 규모와 영향력 면에서 서로 크게 다르면 공동전선은 진정한 전략이 되긴커녕 자기 단체를 광고하는 책략으로 보일 뿐이다. 다른 한편으로 노동당 좌파나 이전의 노동당 좌파 지지자들에게 단결하자고 제안한 것은, 가령 반파시즘 투쟁을 놓고 반나치동맹ANL에서 함께한 것처럼 매우 타당했다. 주민세^{**} 반대 운동에서도 마찬가지로 의미가 있었다. 그리고 이런 호소는 대기업이나 신노동당의 정책에 대한 반감이 커지는 지금의 분위기에서도 여전히 적절하다.

공동전선은 서로 다른 조직의 지도부들이 공식적으로 맺는 협정에만 바탕을 둘 수 없다. 공동전선은 평당원이나 현장조합원에게 초점을 맞추고, 개별 작업장과 풀뿌리 조직에서 민영화나 인종차별, 의료·교육·주택 재원 부족에 맞서 단결할 필요를 느끼는 노동자들을 끌어들여야 한다. 트로츠키는 공동전선의 최고 형태가 소비에트, 즉 러시아 혁명 때 생겨난 노동자 평의회라고 말했다. 옛 공산당이 쇠퇴

---

* 이 글은 노동당이 집권하던 시기인 2000년에 쓰였다. 1997년에 총리가 된 토니 블레어는 이후 2007년까지 집권했다.
** 1990년에 마거릿 대처가 도입한 일종의 인두세.

하고 신노동당이 급격히 우경화하는 오늘날의 상황에서 공동전선은 당내 좌파를 지지하는 노동당 평당원들과 노동조합의 현장조합원들에게 단결을 주문하는 것을 뜻한다. 동시에 개혁주의 조직의 지도자들을 무시할 수는 없다. 단결된 투쟁을 건설하려면, 공동의 행동 강령을 만들어 함께 행동하기 위해 그 지도자들과 협상하는 노력이 필요하다.

1929년 대공황으로 시작된 격동의 경제 위기 시기에는 공동전선 이론이 어떻게 실천으로 나타났을까? 세계 곳곳에서 노동자들은 실업, 임금·복지 삭감, 거세지는 파시즘의 위협 등에 맞서 방어적 투쟁에 나섰다. 당황한 독일 사민당은 반쯤은 독재적인 브뤼닝 정권을 파시스트와 비교해 '차악'이라면서 용인했고, 위기가 지나가기만을 기다렸다. 트로츠키는 독일 공산당 지도자들에게 절호의 기회를 붙잡기를 촉구했다. 사민당 지도부에게 나치를 물리칠 공동전선에 참여하도록 요구하라는 것이었다.

독일 사민당과 공산당의 득표율을 합치면 40퍼센트에 달했으므로, 노동계급의 다수인 두 당의 지지자들이 단결한다면 파시즘 세력을 격퇴할 수 있었다. 비극적이게도 독일 공산당은 스탈린의 명령에 따라 종파적·초좌파적 노선을 채택하고서 사민당에 '사회파시스트'라는 딱지를 붙였다. 스탈린의 말을 빌리자면, "객관적으로 말해 사회민주주의는 파시즘의 온건 분파"였다. 이미 1930년에도 독일 공산당은 뮐러의 사민당 정부를 "파시즘"이라고 일축했다. 그런데 "파시즘"이 이미 존재한다면 "파시즘의 또 다른 유형"을 대변할 뿐인 나치와 뭐하러 시급하게 싸우겠는가? 공산당은 공동전선이 불필요해질 만큼 독일 노동자들이 충분히 혁명적인 수준에 도달했다고 여겼다.

그래서 공산당 지도부는 사민당 노동자들을 향해 (트로츠키가 경고했던) 바로 그 "최후통첩주의[초강경 비타협주의]" 방식을 채택했고, 공동전선에 참여하라고 요청하는 대신 공산당 뒤로 즉시 집합할 것을 강요했다. 그 결과 독일 노동운동은 분열을 이겨 내지 못했고, 히틀러는 전투 한 번 치르지 않고도 권력을 장악할 수 있었다.

1936~1939년 스페인 내전에서 스탈린은 독일에서의 초좌파적 종파주의와 인민전선의 기회주의 사이를 오락가락했다. 여기서 스페인 공산당은 노동계급과 빈농을 대표하는 다른 정당들에 반프랑코 공동전선을 함께하자고 호소하지 않았고, 좌파부터 자유주의 부르주아 정당까지 아우르는 연립정부에 들어갔다. 공산당은 인민전선 정부에 참가한 부르주아 정당들이 반파시즘 투쟁을 진지하게 수행하는 데 관심을 기울일 것이라고 보는 치명적 오류를 저질렀다. 하지만 내전 전에도 자유주의적 부르주아지는 [봉건적] 토지 소유와 교회, 군대를 일관되게 옹호했고, 따라서 이들은 프랑코에 맞선 투쟁에서 그 제도들을 진지하게 공격할 리가 없었다. 그러나 공화주의자들이 농촌 대지주들의 재산권을 공격하지 않는다면 다수의 빈농을 반파시즘 운동으로 끌어들일 가망이 없을 터였다. 공화주의자들은 이런 전략을 추진할 수 없었는데, 지주들과 긴밀하게 연계된 대부르주아지가 반파시즘 연정에 포함돼 있었기 때문이다.

1930년대 초 프랑스에서는 파시스트들이 성장하고 있었지만 공산당과 사회당은 이들에 대항해 단결하기를 거부했다. 1934년쯤에 파시스트 운동은 100만 회원을 자랑했고, 프랑스 의회를 공격해 자유주의적 급진당 정부를 무너뜨리려 할 정도로 자신감이 넘쳤다. 공산당과 사회당의 평당원들과 주요 노조 연맹인 노동조합총연맹CGT의 현장조합원들이 두 곳에서 따로 행진을 시작한 뒤 자발적으로 만나 거대한 시위를 벌였다. 2년이 지난 1936년 5월 인민전선 정부가 선출됐고, 이는 노동계급 역사상 가장 커다란 파업 운동을 불러왔다. 노동자들은 전국 곳곳에서 공장을 점거했다. 노조 지도자들은 임금인상, 노동시간 단축, 유급휴가 등을 양보받는 협약을 서둘러 체결했다. 아래로부터 반발에 부딪혔지만 파업은 중단됐다.

인민전선은 국가가 나서서 파시스트 조직들을 금지할 것만 요구했다. 심지어 친제국주의 정당인 급진당의 일부 당원조차 인민전선 강령이 너무 온건하다고 여길 정도였다. 인민전선은 대중 위에 군림하는 지도자들 사이의 합의였고, 이들은 상호 비판을 삼가기로 의견을 모았다. 그러므로 인민전선은 노동자들(혁명적이든 개혁주의적이든)을 공동 행동으로 단결시킬 수 있는 운동이 결코 아니었다.

인민전선의 역사적 경험에서 배울 수 있는 교훈은 오늘날 오스트리아의 사회주의자들이 네오나치즘을 좇는 하이더의 자유당에 맞서 싸우는 상황에 특히 적합하다. 공동전선 전술은 앞으로 몇 년 동안 점점 더 중요해질 것이다. 노동자들이 경제 위기의 충격 속에서 반격해야 한다고 생각하고 노동당 같은 사회민주당이 그 지지자들의 기대에 부응하지 못하기 때문에, 노동자 권리를 방어하려고 단결을 추구하는 것은 사회주의 정치의 중심이 될 것이다.

15장 공동전선:
"따로 행진하되 함께 공격하자!"

린지 저먼

레온 트로츠키의 생애 마지막 15년 동안의 저술 활동은 스탈린주의의 부상에 대처하려 노력하고 하나의 이론적 개념인 공동전선 개념을 발전시키는 데 집중됐다. 그는 독일과 스페인에서 파시즘이 득세하고 세계가 제2차 제국주의 대전이라는 야만으로 나아가던 상황을 배경으로 글을 썼다. 또 공산당과 코민테른에 기대를 걸고 있고, 이 단계에서조차 역사 과정을 바꾸고 파시즘을 물리치고 한데 뭉쳐 자본가계급과 싸울 수 있던 수많은 노동자들을 겨냥해 집필했다.

그러나 공동전선 이론은 단지 반파시즘 투쟁만을 염두에 둔 것이 아니었다. 그것은 혁명적 정당과 노동계급 사이의 간극을 메우려는

출처: "The United Front: March Separately Strike Together", *Socialist Worker Review* 69, October 1984.

시도였다. 또 의식적이고 조직된 혁명가들이 자본주의 사회에서는 소수라는 인식에서 비롯한 정책이었다. 그런데 노동자들이 혁명을 일으키려면 혁명적 마르크스주의 사상과 조직이 필요하다. 이런 모순을 넘어서려면, 소수의 혁명가는 훨씬 폭넓은 노동자들에게 자신의 생각을 알리고 그들과 함께 조직하는 방법을 찾아야 한다.

공동전선 이론은 혁명가들이 동시에 두 일을 하려고 애쓴다는 인식이기도 했다. 혁명가는 노동자들을 낡은 사상과 조직에서 벗어나게끔 해 혁명적 정당으로 끌어당기는 것을 목표로 삼는다. 아울러 혁명가는 일상의 계급투쟁에도 관여하려 한다. 이것은 정치사상이 저마다 다르고 대부분 혁명적 사상에 적대적이지만 특정하고 흔히 방어적인 요구들을 놓고서는 기꺼이 단결하려는 사람과 공동 활동을 벌이는 것을 뜻한다. 공동전선 이론은 이런 문제들에 대한 답변이었다.

이 이론은 러시아 혁명이 일어난 뒤 여러 해에 걸쳐 코민테른이 처음으로 발전시켰다. 1922년에 나온 "코민테른 전술에 관한 테제"에는 다음과 같이 적혀 있다.

공동전선 전술은 부르주아지에 맞서 노동계급의 당면한 기본적 이익을 방어하는 공동 투쟁에서 다른 정당이나 단체에 속한 노동자와 어디에도 속하지 않은 노동자에게 모두 단결하자고 제안하는 공산주의자들의 계획이다. 모든 행동은 가장 사소한 일상적 요구를 위한 것조차 혁명적 각성과 교육으로 이어질 수 있다. 투쟁 경험이야말로 노동자들에게 혁명의 불가피성과 공산주의의 역사적 중요성을 확신시킬 것이다.

이 전술이 어째서 채택됐는지, 트로츠키가 1920년대와 1930년대에 왜 이것을 그리 강조했는지 이해하려면 공동전선이 제안된 배경을 살펴볼 필요가 있다.

1910년대의 사건들로 말미암아 단결된 사회주의 운동이라는 발상은 모조리 찢겨 나갔다. 1914년 제1차세계대전이 일어나면서 몇 년 동안 부글부글 끓고 있던 거대한 위기가 표면에 떠올랐다. 사회주의 정당 지도자들의 압도적 다수가 지배계급과 전쟁 대학살을 지지하자 대중적 제2인터내셔널에 대한 환상은 산산이 부서졌다. 대부분의 나라에서 원칙에 따라 전쟁을 반대한 혁명가들은 한 줌밖에 안 됐다.

이런 상황은 차츰 변했다. 군수공장 노동자와 전선의 병사, 물가 인상에 허덕이는 그 가족 등 누구나 전쟁 자체가 낳은 고통 때문에 불만이 커졌다. 모든 교전국에서 그것은 대규모 항의로, 어떤 곳에서는 맹렬한 혁명으로 발전했다.

이런 혁명적 투쟁은 (러시아를 뺀 모든 곳에서 짧은 기간밖에 성공하지 못했지만) 수많은 노동자들에게 옛 개혁주의 지도자나 그 정당과 결별할 필요성을 실제로 입증했다. 이런 노동자들은 신생 공산당에 가입했다. 공산당은 러시아 혁명의 여파로 생겨났으며 혁명적 사회주의로 향하는 길인 노동자 권력을 쟁취하는 데 명백히 헌신하고 있었기 때문이다.

이 공산당들은 의식적으로 옛 정치와 정치조직을 거부했다. 이들은 사소한 전술 문제가 아니라 원칙 문제를 놓고 옛 정당과 분열했다. 이를테면 다음 문제들에서 견해를 근본적으로 달리했다. 기존 자본주의 국가를 개혁해 위기에서 벗어날 수 있을까? 노동자 권력을 창출하는 데 의회를 이용할 수 있을까? 독자적 권력기관인 노동자 평의회를 세울 필요가 있을까?

그러나 이런 원칙 문제들은 여전히 중요했지만, 전후 초기의 혁명적 공세는 러시아를 빼고는 노동자 국가를 세우는 데 성공하지 못했음이 분명해졌다. 노동자들의 공격이 승리하지 못했을 뿐 아니라, 이제 지배계급은 곳곳에서 자신감을 되찾아 공세를 퍼부었다. 1921년 코민테른의 "공동전선에 관한 테제" 일부를 보면 다음과 같다.

세계경제 위기는 악화되고 있다. 실업이 늘어나고 있다. 거의 모든 나라에서 국제 자본이 노동자들에게 체계적 공격을 가하는 쪽으로 전환했다. 그렇다는 주요 증거는, 임금을 깎고 노동자들의 전반적 생활수준을 낮추려는 자본가들의 냉소적·노골적 시도다.

자본가계급은 큰 타격을 입지 않고 재기할 수 있었다. 사회주의 혁명을 이룩하는 과제는 첨예하고 신속하게 공세를 편다고 될 일이 전혀 아니었다. 노동자들은 방어적 투쟁에 참가하고 전술적 행동을 계획하고 전열을 가다듬는 등의 일을 해야 했다. 그러려면 단결된 행동이 필요했고, 많은 노동자들이 이것을 갈망했다. 트로츠키는 다음과 같이 썼다.

자본가들의 거세지는 공격에 영향을 받아 노동자들 사이에 새로운 분위기가 형성됐다. 바로 단결을 향한 자발적 노력이다.

트로츠키는 자본주의에 맞서 싸우려면 단결해야 한다는 노동계급의 객관적 필요에서 공동전선이 비롯한다고 거듭 강조했다.

프롤레타리아는 학교에서 학점을 따면서가 아니라 멈추지 않는 계급투쟁을 거치면서 혁명적 의식으로 나아간다. 프롤레타리아가 싸우려면 그 대오는 단결해야 한다. 이것은 파시즘을 타도하는 싸움처럼 '전국적'인 정치투쟁뿐 아니라 한 공장 안의 부분적 경제투쟁에도 들어맞는다. 따라서 공동전선 전술은 우연적이며 인위적인 어떤 것(교묘한 책략)이 전혀 아니다. 그것은 전적으로 프롤레타리아의 발전을 좌우하는 객관적 조건들에서 비롯한다.

두 번째 요인도 공동전선 전술을 논의하는 사람들에게는 명백했다. 새로운 혁명적 공산당들은 대개 여러 나라에서 소수의 노동계급에게만 충심 어린 지지를 받았다. 그럼에도 흔히 대중정당이었다. 하지만 수많은 노동자들은 아직도 혁명가들보다는 옛 개혁주의 정당이나 새 중간주의 조직(개혁과 혁명 사이에서 동요하는 자들)에 더 기댔다.

공산당은 대체로 이런 노동자 대중이 오직 **자신의 경험을 통해** 옛 지도자들과 결별할 것이라고 생각했다. 즉, 활동과 투쟁을 거쳐야만 올바른 투쟁 방식이 무엇인지, 어떤 정당이 그저 입발림에 그치지 않고 투쟁을 조직할 준비가 돼 있는지 실제로 증명할 수 있다는 것이다. 이런 주장은 노동자들에게 설교하는 것이 아니라 끊임없이 행동을 제안해 그런 활동으로 이끌어야만 호응을 받을 수 있었다.

그러므로 공동전선 전술은 사용자의 공격에 직면해 그동안 거둔 성과를 방어하기 위해 단결할 수 있는 노동자 운동이 객관적으로 필요함을 인식했다. 이것은 가장 전투적인 노동자들 사이에 퍼져 있던 단결을 향한 진심에 부응했고, 따라서 혁명가들은 다른 사람과 함께 활동하고 고립을 극복함으로써 혁명적 정당과 노동계급 사이의 간극을 메우기 시작할 수 있었다.

공동전선은 투쟁 속에서 노동자들을 단결시킬 수 있는 요구나 요구들 — 아무리 제한적이거나 사소할지라도 — 을 중심으로 조직하자는 생각이었다. 그러므로 공동전선은 두 가지를 수행할 수 있다. 첫째, 공동전선은 특정 쟁점을 둘러싸고 (보통은 방어적인) 운동을 일으킨다. 이런 쟁점은 단일 정당보다 더 많은 세력을 불러 모으기 때문에 승리할 가능성이 더 높다. 둘째, 공동전선은 활동에 기초하기 때문에, 특정 쟁점을 둘러싼 싸움에서 혁명가들의 주장이 올바르며 개혁주의자들(적어도 그 지도자들)은 진지하지 않다는 사실을 실천으로 밝혀낼 수 있다. 트로츠키는 《코민테른의 첫 5년》에서 다음과 같이 말했다.

개혁주의자들은 대중운동의 혁명적 잠재력을 두려워한다. 그들이 애용하는 무대는 의회 연단이나 노동조합 사무실이다. … 그와 반대로 우리는 … 개혁주의자들을 은신처에서 끌어내, 투쟁하는 대중이 보는 앞에서 그들을 우리 옆에 나란히 세우는 데 관심이 있다. 올바른 전술을 구사하는 우리는 여기서 손해 볼 게 없는 처지에 있다.

이론은 이렇게 간단하다. 하지만 실제 적용은 훨씬 복잡했다. 전술을 수행할 때면 온갖 문제들과 몇몇 함정에 빠져들었다. 그리고 비록 1920년대와 1930년대에 이런 단결을 이룰 중대하고 절박한 기회가 있었는데도 — 특히 파시즘의 등장에 맞서 — 공산당의 정책은 트로츠키가 주창한 종류의 공동전선과 점점 멀어졌다.

그래서 트로츠키는 공동전선이 의미하는 바가 정확히 무엇인지와 무엇이 아닌지를 설명하는 데 많은 시간을 들여야 했다. 특히 처음에 그는 옛 개혁주의 정당에서 비롯하는 위험을 이야기했다. 단결을 추구할 때 하나의 명백한 위험은, 그것이 노동자들로 하여금 옛 지도자들과 단절하게끔 하는 데 이바지하긴커녕 그 지도자들에 대한 환상을 조장할 수도 있다는 것이었다. 이것은 노동자 운동에 재앙을 가져올 수 있었다. 따지고 보면 [당시] 혁명가들은 고작 몇 년 전에야 지당한 이유로 개혁주의자들과 단절했다. 틀림없이 그 개혁주의 지도자들은 자신의 반혁명적 색채를 바꾸지도 않았다. 그렇다면 이 문제를 어떻게 피할 수 있었을까? 트로츠키는 여러 지침[세 요점]을 강조했다.

우선, 트로츠키는 혁명가들이 정치적 독립성을 유지해야 할 필요에 대해 매우 상세히 설명했다. 혁명가들은 함께 힘을 합친 사람들을 언제든 비판할 자유와 자신들의 간행물을 만들어 선전할 자유, 필요하다면 독자적으로 행동할 자유가 있어야 한다. 트로츠키는 당과 계급의 관계가 공동전선을 통해 아주 효과적으로 실증될 수 있다고 봤다. 그러나 그러려면 먼저 당 조직이 필요했다. 《코민테른의 첫 5년》에서 그는 다음과 같이 설명했다.

만약 공산당이 사회민주주의자들과 과감하게 완전히 결별하지 않았다면
… 공산당은 혁명의 길에 첫걸음도 내디딜 수 없었을 것이다. 공산당은 부
르주아 국가에 달린 의회주의적 안전판으로 영원히 남았을 것이다.

이것을 이해하지 못하는 사람은 모두 공산주의 ABC[기초]의 첫 글자도
모르는 것이다.

만약 공산당이 … 조직된 공동 행동으로 나아갈 조직적 방안을 찾지 않
는다면 … 대중행동을 바탕으로 노동계급 다수를 획득할 능력이 없음을
스스로 드러내는 꼴이 될 것이다. 또 권력 장악을 위한 당으로 발전하긴
커녕 공산주의 선전 단체로 전락할 것이다.

칼을 갖는 것으로는 충분하지 않다. 칼날을 벼려야 한다. 날을 세우는 것
으로도 충분하지 않다. 칼을 휘두르는 법까지 익혀야 한다.

공산주의자들을 개혁주의자들에게서 떼어 낸 뒤에는 조직적 규율을 통해
공산주의자들을 한데 융합하는 것으로 충분하지 않다. 즉, 이 조직은 생
동하는 투쟁의 온 분야에서 프롤레타리아의 모든 집단적 활동을 지도하
는 법도 배워야 한다.

이것이 공산주의 ABC의 둘째 글자다.

달리 말해서 혁명적 정당의 요점은 고유의 이론과 활동을 전개하
는 것이지만, 그것 자체가 목적은 아니다. 그런 다음에는 같은 목표
를 세우고 있지만 다른 방식으로 다가가려는 사람들을 획득하는 데
그 이론과 활동을 적용해야 한다.

공동전선의 둘째 요점은 특수한 쟁점을 둘러싸고 조직된다는 것
이었다. 이것은 조직의 독립성과 정치의 선명성을 유지할 필요에서 비

롯한다. 공동전선에 참여한 다양한 정당들이 정치 강령 전체를 통일하려 한다면 그들 사이의 차이점을 감춰야 할 것이다. 소수의 혁명가들에게는 그들 자신의 정치가 더 유력한 개혁주의 정치에 파묻혀 버릴 가능성이 있다. 트로츠키와 코민테른 지도자들이 피하고자 했던 게 바로 이것이다. 사실 그들은 정반대 상황을 원했다. 혁명가들은 자신이 정말로 동의하는 부분에서 단결할 수 있도록 차이점을 숨기지 말아야 했다.

그래서 단결은 매우 특정하고 제한된 분야에서 이뤄져야 했다. 여기에는 또 다른 측면도 있었다. 그것은 혁명가들이 싸우려는 노동자들에게 완전한 정치적 동의를 요구하지 않는다는 것을 뜻했다. 트로츠키는 "그다음은 무엇인가?"에서* 최후통첩주의의 위험을 설명했다.

> 당은 일방적 최후통첩을 보내 노동자들을 화나게 하고 모욕하는 대신에, 공동 행동 계획을 분명히 내놔야 한다. 이것이야말로 실제로 지도력을 얻는 가장 확실한 방법이다.
> 최후통첩주의는 노동계급을 납득시키지 못하고 나서 그들을 강간하려는 것이나 다름없다.

트로츠키는 혁명가들의 '최후통첩주의'를 두고, 노동계급에게 투쟁을 거쳐 강령을 받아들이도록 설득하려 하지는 않고 그저 강령을

---

* 1932년 1월에 발행된 트로츠키의 글. 독일 좌익반대파를 염두에 두고 독일 프롤레타리아가 직면한 문제에 대해 쓴 것이다.

신봉하라고 요구하는 경향으로 정의했다.

혁명가들이 최후통첩주의의 위험을 피하게끔 해 주는 것은 특수한 요구들과 행동을 둘러싼 단결이다. 단결을 주장한다는 것은 많은 노동자들이 동의할 법한 요구나 요구들을 제안한다는 뜻이다. 예를 들어, 많은 노동자들이 영국 보수당 정부의 노동악법에 반대한다. 만약 우리가 이런 법들에 반대하는 행동을 제안한다면, 그 노동자들과 우리를 떼어 놓을 행동이 아니라 그들이 맞장구칠 만한 행동을 제안해야 한다. 이때 열쇠는 우리가 자신을 어떻게 차별화할 것이냐가 아니라 폭넓은 노동자를 단결시키는 요구들을 내놓고 그것을 쟁취할 수 있는 행동을 어떻게 이끌 것이냐에 있다.

트로츠키가 강조한 셋째 요점은 공동전선이 비슷한 규모의 조직들 사이에서 형성돼야 한다는 것이다. 이유는 무엇이었을까? 그것은 자그마한 조직이 커다란 조직과 동맹하는 것을 트로츠키가 원칙적으로 반대했기 때문이 아니라, 공동전선을 속임수나 책략으로 보지 않았기 때문이다. 이는 아무리 작더라도 최소한 어떤 결과를 내놓을 수 있는 실질적 세력을 공동전선이 포함해야 한다는 것을 뜻한다.

예컨대, 영국 사회주의노동자당 같은 [당원이 수천 명 되는] 조직이 200명가량밖에 안 되는 조직과 공동전선을 구성하는 것은 별 의미가 없을 것이다. 어떤 실질적 세력도 새롭게 포함하고 있지 않기 때문이다. 이것은 어떤 실질적 운동도 건설할 수 없으며 투쟁을 통해 실제로 획득할 수 있는 사람도 없다는 것을 의미한다. 또 그 반대도 참이다. 당원이 4000명뿐인 사회주의노동자당이 영국 노동당 전체와 공동전선을 펴려 해서는 안 된다. 규모의 격차가 너무 커서 공동전선 전술이 무의미해지기 때문이다. 노동당 당원들은 대부분 그것을 인지하지 못할 것이다. 우리는 오직 노동당 내 소수파, 이를테면 노동당 좌파의 특정 부문과 공동전선을 맺을 수 있다.

트로츠키는 조직된 노동계급의 3분의 1 또는 4분의 1이 공산당원인 특정 나라의 상황을 거듭거듭 언급한다. 오늘날 영국에서 우리는 어느 모로 보나 [옛 공산당보다] 훨씬 더 작고 덜 중요한 세력들에 대해 이야기하고 있다. 그러나 똑같은 원리가 적용된다. 양측이 공동전선으로 어떤 결과를 가져올 수 있을 때에만 그 전술은 도움이 된다.

물론 공동전선이 실행될 수조차 없다면, 이런 지침은 별로 의미하는 바가 없다. 여기서 공동전선에 대한 합의는 단지 각 조직 지도부 사이의 합의가 아니라는 것을 이해하는 게 중요하다.

공동전선 문제는 공산당과 사회당의 의원단 또는 두 당의 중앙위원회 사이의 상호 관계 문제가 결코 아니다.

공동전선은 기층에서 힘을 합치는 것이다. 그 전술은 계급투쟁이 요구하는 바들, 즉 파시즘이나 실업 등을 없애기 위해 노동자들이 단결할 필요에서 비롯하는 것이다. 그러므로 공동전선은 각각의 일터에서 건설돼야 하고, 구체적 조직 형태를 띠어야 하며, 노동자들이 투쟁 속에서 단결하는 것이어야 한다. 트로츠키는 1917년 러시아에 세워진 노동자 평의회, 즉 소비에트를 공동전선의 최고 형태라고 말했다.

그렇다고 해서 공동전선 제안자들이 개혁주의 지도자 문제를 무시할 수 있다는 것은 결코 아니다.

지도자들이 아니라 대중과 공동전선을 구성해야 한다는 취지의 이야기는 모두 순전히 현학일 뿐이다. 대중의 특정 부분이 전권을 부여한 자들과 협상하지 않고서 조직된 대중을 공동 투쟁으로 불러들이는 것은 불가능하다.

트로츠키의 목표는 옛 지도자들을 획득하거나 재교육하는 것(그는 이를 불가능한 과제라고 생각했다)이 아니라, 노동자 대중이 보는 앞에서 그들의 정체를 폭로하는 것이다. 공동전선은 지도자들에게 제안되는데, 노동자들이 **어쨌든** 그들에게 **의지하기** 때문이다.

만약 정당이든 노조든 간에 개혁주의 조직들을 건너뛰고 그저 우리 자신의 기치나 실천적 당면 구호 주위로 노동자 대중을 결집할 수 있다면, 그것은 말할 것도 없이 세상에서 가장 좋은 일일 것이다. 그러나 그때는 공동전선이란 문제가 현재의 형태로 존재하지 않을 것이다.

트로츠키는 공동전선이 올바로 실행되려면 이 세 요점이 모두 중요하다고 봤다. 그는 이런 지침 내에서 특정 상황에 맞게 유연성을 널리 발휘해야 한다고 주장했다. 또 공동전선 전술이 늘, 아무 조건에서나 적용될 수 있다고 생각하지는 않았다.

대개 공동전선은 방어적 투쟁과 연관돼 있다. 지배계급의 공격 때문에 개혁주의 지도자들이 싸우라는 압력을 받을 때(아무리 최소한으로 마지못해 싸울지라도) 공동전선이 가능해진다. 그런 상황, 예컨대 노동조합 권리를 지켜야 할 때, 혁명가들이 내놓는 최소 요구는 개혁주의 지도자들의 최대 요구와 일치할 수 있으며, 따라서 공동행동의 기회를 만들 수 있다.

공동 행동이 가능한 때를 판단하기 위해 혁명가들은 계급 세력균형을 저울질하고, 노동자들이 단결할 수 있는 쟁점들을 결정하고, 그 쟁점을 놓고 정말 공동전선을 건설할 수 있는지 판단해야 했다. 그러나 트로츠키의 모든 저작을 관통하는, 어쩌면 가장 중요한 점은 공동전선 전술을 사용할 때 두 가지 위험을 피해야 한다는 것이다. 즉, 한편에 노동자 투쟁 개입을 삼가는 종파적 기권주의 위험이 있고, 다른 한편에 청산주의가 있다. 비극적이게도 1920년대 말과 1930년대의 공산주의 운동사는 이 두 위험 사이를 오고 가면서 진정한 공동전선을 거듭 포기하는 모습을 보여 줬다.

독일 공산당은 히틀러와 파시즘에 맞선 싸움이라는 막중하고 구체적인 쟁점을 두고 [다른 세력들과] 단결하기를 거부했다. 그 대신 독일 사민당의 평당원들에게 기존 지도자들과 **정치적으로** 단절할 것을 요구했다. 달리 말하자면, 공산당은 "당신들이 파시즘과 싸우고자 한다면 공산당의 지도 아래서만 그렇게 할 수 있다"고 이야기한 셈이었다. 즉, 사민당 지도부에 다가가 힘을 합치기는 거부하고서, 사민당 평당원들이 파시즘과 싸우려면 공산당의 지도를 받아야 한다고 주장한 것이다. 공산당은 트로츠키가 경고한 바로 그 최후통첩주의 방식을 택했다.

이 모든 것은 혁명가들(비록 잘못된 지도를 받았을지라도 자본주의 분쇄를 바랐던)과 개혁주의 정당의 평당원 사이에 장벽을 세우는 결과를 불러왔다. 실제로 이 평당원들이 자신의 지도자와 관계를 끊을 수 있게 됐더라면 그중 많은 사람들이 혁명가와 비슷한 관점을 지닐 수도 있었을 것이다. 이런 상황에서 단결의 결여는 재앙을 초래했다. 파시스트들이 권력을 장악하자, 그들은 혁명 조직과 개혁주의 조직 사이에 또는 노조 좌파 지도자와 우파 지도자 사이에 어떤 구별도 두지 않았다.

오늘날 공동전선 이론은 우리와 동떨어진 문제로 보이기도 한다. 공동전선이 거대한 역사적 사건들, 가령 혁명의 패배, 파시즘의 성장, 스탈린주의의 등장 같은 것과 관련돼 보이기 때문이다. 그러나 트로츠키가 자신의 글에서 이끌어 낸 교훈들은 오늘 혁명적 전통 위에 서서 당을 건설하려는 사람들에게는 여전히 중요하다. 공동전선은 전략이자 전술이며, 사회주의자들이 정치적 원칙에만 의거해서가 아니라 자신들이 영향을 미칠 수 있는 노동자의 수와 계급 세력균형 그리고 다른 많은 요인들에 따라서 어떻게 활동할지에 관한 것이다.

우리의 현 상황은 트로츠키가 마주한 당시와는 매우 다르다. 영국의 사회주의자들은 트로츠키가 말한 종류의 진정한 공동전선을 건설할 처지에 있지 않다. 1920년대와 1930년대에 많은 공산당들이 계급투쟁에 행사한 결정적 영향력을 우리는 지금 갖고 있지 않다.

사실, 얼마 동안은 공동전선을 제기하려는 시도조차 불가능할 것이다.* 그 전술은 [주관적·객관적 조건을 모두 따져 본] 특정 상황에만 적용될 수 있기 때문이다. 노동자들이 공격하고 있으며 혁명가들이 대중 투쟁을 지도할 수 있을 때는 방어적 공동전선이 결코 필요하지 않을 것이다.

마찬가지로 노동자들이 수세에 몰렸지만 자신들 또는 그 지도자들이 단결의 필요성이나 가능성을 모두 깨닫지 못하고 있는 시기도 있다. 지난 몇 년의 상황이 그랬다. 이럴 때는 대체로 혁명가들이 방어적 운동이나 투쟁을 둘러싸고 당을 건설하는 게 불가능하다. 그런 운동이나 투쟁이 십중팔구 존재하지 않기 때문이다. 정치 상황이 침체돼 있으면 단결된 활동을 위한 기회도 거의 없다. 그런 면에서 지난해[1983년]부터는 중대한 변화가 있었다. 지배계급의 전면 공격은, 방어적이지만 매우 폭넓은 반발을 숱하게 샀다. 이를테면 워링턴에서 벌어진 전국인쇄공노조NGA 파업, 정부통신본부GCHQ 노동자들의 노조 금지에 맞선 투쟁, 현재의 광원 파업 등이 그것이다. 이런 쟁점들 덕분에 혁명가들은 자신의 사상을 당 바깥의 사람들에게 알릴 기회를 훨씬 많이 얻고 있다.

이런 상황에서 운동의 수준이 진정한 공동전선의 수준에 훨씬 못 미치더라도 트로츠키가 제시한 지침은 쓸모가 무척 많을 것이다.

특정한 쟁점을 둘러싼 단결의 중요성, 비슷한 규모의 조직과 공동전선을 꾸리는 것의 중요성, 운동에 참여하는 동안 정치적 독립성을 유지하는 것의 중요성 등은 모두 우리가 노동조합이나 광원 파업 지

---

* 이 글은 애초에 영국 노동운동이 침체돼 있던 시기에 쓰였음을 고려해야 한다.

원위원회나 지역 운동에 개입할 때 유용한 교훈이 될 수 있다.

그러나 사회주의 사상에 귀를 기울이는 사람들이 몇 년 전보다 훨씬 많아졌다고 하더라도, 예를 들어 파업 중인 광원들에 대한 수동적 지지자들과 거리에서 흔쾌히 모금하거나 시위에 나서는 소수의 사람들 사이의 간극은 아직 매우 크다.

노조 좌파 지도자들이 단결을 요구하는 것과 현장에서 일어나고 있는 일 사이에도 여전히 커다란 격차가 있을 수 있다. 사회주의자들은 뒤로 물러나 이런 격차를 한탄하기만 해서는 안 된다. 그 대신 우리는 광원들을 지지하는 활동에 이미 나선 다른 사회주의자들이나 노동조합 투사들과 함께하기 위해, 다른 쟁점들을 놓고도 더 많은 사람들을 활동이나 (바라건대) 투쟁으로 끌어들이기 위해 트로츠키의 몇몇 교훈을 이용해야 한다. 비록 당분간 트로츠키가 제안한 규모의 공동전선에 대해서는 이야기하지 않겠지만 말이다.

16장 공동전선에 관하여

레온 트로츠키

1. 공동전선에 대한 일반적 고려 사항

1) 공산당의 임무는 프롤레타리아 혁명을 지도하는 것이다. 노동계급에게 직접 권력을 장악하라고 호소하고 혁명을 성공시키려면 공산당은 압도적 다수의 노동계급에 뿌리를 내리고 있어야 한다.

이렇게 다수를 얻지 못했다면, 공산당은 노동계급 다수를 설득하는 데 전력을 다해야 한다.

이런 임무를 달성하려면 공산당은 분명한 강령과 엄격한 내부 규

─────

출처: "On the United Front", *The First Five Years of the Communist International*, Vol 2, New Park Publications, 1974[국역: "코민테른에 제출한 트로츠키의 공동전선 테제", 《마르크스21》 8호, 2010년 겨울]. 이 글의 초안은 트로츠키가 1922년 2월 말쯤 열린 코민테른 집행위원회 확대 총회에 제출하려고 쓴 것으로, 혁명적 마르크스주의의 가장 중요한 강령적 문서 가운데 하나다.

율이 있는, 완전히 독립적인 조직이어야 한다. 이 때문에 당은 개혁주의자나 중간주의자(프롤레타리아 혁명을 이루려 애써 싸우지 않고, 대중이 혁명을 준비하게 할 능력도 의욕도 없고, 오히려 이런 일을 방해하는 활동만 하는 자들)와 이데올로기적으로나 조직적으로 갈라서야 한다.

따라서 공산당원 가운데 "세력 통합"이나 "전선의 단결"을 들먹이며 중간주의자들과 갈라선 것을 안타까워하는 사람은 공산주의의 기초도 모르는 사람이고 스스로 순전히 우연하게 공산당에 가입했음을 보여 줄 뿐이다.

2) 공산당은 당원들의 완전한 독립성과 이데올로기적 동질성을 확보한 뒤에, 노동계급 다수에게 영향을 끼치려고 투쟁한다. 이런 투쟁은 객관적 상황과 채택한 전술의 적절성에 따라 촉진될 수도 있고 지체될 수도 있다.

그러나 이렇게 혁명을 준비하는 동안에도 프롤레타리아의 계급투쟁은 결코 멈추지 않는다. 경영주·부르주아지·국가권력과 노동계급의 충돌은 어느 쪽이 먼저 시작하든 필연적으로 벌어지기 마련이다.

이런 충돌에 노동계급 전체나 다수 또는 이런저런 노동자 부문의 중대한 이해관계가 걸려 있다면 노동계급 대중은 이런 충돌 과정에서 행동 통일의 필요를 깨닫고, 자본주의의 강력한 공격에 저항하거나 자본주의를 공격할 때 단결할 필요가 있음을 깨닫는다. 이와 같은 노동계급의 행동 통일 필요성에 기계적으로 반발하는 정당은 반드시 노동자들한테 비난받을 것이다.

따라서 공동전선 문제는 그 기원에서 보든 본질에서 보든 공산당의원단과 사회당 의원단, 공산당 중앙위원회와 사회당 중앙위원회, 〈뤼마니테〉(인류)와* 〈르 포퓔레르〉(인민)** 사이의 상호 관계 문제가 결코 아니다. 이 시대에는 노동계급에 기반을 둔 다양한 정치조직들의 분열이 불가피하다는 사실에도 불구하고 공동전선 문제는 자본주의에 맞선 투쟁에서 노동계급이 공동전선을 펴야 할 긴급한 필요에서 비롯한다.

이런 과제를 이해하지 못하는 사람들에게 당은 선전 단체일 뿐, 대중행동을 도모하는 조직은 아니다.

3) 공산당이 아직은 수가 얼마 안 되는 조직인 곳에서는 대중투쟁 전선에서 활동하는 문제가 실천적으로나 조직적으로 크게 중요하지 않다. 그런 상황에서는 오래된 조직들이 여전히 강력한 전통 덕분에 결정적 구실을 하면서 대중행동을 이끈다.

마찬가지로 공산당이 노동 대중을 지도하는 유일한 조직인 나라들(예를 들어, 불가리아)에서도 공동전선 문제는 제기되지 않는다.

그러나 공산당이 이미 규모가 크고 조직된 정치 세력이 됐으나 아직 결정적 규모에 이르지 못한 곳, 예컨대 조직된 선진 노동자의 4분의 1이나 3분의 1, 또는 그보다 더 큰 부분을 조직적으로 포괄하는 곳에서 공산당은 공동전선 문제에 첨예하게 부딪힌다.

선진 노동자의 3분의 1이나 절반이 공산당에 속한다면, 나머지 절반이나 3분의 2는 개혁주의 정당이나 중간주의 정당에 속할 것이다.

---

* 프랑스 공산당의 기관지.
** 프랑스 사회당의 기관지. 레옹 블룸이 창간했고 당의 핵심 간행물이었다 — 영어 판 편집자.

그러나 개혁주의 정당과 중간주의 정당을 여전히 지지하는 노동자들도 생활수준을 최선으로 유지하고 투쟁의 자유를 최대한 누리는 데 큰 관심이 있다는 것은 아주 분명하다. 따라서 우리는 미래에 노동계급 전체를 포괄하게 될 공산당이 지금 노동자 투쟁을 가로막는 조직적 장애물이 되지 않게 해 줄 전술들을 발전시켜야 한다.

더욱이, 공산당은 이와 같은 현재 투쟁들에서 단결을 이루려고 주도적으로 나서야 한다. 이렇게 해야만 공산당은 당을 잘 알지 못해 아직까지 공산당을 지지하지 않고 신뢰하지 않는 나머지 3분의 2의 노동자에게 다가갈 수 있을 것이다. 그래야만 공산당은 그 노동자들을 설득할 수 있을 것이다.

4) 공산당이 사회민주당과 철저히 그리고 돌이킬 수 없게 갈라서지 않는다면, 프롤레타리아 혁명을 지도하는 당이 되지 못할 것이다. 공산당은 혁명으로 가는 길에 중대한 첫걸음을 내디딜 수도 없을 것이다. 공산당은 부르주아 국가의 부속품 같은 의회 안전판으로 영원히 남을 것이다.

이것을 깨닫지 못하는 사람은 공산주의의 기초에서 첫째 항목을 모르는 것이다.

공산당이 매 순간 공산당과 비공산당(사회민주당을 포함해) 노동자 대중이 공동 행동을 할 수 있는 조직적 방안을 끝까지 모색하지 않는다면, 공산당은 (대중행동을 바탕으로) 노동계급 다수를 설득할 능력이 없다는 것이 드러날 것이다. 공산당은 공산주의 선전 단체로 전락해, 권력을 장악하려는 당으로 결코 발전하지 못할 것이다.

칼을 갖는 것으로는 충분치 않다. 그 칼날을 세워야 한다. 칼날을 세우는 것으로도 충분치 않다. 칼을 휘두르는 법도 알아야 한다.

개혁주의자들과 갈라선 공산주의자들이 조직 규율에 따라 융합하는 것으로는 충분치 않다. 이 조직은 프롤레타리아의 모든 일상 투쟁 분야에서 집단적 활동을 지도하는 법을 배워야 한다.

이것이 공산주의의 기초에서 둘째 항목이다.

5) 공동전선은 노동자 대중만 포함하는가 아니면 기회주의적 지도자들도 포함하는가?

이런 질문 자체가 오해에서 비롯한 것이다.

우리 자신의 깃발이나 우리의 실천적 당면 구호로 노동자 대중을 단결시키고 개혁주의 조직들을(정당이든 노동조합이든) 그냥 건너뛸 수 있다면, 그것만큼 좋은 일이 세상에 어디 있겠는가. 그러나 그렇다면 공동전선 문제 자체가 지금 같은 형태로 존재하지도 않을 것이다.

문제는 바로 이 점, 다시 말해 노동계급의 매우 중요한 일부가 개혁주의 조직에 속해 있거나 개혁주의 조직을 지지한다는 데서 비롯한다. 그런 노동자들은 아직 경험이 부족해서 개혁주의 조직을 떠나 우리에게 가입하지 못하는 것이다. 그들이 대중 활동에 실제로 참가한 후에야 이런 관계에 중대한 변화가 일어날 수 있다. 바로 그런 변화를 불러일으키려고 우리는 힘쓴다. 그러나 아직은 그런 변화가 일어나지 않았다. 오늘날 노동계급의 조직된 부분은 세 진영으로 나뉘어 있다.

첫째, 공산당은 사회혁명을 이루려 애쓰며 바로 **이런** 이유로 현재 노동 대중이 착취자들과 부르주아 국가에 맞서 벌이는 운동 일체(아무리 부분적인 운동이라도)를 지지한다.

둘째, 개혁주의 정당은 부르주아지와 화해하려 애쓴다. 그러나 개혁주의 정당은 노동자들에게 미치는 영향력을 잃지 않으려면, 피착취자들이 착취자에 맞서 벌이는 부분적 운동들을 (개혁주의 지도자들의 진정한 속내를 거슬러) 지지할 수밖에 없다.

마지막으로, 셋째 집단인 중간주의 정당은 다른 두 진영 사이에서 끊임없이 동요한다. 그래서 독립적 중요성이 없다.

따라서 현재 상황에서는 이 세 조직으로 모인 노동자들과 그 조직들을 따르는 미조직 대중이 핵심 쟁점을 두고 공동으로 행동하는 것이 얼마든지 가능하다.

앞서 말했듯이, 공산당은 그런 공동 행동에 반대할 것이 아니라 오히려 앞장서야 한다. 그것은 투쟁의 애초 구호가 아무리 보잘것없더라도, 더 많은 대중이 운동에 동참할수록 대중의 자신감이 높아지고, 대중운동의 자신감이 더 높을수록 운동은 더욱 단호하게 전진할 수 있기 때문이다. 그리고 이 때문에 운동의 규모가 커지면 운동이 급진화하는 경향이 있고, 공산당의 구호, 투쟁 방법, 일반적으로는 지도적 구실에 훨씬 더 유리한 상황이 조성되는 것이다.

개혁주의자들은 대중운동의 혁명적 잠재력을 두려워한다. 개혁주의자들이 좋아하는 무대는 의회 연단, 노조 사무실, 중재 기구, 장관 면담실이다.

그와 반대로, 우리는 (다른 모든 고려 사항 외에도) 개혁주의자들을 그들의 은신처에서 끌어내 투쟁하는 대중이 보는 앞에서 그들을 우리 곁에 세우는 데 관심이 있다. 우리의 전술이 올바르다면 그렇게 해서 우리가 손해 볼 것은 없다. 이 점을 의심하거나 두려워하는 공산당원은 최상의 수영법에 관한 명제들은 알면서도 감히 물에 뛰어들지는 못하는 사람과 비슷하다.

6) 따라서 전선의 단결은 개혁주의 조직들이 오늘날 곤경에 처한 프롤레타리아 상당수의 의지를 여전히 표현하는 한, 우리가 일정한 한계 내에서 특정 쟁점을 둘러싸고 실제로 개혁주의자들과 공동 행동을 할 태세가 돼 있는 것을 전제로 한다.

그러나 어쨌든 우리는 개혁주의자들과 갈라서지 않았는가? 그렇다. 우리는 노동계급 운동의 근본적 문제들을 바라보는 견해가 그들과 다르기 때문이다.

그런데도 우리는 개혁주의자들과 협약을 맺으려 하는가? 그렇다. 그들을 따르는 대중이 우리를 따르는 대중과 함께 공동 투쟁에 참가할 태세가 돼 있고 그 개혁주의자들이 어느 정도는 이런 투쟁의 수단이 될 수밖에 없을 때는 우리는 그들과 협약을 맺으려 한다.

그러나 개혁주의자들은 우리가 그들과 갈라서고도 여전히 자기들을 원한다고 떠들어 대지 않을까? 그렇다. 그들은 그렇게 떠들 것이다. 우리 대열 여기저기서도 누군가는 그런 말에 겁을 먹을 것이다. 그러나 광범한 노동 대중은(심지어 우리를 지지하지 않고 아직 우리 목표를 이해하지 못한 채 두세 개의 지도적인 노동자 조직들이 단순히 병존한다고 생각하는 노동자들도) 우리의 행동을 보고 다음과 같은 결론을 내릴 것이다. 분열했는데도 불구하고 우리가 대중의 행동 통일을 위해 온 힘을 쏟고 있다고 말이다.

7) 물론 공동전선 실현을 목표로 하는 정책이 모든 경우에 저절로

행동 통일을 실제 이뤄 낼 것이라는 보장은 없다. 반대로, 많은 경우에 그리고 아마도 대다수 경우에 단체들 사이의 협약은 반쯤만 이뤄지거나 전혀 이뤄지지 않을 것이다. 그러나 투쟁하는 대중은 항상 다음과 같은 점을 스스로 확신할 기회를 가져야 한다. 즉, 행동 통일이 이뤄지지 않은 것은 공산당의 형식적인 비타협성 탓이 아니라 개혁주의자들에게 진정한 투쟁 의지가 없기 때문이라는 점 말이다.

다른 단체들과 협약을 맺으면, 우리는 당연히 일정한 행동 규율을 따라야 할 것이다. 그러나 이런 규율이 절대적인 것은 아니다. 개혁주의자들이 투쟁에 브레이크를 걸면서 운동에 분명한 손실을 가져오고 상황과 대중 정서에 맞지 않게 행동한다면, 우리는 항상 독립적 조직으로서 투쟁을 끝까지 지도할 권리가 있고, 우리의 일시적 동맹 세력들이 없더라도 그렇게 해야 한다.

이 때문에 우리와 개혁주의자들 사이의 투쟁이 다시 첨예해질 수 있다. 그러나 그렇더라도 우리가 이제 더는 골방 서클 안에서 똑같은 사상을 그저 되풀이하지 않고, 우리의 전술이 올바르다면 우리 영향력이 새로운 프롤레타리아 집단으로 확대될 것이다.

8) 이런 정책을 개혁주의자들과의 화해라고 보는 것은, 편집실에 틀어박혀서 개혁주의를 의례적으로 비판하면 개혁주의를 떨쳐 낼 수 있다고 믿는 언론인의 관점에서나 가능하다. 그런 언론인은 노동 대중의 눈앞에서 개혁주의자들과 맞붙는 것, 노동자들이 공산당과 개혁주의 정당을 대중투쟁이라는 동등한 잣대로 평가할 기회를 얻는 것을 두려워한다. 이처럼 "화해"를 두려워하는, 언뜻 보면 혁명적인 듯한 태도의 이면에는 현 상태를 유지하려는 정치적 수동성이 도사

리고 있다. 다시 말해, 공산당과 개혁주의 정당이 서로 엄격히 분리된 각자의 세력권, 집회 청중, 간행물을 그대로 유지하고 이 모든 것이 만만찮은 정치투쟁이라는 환상을 만들어 내는 상황을 존속시키려 한다는 것이다.

9) 우리는 노동운동 내부의 배반, 배신, 머뭇거림, 미적지근함을 완전히 자유롭게 비판하려고 개혁주의자들, 중간주의자들과 갈라섰다. 따라서 우리가 비판하고 선동할 수 있는 자유를 제한하는 조직적 협약은 어떤 것이든 절대 받아들일 수 없다. 우리는 공동전선에 참여하지만 단 한순간도 공동전선에 용해돼서는 안 된다. 우리는 공동전선 안에서 독립적 파견부대 구실을 한다. 투쟁에 참가하면서 광범한 대중은 우리가 다른 자들보다 더 효과적으로 싸운다는 것, 우리가 다른 자들보다 더 명확히 사태를 이해하고 있다는 것, 우리가 더 대담하고 단호하다는 것을 경험으로 알게 될 것이다. 이런 식으로, 공산당의 확실한 지도 아래 단결한 혁명 전선 구축을 더 앞당길 수 있을 것이다.

2. 프랑스 노동운동 안의 단체들

10) 공산주의인터내셔널의 정책 전체에서 이끌어 낸 앞의 테제들을 토대로 공동전선 문제를 프랑스에 적용하려면, 스스로 다음과 같이 물어봐야 한다. 실천 활동으로 볼 때 공산당은 보잘것없는 소수파일 뿐인가? 아니면 반대로 조직노동자의 압도적 다수를 아우르고

있는가? 아니면 그 둘 사이의 어디쯤에 있는가? 다시 말해 공산당의 대중운동 참여가 매우 중요할 만큼 공산당이 꽤 강력하지만, 누구나 그 지도력을 인정할 만큼 공산당이 강하지는 않은 상황인가?

프랑스 공산당이 확실히 마지막 경우에 해당한다는 데는 이론의 여지가 없다.

11) 정당 분야에서 공산당은 개혁주의 정당보다 압도적으로 우세하다. 공산당의 조직과 신문은 그 발행 부수, 내용의 풍부함, 활력 면에서 이른바 사회당의 조직이나 신문보다 훨씬 뛰어나다.

그러나 이렇게 압도적으로 우세한데도 프랑스 공산당은 프랑스 프롤레타리아에게 완전하고 확실한 지도력을 발휘하지 못한다. 프랑스 프롤레타리아는 여전히 정치와 정당에 반대하는 경향과 편견의 영향을 강하게 받고 있고, 활동 무대가 주로 노동조합이기 때문이다.

12) 프랑스 노동운동의 두드러진 특성은 노동조합이 오랫동안 신디컬리즘이라는 독특한 반(反)의회주의 정당을 가리는 외피나 덮개 구실을 했다는 점이다. 왜냐하면 혁명적 신디컬리스트들이 자신들과 정치·정당을 아무리 구별하려 해도, 그들 자신도 노동계급의 노동조합 조직에 기반을 두려는 하나의 정당이라는 사실을 결코 부인할 수 없기 때문이다. 이 당에는 나름대로 적극적이고 혁명적이며 프롤레타리아적인 경향이 있지만, 또 매우 부정적인 특성도 있다. 다시 말해 신디컬리스트들에게는 제대로 된 강령과 포괄적 조직이 없다는 것이다. 노동조합 조직과 신디컬리스트 조직이 일치하는 것은 아니다. 조직상의 의미에서 신디컬리스트들은 노동조합에 이식된 무정형의 정치적 중핵이다.

문제를 더욱 복잡하게 만드는 것은 신디컬리스트들이 노동계급의 여느 정치단체와 마찬가지로 제1차세계대전 후에 두 분파로 나뉘었다는 것이다. 다시 말해, 부르주아 사회를 지지하므로 의회주의적 개혁주의자들과 손잡을 수밖에 없는 개혁주의자들과, 부르주아 사회를 전복할 방법을 찾고 있는 혁명적 분파로 나뉜 것이다. 이 혁명적 분파 가운데 최상의 인물들은 공산주의 쪽으로 기울고 있다.

이렇게 계급 전선의 단결을 유지하려는 염원은 공산당뿐 아니라 혁명적 신디컬리스트들도 고무해서 그들이 프랑스 프롤레타리아의 노동조합 조직의 단결이라는 완전히 올바른 전술을 기꺼이 채택하게 했다. 반대로 주오와 메렝[둘 다 개혁주의 신디컬리스트 지도자] 일당은 노동계급이 보는 앞에서는 행동이나 투쟁에서 혁명적 분파와 겨룰 수 없음을 감지한 파산자답게 본능적으로 분열의 길을 택했다. 지금 프랑스 노동조합운동 전체에서 벌어지고 있는 엄청나게 중요한 투쟁, 즉 개혁주의자들과 혁명가들 사이의 투쟁은 우리에게는 노동조합 조직과 노동조합 전선의 단결을 위한 투쟁이기도 하다.

3. 노동조합운동과 공동전선

13) 프랑스 공산당은 바로 그런 공동전선 발상을 주장하는 데 매우 유리한 처지에 있다. 정치조직으로서 프랑스 공산당은 옛 사회당 다수파를 설득하는 데 성공했다. 그러자 기회주의자들은 자신들에게 붙은 다른 온갖 정치적 딱지에다 "디시당Dissidents", 즉 분열주의자

라는 딱지를 덧붙이게 됐다. 우리 프랑스 공산당은 이 사실을 이용해 사회주의적 개혁주의 조직을 디시당 파(분열주의자)로 낙인찍고, 개혁주의자들이 행동 통일과 조직상의 단결을 모두 방해하고 있다고 비판했다.

14) 노동조합운동 분야에서 혁명적 진영, 특히 공산당은 모스크바[혁명적인 제3인터내셔널]와 암스테르담[1919년 설립된 기회주의적이고 개혁주의적인 노동조합 국제 조직(암스테르담인터내셔널)] 사이의 차이가 얼마나 엄청난지를 자신이나 적들에게 숨길 수 없다. 이런 차이는 결코 노동운동 대열 안의 사소한 차이가 아니라 현대사회를 완전히 분열시킨 가장 심각한 모순, 다시 말해 부르주아지와 프롤레타리아 사이의 모순을 반영한다. 그러나 동시에 혁명적 진영, 다시 말해 가장 의식적인 공산주의자들은, 앞서 말했듯이 어떤 경우에도 노동조합에서 뛰쳐나오거나 노동조합 조직을 분열시키는 전술을 제안하지 않았다. 그런 구호는 종파주의 단체인 "지방분권주의자들localists", 독일의 공산주의 노동자당KAPD, 프랑스의 일부 "자유지상주의" 아나키스트 소그룹의 특징일 뿐이다. 그들은 광범한 노동자 대중에게 전혀 영향력도 없고, 이런 영향력을 얻으려는 생각도 없고 노력도 하지 않는다. 그들은 저마다 엄격히 제한된 신도들을 거느린, 자신만의 조그만 교회에 만족한다. 프랑스 신디컬리스트 가운데 진정으로 혁명적인 사람들은, 노동조합운동 분야에서 프랑스 노동계급을 설득할 수 있는 방법은 대중행동 무대에서 개혁주의적 관점과 방법에 맞서 혁명적 관점과 방법을 제기하면서도 되도록 최고 수준의 행동 통일을 유지하는 것뿐이라는 사실을 본능적으로 알아차렸다.

15) 혁명적 진영이 노동조합 조직들에서 세포 시스템을 채택한 것은 조직의 단결에 지장을 주지 않으면서도 전선의 단결과 사상적 영향력을 획득하는 투쟁의 가장 자연스러운 형태이기 때문이지 그 밖의 다른 뜻은 없다.

16) 사회당의 개혁주의자들과 마찬가지로 노동조합운동의 개혁주의자들도 분열에 앞장서고 있다. 그러나 바로 그 사회당의 경험을 보면서 노동조합 개혁주의자들은 대체로 다음과 같은 결론을 내렸다. 즉, 시간이 갈수록 공산당이 유리해질 테니 경험과 시간의 영향을 상쇄하려면 분열하는 수밖에 없다는 것이다. 우리는 프랑스 노동조합총연맹CGT[이하 CGT]의 지배 분파가 좌파를 무너뜨리고, 좌파한테서 노동조합 규약으로 보장된 권리들을 빼앗고, 마침내 공공연한 제명 조처로 좌파를 노동조합에서 추방하려고 온갖 수단을 동원한 것(모든 규약과 규칙을 어기고)을 봤다.

반대로 혁명적 진영은 노동자 조직의 민주적 규범을 근거로 자신의 권리를 지키려고 싸우면서, 위에서 강요하는 분열에 맞서서 현장 조합원들에게 노동조합 조직의 단결을 호소하며 온 힘을 다해 저항하고 있다.

17) 지각 있는 프랑스 노동자라면 분명히 다음 사실을 알고 있을 것이다. 공산주의자들이 사회당의 6분의 1이나 3분의 1을 차지할 때 그들은 조직 분리를 시도하지 않았다. 가까운 시일 내에 틀림없이 당의 다수가 자신들을 지지할 것이라고 확신했기 때문이다. 개혁주의자들은 세력이 3분의 1로 쪼그라들자 즉시 분리해 나갔다. 선진 노동자의 다수를 다시 설득할 것이라는 희망을 전혀 품을 수 없었기

때문이다.

모름지기 지각 있는 프랑스 노동자라면 다음 사실도 분명히 알고 있을 것이다. 혁명가들은 노동조합운동 문제에 부딪혔을 때 자신들이 여전히 보잘것없는 소수파였으므로 공통의 조직에서 활동하면서 그 문제를 해결하기로 결정했다. 혁명적 상황에서 투쟁을 경험하면 대다수 조직노동자는 재빨리 혁명적 강령으로 끌릴 것이라고 확신했기 때문이다. 그러나 개혁주의자들은 노동조합 안에서 혁명적 진영이 성장하는 것을 감지하고 혁명가들과의 경쟁에서 이길 가망이 전혀 없게 되자 즉시 제명과 분열이라는 수단에 의지했다.

따라서 다음과 같은 매우 중요한 결론을 얻는다.

첫째, 앞서 말했듯이 부르주아지와 프롤레타리아 사이의 모순을 반영하는 불화의 골이 매우 깊다는 사실이 명확히 드러났다.

둘째, 프롤레타리아 독재를 반대하는 사람들이 말하는 "민주주의"가 위선적이라는 사실이 철저히 폭로됐는데, 이 신사 양반들은 국가라는 틀뿐 아니라 노동자 조직의 틀에서도 민주적 방법을 용납하지 못한다. 그들은 노동자 조직과 사이가 틀어질 때마다 사회당의 디시당 파처럼 분열해 나가거나 주오·뒤물랭 파벌처럼 다른 사람들을 쫓아낸다. 노동조합과 정치조직 안에 있는 부르주아지의 졸개들마저 스스로 선택한 노동자 민주주의 규범에 따라 노동운동의 문제들을 해결하는 데 반대하는 마당에, 부르주아지가 프롤레타리아와의 투쟁을 민주주의라는 틀 안에서 해결하는 데 동의할 것이라는 생각은 정말로 말도 안 된다.

18) 노동조합 조직과 노동조합 활동을 단결시키려는 투쟁은 앞으

로도 공산당의 가장 중요한 과제의 하나일 것이다. 이 투쟁은 훨씬 더 많은 노동자를 공산당의 강령과 전술에 맞춰 단결시키려고 끊임없이 노력하는 것이기도 하고, 이런 목표를 이루는 과정에서 공산당이 직접적으로든 노동조합 안의 공산당원을 매개로 해서든, 조직 분열로 말미암아 노동자 운동이 부딪힌 장애물을 최소화하려고 노력하는 것이기도 하다.

단결을 회복하려는 우리의 모든 노력에도 CGT의 분열이 가까운 장래에 확정되더라도, 앞으로 통일노동조합총연맹CGTU[이하 CGTU]에 조직노동자의 절반이나 그 이상이 가입하든 그러지 않든 상관없이 CGTU가 개혁주의적 CGT의 존재를 그저 무시하며 활동할 수는 없을 것이다.[*] 그랬다가는 프롤레타리아가 전투적 행동을 함께할 가능성이 (완전히 차단되지는 않더라도) 몹시 낮아질 것이고, 동시에 개혁주의적 CGT가 파업·시위 등에서 시민연맹La Ligue Civique과^{**} 비슷한 구실을 하면서 부르주아지에게 이로운 짓을 하기가 매우 쉬워질 것이다. 그랬다가는 또, 혁명적 CGTU가 부적절한 행동을 공공연히

---

* 노동조합총연맹CGT은 프랑스의 핵심적 노동조합 조직이었다. 1903년에 만들어진 뒤 기존 노동조합을 모두 포괄했다. 제1차세계대전 전까지 CGT는 프랑스에서 가장 혁명적인 조직이었다. 그러나 1914년에 전쟁이 발발하자, 주오를 우두머리로 한 지도부 대다수는 광적인 주전론主戰論자가 됐다. CGT 지도부는 전후에 좌파 운동이 빠르게 성장하고 공산당의 영향을 받자 격렬하게 반발했다. 그들이 분열을 획책해서 1922년 초에 통일노동조합총연맹CGTU이 만들어졌다. 이 분열로 말미암아 전체 노동조합원 수가 급감했다. 1920년에 CGT 조합원은 약 250만 명이었는데, 1923년에는 CGT와 CGTU의 조합원을 모두 합쳐도 10만 명이 채 안 됐다 — 영어판 편집자.

** 시민연맹La Ligue Civique은 프랑스에서 노동운동에 반대하고 파업을 파괴하는 자본가 단체였다. 시민연맹과 비슷한 미국의 단체는 아마도 미국제조업협회NAM일 것이다 — 영어판 편집자.

선동했으며 그것에 완전한 책임을 져야 한다는 개혁주의적 CGT의 주장이 정당한 것처럼 보일 것이다. 가능하다면 모든 경우에 혁명적 CGTU는 어떤 운동을 시작해야 한다고 생각할 때는 항상 공동 행동의 구체적 계획을 다룬 특정한 제안과 요구를 개혁주의적 CGT에 공개적으로 제시해야 하고, 노동자들의 여론으로 압력을 가하고, 개혁주의자들이 망설이고 회피할 때마다 그 사실을 노동자 대중에게 폭로해야 한다.

이렇게 해야, 노동조합 조직의 분열이 고착화하더라도 공동전선을 위한 투쟁 방법이 그 의미를 잃지 않을 것이다.

19) 그러므로 노동운동의 가장 중요한 분야, 즉 노동조합과 관련한 공동전선 전술에 필요한 것은 주오 일당에 맞서 우리가 이미 시작한 투쟁과 함께 앞에서 말한 구체적 투쟁 방법들을 전보다 더 일관되고, 더 끈덕지고 단호하게 적용하는 것이라고 말할 수 있다.

4. 정치투쟁과 공동전선

20) 정당 분야에서는, 우선 조직과 신문 모두 공산당이 사회당보다 압도적으로 우세하다는 점이 노동조합과의 큰 차이다. 그래서 우리는 공산당이 정치 전선을 확실히 단결시킬 수 있고 따라서 디시당파 조직에 모종의 구체적 행동을 제안할 절박한 이유가 없다고 생각할 수 있다. 그러나 말뿐인 급진주의를 바탕으로 문제를 제기하는 것이 아니라 세력 관계 평가를 바탕으로 제기하는 방식이 아주 효율

적이고 타당할 뿐 아니라 상당한 장점도 있다.

21) 공산당 당원은 13만 명에 이르지만 사회당 당원은 3만 명밖에 안 된다는 사실을 생각해 보면, 프랑스에서 공산주의 사상이 크게 성공했음을 뚜렷이 알 수 있다. 그러나 이 숫자와 전체 노동계급 규모의 관계를 고려하고, 혁명적 노동조합 안의 반공산당 경향과 개혁주의적 노동조합의 존재도 고려하면, 노동운동 안에서 공산당의 주도권 문제는 디시당 파보다 우리가 수가 많다고 해서 저절로 해결될 문제가 아니다. 디시당 파는 특정 상황에서는 그들의 빈약한 조직력과 신문 〈르 포퓔레르〉의 보잘것없는 발행 부수와 사상적 내용으로만 판단할 때보다 훨씬 더 심각한 노동계급 내 반혁명적 세력이 될 수도 있다.

22) 정세를 평가하려면, 이런 정세가 어떻게 형성됐는지를 분명히 알아야 한다. 옛 사회당 다수파가 공산당으로 변신한 것은 전쟁으로 유럽 모든 나라에서 불만과 반란의 물결이 인 결과였다. 러시아 혁명의 본보기와 제3인터내셔널의 구호들은 해결책을 제시하는 것처럼 보였다. 그러나 부르주아지는 1919~1920년에 무너지지 않고 그럭저럭 버텨 냈고 다양한 수단을 써서 전후 토대 위에서 어느 정도 균형을 확립할 수 있었다. 이 균형은 매우 끔찍한 모순 때문에 무너지고 있고 어마어마한 파국으로 치닫고 있지만, 한편으로는 현재와 가까운 장래에 상대적 안정을 제공하기도 한다. 러시아 혁명은 세계 자본주의가 만들어 낸 엄청난 어려움과 장애를 극복하는 과정에서 모든 혁명 세력이 받은 엄청난 압박을 간신히 견뎌 내고서야 사회주의적 과제를 점진적으로라도 이룰 수 있었다. 그 결과, 초기의 막연

하고 무비판적이며 혁명적인 분위기의 밀물은 불가피하게 썰물로 바뀌었다. 세계 노동계급 내에서 가장 단호하고 대담하며 젊은 부분만이 공산주의의 깃발 아래 남아 있다.

그렇다고 해서 광범한 프롤레타리아가 당면 혁명이나 신속한 급진 변혁 등에 관한 희망을 잃고 전쟁 전의 옛 견해로 완전히 되돌아갔다는 말은 아니다. 그렇지 않다. 그들의 불만은 전에 없이 깊고, 착취자들을 증오하는 심정도 강렬하다. 그러나 그와 동시에 그들은 정치적으로 방향감각을 상실하고, 투쟁의 진로를 찾지 못하고, 그 때문에 수동적으로 방관하고 있다. 그들은 상황이 어떻게 전개되느냐에 따라 이쪽저쪽으로 급히 방향을 틀 수 있다.

이처럼 수동적인 사람과 방향감각을 상실한 사람으로 가득 찬 저수지는 일정한 상황들이 맞물리면 디시당 파가 우리에게 대항하는 데 널리 이용될 수 있다.

23) 공산당을 지지하려면, 혁명적 대의명분에 대한 신념, 행동하려는 의지, 헌신성이 필요하다. 디시당 파를 지지하는 데는 방향감각 상실과 수동성이면 충분하다. 노동계급 가운데 수동적이고 방향감각을 잃은 사람들이 디시당 파의 당원이 되는 비율보다 혁명적이고 역동적인 노동자들이 공산당원이 될 비율이 훨씬 크다는 것은 완전히 당연하다.

신문도 마찬가지다. 정치적으로 무관심한 사람들은 신문을 거의 읽지 않는다. 〈르 포퓔레르〉의 보잘것없는 발행 부수와 내용은 노동계급 가운데 특정 부분의 정서를 반영한다. 디시당 파의 당내에서 전문적 지식인들이 노동자들을 완전히 지배한다는 사실이 우리의 진단, 예상과 어긋나는 것은 결코 아니다. 왜냐하면 수동적이고 얼마간 환멸을 느끼고 어느 정도 방향감각을 잃은 노동자 대중은 변호사, 언론인, 개혁주의 전도사, 의회 사기꾼 들로 이뤄진 정치 파벌의 이상적 배양처이기 때문이다. 특히 프랑스에서 그렇다.

24) 당 조직이 작전 중인 군대, 미조직 노동자 대중이 예비군이라면, 그리고 우리의 작전 중인 군대가 디시당 파의 현역군보다 서너곱 더 많다면, 일정한 상황들이 맞물릴 경우 예비군은 우리에게 훨씬 불리한 비율로 우리와 사회개혁주의자들로 분열할 수 있다.

25) 프랑스 정치권에서 '좌파 연합'이란 발상이 널리 퍼지고 있다. 승리의 환상을 재탕하려는 부르주아지의 노력인 푸앵카레주의가* 득세한 뒤에, 이제 평화주의적 반발이 광범한 부르주아 사회에서, 무엇보다 프티부르주아지 사이에서 일어날 가능성이 꽤 높다. 세계 평화를 바라고, 소비에트 러시아와 협정을 체결해 유리한 조건으로 원료와 지불금을 얻고, 군국주의의 부담을 덜자는 따위의 희망, 간단히 말해 민주적 평화주의라는 환상적 강령이 한동안 '국민 연합'을 대체할 '좌파 연합'의 강령이 될 수 있다.

프랑스에서 혁명의 발전이라는 관점에서 보면, 그런 정권 교체는 프롤레타리아가 프티부르주아 평화주의라는 환상에 전혀 속지 않을 때만 일보 전진이 될 것이다.

26) 개혁주의적인 디시당 파는 노동계급 안에서 '좌파 연합'의 하

---

* 레몽 푸앵카레는 1913~1920년 프랑스 대통령이었다. 제1차세계대전에 참전해 대독일 강경 정책을 추진했고, 전쟁을 승리로 이끌었다.

수인 노릇을 하고 있다. 그들이 성공할 가능성은 부르주아지에 맞서는 공동전선이라는 사상과 실천을 전체 노동계급이 이해하지 못하는 정도와 비례할 것이다. 전쟁과 혁명의 지연으로 방향감각을 잃은 노동자들은 '좌파 연합'을 차악次惡으로 여겨 지지할 수 있다. 그러면 잃을 게 전혀 없다고 생각하거나, 지금 다른 길은 없다고 생각하기 때문이다.

27) 노동계급 안에서 '좌파 연합', 즉 노동자들과 일부 부르주아지가 손잡고 다른 부르주아지에 맞서 연합하자는 발상과 정서를 없앨 가장 확실한 방법 하나는 **부르주아지 전체에 맞서 모든 노동계급이 단결하자**는 사상을 끈질기고 단호하게 확산시키는 것이다.

28) 디시당 파와 관련해서 이것이 뜻하는 바는, 그들이 노동운동과 관련한 문제들을 얼버무리고 회피하는데도 비판받지 않고 그냥 넘어가게 해서는 안 되고, 부르주아 억압자들의 후원을 받으면서도 이를 숨기려고 노동계급을 지지한다는 관념적 성명서를 활용하도록 허용해서도 안 된다는 것이다. 다시 말해서, 우리는 적절한 모든 경우에, 디시당 파에게 파업 노동자, 직장 폐쇄를 당한 노동자, 실업자, 상이군인 등등을 함께 지원하는 구체적 방법을 제안할 수 있고 또 제안해야 한다. 우리의 제안에 그들이 어떻게 대답하는지를 노동 대중의 눈앞에 공개해서, 정치적으로 무관심하거나 반쯤 무관심한 대중(개혁주의자들은 자신들에게 유리한 특정 상황에서 이런 대중의 지지를 얻으려 한다)과 디시당 파 사이를 갈라놔야 한다.

29) 이런 전술은 디시당 파가 개혁주의적 CGT와 의심할 나위 없이 밀접한 관련이 있고 그 둘이 함께 노동운동 안에서 부르주아지의

하수인 노릇을 하는 양 날개라는 사실 때문에 더욱 중요하다. 우리는 노동조합과 정치 분야에서 모두 이런 전술적 방법을 이용해 이 양 날개에 동시에 대항하는 공세를 취해야 한다.

30) 우리가 다음과 같이 선동하면 흠잡을 데 없고 매우 설득력 있는 논리가 될 것이다. 우리는 대중의 눈앞에서 노동조합과 사회주의 운동의 개혁주의자들에게 이렇게 말할 것이다. "당신들은 우리가 보기에 옳지 않고 범죄나 다름없는 발상과 방법을 고수하려고 노동조합과 당을 분열시켰다. 우리는 당신들에게 최소한 노동계급 투쟁의 부분적이고 급박한 구체적 과제들을 방해하지 말 것과 최대한 행동을 통일할 것을 요구한다. 특정한 구체적 상황에서 우리는 이러이러한 투쟁 강령을 제안한다."

31) 앞서 말한 방법은 의회나 지자체 활동에서도 마찬가지로 성공적으로 쓰일 수 있다. 우리는 대중에게 이렇게 말해 왔다. "디시당 파는 혁명을 바라지 않기 때문에 노동자 대중을 분열시켰다. 그들이 프롤레타리아 혁명을 도울 것이라고 믿는다면 미친 짓일 것이다. 그러나 우리는 그 개혁주의자들과 의회 안팎에서 특정한 실천적 협약을 맺을 태세가 돼 있다. 부르주아지의 공인된 이익과 프롤레타리아의 분명한 요구 중에서 어느 한쪽을 선택해야 하는 상황에서 개혁주의자들이 행동으로 프롤레타리아의 요구를 지지하는 데 동의한다면 말이다. 디시당 파가 그런 행동을 할 수 있으려면 부르주아 정당들과의 유대를 끊어야만, 다시 말해 '좌파 연합'과 좌파 연합의 부르주아적 규율을 거부해야만 한다."

디시당 파가 이런 조건들을 받아들일 수 있었다면, 그들을 지지하는 노동자들은 빠르게 공산당에 흡수됐을 것이다. 바로 이 때문에 디시당 파는 이런 조건들에 동의하려 하지 않는 것이다. 다시 말해, 구체적이고 특정한 대중투쟁 상황에서 부르주아지와 연합할지 아니면 프롤레타리아와 연합할지 선택하는 문제가 분명하고 정확하게 제기될 때, 디시당 파는 부르주아지와의 연합을 택한다고 대답할 수밖에 없을 것이다. 그러나 디시당 파가 의지하는 프롤레타리아 예비군이 그런 대답을 순순히 용납할 리가 없다.

5. 공산당의 당내 과제

32) 앞서 말한 정책은 당연히 공산당 자체의 완전한 조직적 독립, 사상적 명확함, 혁명적 단호함을 전제로 한다.

예를 들어 우리 자신의 당 대열 안에 이 '좌파 연합' 지지자들이 있어서 대담하게도 부르주아지가 기획한 이 강령을 공공연히 옹호한다면, 노동계급이 '좌파 연합' 발상을 증오하고 경멸하게 만들려는 정책이 완전히 성공할 수는 없을 것이다. '좌파 연합' 사상을 옹호하고 나서는 사람들을 무조건 무자비하게 제명해서 불명예를 안겨 주는 것은 공산당의 자명한 의무다. 이것은 우리 정책에서 모호함이나 불명확함을 자아내는 요소들을 모두 일소할 것이다. 그러면 선진 노동자들은 '좌파 연합' 문제의 첨예한 성격에 주의를 기울일 것이고, 부르주아지에 맞선 프롤레타리아의 혁명적 행동 통일을 위태롭게 하는 문제를 공산당이 하찮게 여기지 않는다는 사실을 알게 될 것이다.

33) 개혁주의자들이나 디시당 파와의 통합을 선동하려고 공동전선 사상을 이용하는 사람들도 우리 당에서 사정없이 제명해야 한다. 그들이 우리 대열 안에서 디시당 파의 하수인 노릇을 하고 노동자들에게 분열의 원인과 그 분열이 진정 누구 책임인지를 속이고 있기 때문이다. 그들은 디시당 파가 프티부르주아적이고 근본적으로 반혁명적임에도 우리와 디시당 파가 이런저런 공동의 실천 활동을 할 가능성 문제를 올바로 제기하지 않고 오히려 우리 당에 공산주의 강령과 혁명적 방법을 버리라고 요구하고 있다. 그런 자들을 사정없이 제명해서 불명예를 안겨 준다면, 노동자 공동전선 전술이 개혁주의자들에게 항복하거나 그들과 화해하는 것과는 완전히 다르다는 사실이 더할 나위 없이 분명히 드러날 것이다. 공동전선 전술은 공산당에 완전한 행동의 자유, 유연함, 단호함을 요구한다. 이것이 가능하려면, 당은 매 순간 무엇을 원하고 무엇을 위해 애쓰는지를 명확하게 구체적으로 선언해야 하고, 대중의 눈앞에서 자신의 조처와 제안을 권위 있게 밝혀야 한다.

34) 따라서 당원 개개인이 독단으로 정치 출판물을 내서 당의 구호, 행동 방법, 제안과 대립하는 구호, 행동 방법, 제안을 내놓는 것은 결코 용납될 수 없다. 그들은 공산당 밑에 숨어서, 공산당의 영향을 받는 환경, 다시 말해 노동자들 사이에서 날마다 우리를 적대시하는 사상을 퍼뜨리거나, 공공연한 적대적 사상보다 훨씬 더 치명적인 혼란과 의심을 퍼뜨리고 있다. 이런 종류의 정기간행물은 그 편집자와 함께 당에서 완전히 추방해야 하고, 공산당의 기치 아래서 활동하는 프티부르주아 밀수꾼들을 사정없이 폭로하는 글을 써서 이

사실을 프랑스의 전체 노동계급에게 알려야 한다.

35) 이상에서 말한 이유 때문에, 당의 주요 출판물들이 공산주의의 기본 개념들을 옹호하는 글과 이런 개념들을 반박하고 부정하는 글을 함께 싣는 것도 결코 용납될 수 없다. 지금의 기관지 체제에서는, 우리가 눈물 섞인 평화주의 견해로 되돌아가도록 선동하는 글이나 부르주아지가 기고만장한 폭력을 휘두르는데도 노동자들이 혁명적 폭력에 반감을 품도록 선동하는 글이 주요 공산당 기관지의 사설 형태로 노동자 독자들에게 읽히고 있다. 이런 체제가 이대로 계속되도록 놔둬서는 안 된다. 이런 글들은 군국주의에 맞서는 투쟁을 가장한 채, 혁명적 사상에 반대하는 투쟁을 벌이고 있다.

전쟁 경험과 그 후의 모든 사건들, 특히 러시아와 독일에서 일어난 사건들을 목도하고도 인도주의적 평화주의라는 편견이 아직도 공산당 안에 남아 있다. 이런 편견을 완전히 없애려면 이 문제와 관련한 토론을 시작하는 것이 바람직하다고 당이 판단하더라도, 그런 편견을 고스란히 지닌 평화주의자들은 대등한 세력으로 토론에 나서서는 안 되고 당의 권위 있는 목소리로, 예컨대 당 중앙위원회의 이름으로 엄격히 비난받아야 한다. 중앙위원회가 토론이 철저히 이뤄졌다고 판단한 다음에는, 당의 사기를 떨어뜨리는 톨스토이주의와 그 밖의 여러 평화주의 사상을 퍼뜨리려는 시도는 모두 분명히 당에서 추방해야 한다.

36) 하지만 당에서 낡은 편견을 일소하고 당내 응집력을 높이는 일이 마무리되지 않는 한, 당이 개혁주의자나 민족주의자와 너무 가까워지는 상황에 처하게 두는 것은 위험하지 않겠냐는 반대 의견이 제

기될 수 있다. 그러나 그런 견해는 틀렸다. 당연히, 공산당이 광범한 선전 활동에서 대중운동에 직접 참여하는 것으로 전환하는 데는 새로운 어려움과 위험이 뒤따른다. 그러나 당이 직접 투쟁에 참여하지 않고도, 적들과 직접 대면하지 않고도 모든 시련에 대비할 수 있다고 생각하는 것은 완전히 틀렸다. 반대로, 그런 투쟁에 뛰어들어야 진실하고 거짓 없는 형태로 당내 악습을 일소하고 당의 결속을 이룰 수 있다. 당과 노동조합의 일부 관료들이 우리보다 개혁주의자들(그 둘은 우연히 갈라섰을 뿐이다)에게 더 매력을 느낄 것은 분명한 사실이다. 그런 동조자들을 잃는 것은 부채가 아니라 자산이 될 것이고, 그런 손실은 아직까지 개혁주의자들을 지지하는 남녀 노동자들이 당에 쇄도하는 것으로 백배 보상받을 것이다. 그 결과 공산당은 더 동질화하고, 더 단호해지고, 더 프롤레타리아 정당답게 될 것이다.

6. 노동조합운동에서 당의 과제

37) 노동조합 문제에 완전히 명확한 태도를 취하는 것은 프랑스 공산당의 다른 모든 과제들을 단연코 능가하는 가장 중요한 과제다.

개혁주의자들이 퍼뜨리는 헛소문, 즉 노동조합을 당에 종속시킬 계획이 추진 중이라는 헛소문은 당연히 무조건 규탄하고 폭로해야 한다. 노동조합은 정치색이 다른 노동자, 무당파 노동자, 무신론자, 종교 신자를 모두 아우르지만, 당은 명확한 강령을 바탕으로 정치적 의견이 같은 사람들을 결속한다. 당은 외부에서 노동조합을 종속시킬 수단과 방법이 전혀 없고 또 그럴 수도 없다.

당이 노동조합 활동에서 영향력을 발휘하는 것은 당원이 노동조합 안에서 활동하고 거기서 당의 견해를 실행에 옮긴 결과일 뿐이다. 노동조합에서 당원의 영향력은 당연히 그들의 수에 달렸고, 특히 그들이 당의 원칙을 노동조합운동의 요구에 올바르고 일관되고 유리하게 적용할 수 있는지 없는지에 달렸다.

당은 위에서 말한 방침에 따라 노동조합 조직 안에서 **결정적 영향력**을 획득하는 것을 목표로 삼아야 한다. 노동조합 안에서 공산주의자의 활동이 당의 원칙과 완전히 일치하고 언제나 당의 통제 아래 실행될 때만 당은 이런 목표를 이룰 수 있을 것이다.

38) 그러므로 모든 공산주의자의 의식에서 당을 한갓 프롤레타리아의 의회주의 정치조직으로 여기는 개혁주의적 편견을 완전히 몰아내야 한다. 공산당은 노동운동의 사상적 정수가 되고자 하고 모든 분야에서, 무엇보다 노동조합에서 지도권을 쥐려 하는 프롤레타리아 전위의 조직이다. 노동조합은 당에 종속되지 않으며 완전히 자율적인 조직이지만, 노동조합 안의 공산당원은 자신의 노동조합 활동에서 [당으로부터의] 자율성을 일절 주장할 수 없고 당 강령과 전술의 실행자 구실을 해야 한다. 가장 심각하게 비난받아야 하는 것은 노동조합 안에서 당 사상의 영향력을 넓히려고 싸우지도 않을뿐더러 실제로는 완전히 잘못 적용한 '자율성' 원칙의 이름으로 그런 투쟁에 반하는 행동을 하는 것이다. 그들은 이렇게 하면서 사실상 노동조합 안에서 일부 개인, 그룹, 파벌의 영향력을 결정적인 것으로 만들고 있다. 이들은 명확한 강령이나 당 조직으로 결속돼 있지 않지

만, 조합 기구를 손아귀에 틀어쥐고 선진 노동자들의 실질적 통제에서 완전히 벗어나 독립성을 누리려고 이렇다 할 형체가 없는 사상 그룹과 관계 들을 이용한다.

한편으로 당은 노동조합 안에서 활동하면서, 무당파 대중과 그들의 성실하고 정직한 대표들을 예의 주시하면서 아주 신중하게 대해야 하고, 공동 활동의 토대 위에서 체계적·전술적으로 노동조합운동의 최상의 활동가들(배울 태세가 돼 있는 혁명적 아나키스트들을 포함해서)에게 다가가야 하지만, 또 한편으로 당원 자격을 이용해 노동조합 안에서 당의 영향력을 오히려 약화시키는 가짜 공산주의자들을 당내에 방치해서는 안 된다.

39) 당은 자신의 신문, 선전 기구, 노동조합 안의 당원을 통해 혁명적 신디컬리즘이 프롤레타리아의 기본 과제들을 해결하는 데서 결함이 있다는 것을 끊임없이 그리고 체계적으로 비판해야 한다. 당은 끊임없이 그리고 끈덕지게 신디컬리즘의 이론적·실천적 약점을 비판하는 동시에, 최상의 신디컬리스트 활동가들에게 노동조합과 전체 노동운동에서 혁명적 영향력을 확대하는 올바른 길은 혁명적 신디컬리스트들이 공산당에 가입하는 것뿐이라고 설명해야 한다. 공산당에서 그들은 운동의 기본 문제들을 모두 검토하고, 경험을 일반화하고, 새로운 과제를 정하고, 공산당 자체의 악습을 일소하고, 노동 대중과의 관계를 강화하는 활동에 참가할 것이다.

40) 프랑스 공산당의 모든 당원을 대상으로 반드시 다음 사항들을 조사해서 확인해야 한다. 당원의 사회적 지위(노동자, 공무원, 농민, 지식인 등등), 노동조합운동과의 관계(노동조합에 속해 있는지,

공산당 모임과 혁명적 신디컬리스트의 모임에 참석하고 있는지, 이런 모임에서 노동조합과 관련한 당의 결정을 실행하고 있는지 등등), 당 기관지를 대하는 태도(어떤 당 출판물을 읽고 있는지), 기타 등등.

이 조사는 4차 세계대회 전에 주요 내용을 살펴볼 수 있도록 적절한 때에 실시돼야 한다.

1922년 3월 2일

차별과 천대에 맞선 투쟁의
전략과 전술

지은이 | 레온 트로츠키, 토니 클리프, 알렉스 캘리니코스 외
엮은이 | 최일붕
펴낸곳 | 도서출판 책갈피

등록 | 1992년 2월 14일(제2014-000019호)
주소 | 서울 성동구 무학봉15길 12 2층
전화 | 02) 2265-6354
팩스 | 02) 2265-6395

이메일 | bookmarx@naver.com
홈페이지 | http://chaekgalpi.com

첫 번째 찍은 날 2018년 1월 26일
두 번째 찍은 날 2018년 2월 9일
세 번째 찍은 날 2018년 3월 26일

값 14,000원

ISBN 978-89-7966-133-0
잘못된 책은 바꿔 드립니다.